Bemühungen um ein Reichsgesetz gegen den Büchernachdruck

Rechtshistorische Reihe

Band 291

Peter Lang
Frankfurt am Main · Berlin · Bern · Bruxelles · New York · Oxford · Wien

Steffen-Werner Meyer

Bemühungen um ein Reichsgesetz gegen den Büchernachdruck

Anläßlich der Wahlkapitulation Leopolds II. aus dem Jahre 1790

Peter Lang
Europäischer Verlag der Wissenschaften

Bibliografische Information Der Deutschen Bibliothek
Die Deutsche Bibliothek verzeichnet diese Publikation in der Deutschen Nationalbibliografie; detaillierte bibliografische Daten sind im Internet über <http://dnb.ddb.de> abrufbar.

Zugl.: Saarbrücken, Univ., Diss., 2003

Diese Arbeit wurde von Herrn Professor Dr. Elmar Wadle zur Aufnahme in diese Reihe empfohlen.

D 291
ISSN 0344-290X
ISBN 3-631-52381-5

www.peterlang.de

Meinen Eltern Mathilde und Paul
Meiner Schwester Susanne

VORWORT

Mit der vorliegenden Arbeit wird versucht, die durch eine Recherche in den Archiven gewonnenen Erkenntnisse hinsichtlich der Wahlkapitulation im Jahre 1790 für die Geschichte des Urheberrechts nutzbar zu machen.

Ein jeder kann sich aber vorstellen, daß bei einer Arbeit über einen mehr als 200 Jahre zurückliegenden Vorgang naturgemäß einige Hindernisse zu überwinden sind.
So war es im vorliegendem Falle bereits eine aufwendige und zeitraubende Arbeit, die Sekundärliteratur aus dem 18. und 19. Jahrhundert zu besorgen. Auch der entsprechenden Primärquellen habhaft zu werden, erwies sich als nicht weniger mühevoll. Die Nutzungsmöglichkeiten des Haus-, Hof- und Staatsarchivs in Wien waren erheblich eingeschränkt. Zudem waren der Akteninhalt von einigen hundert Seiten nur mit wenigen Stichworten skizziert und die Findbücher überholt.
An dieser Stelle möchte ich darauf hinweisen, daß die von mir genannten Faszikel „alte“ Bezeichnungen sind (so auch die bei Editha Bucher, vgl. Literaturverzeichnis). Dies liegt daran, daß die Akten des Mainzer Erzkanzlerarchivs während meiner Recherche wegen des Umzugs des Wiener Archivs in Kartons verpackt und bei dieser Gelegenheit mit neuen Faszikelbezeichnungen versehen wurden. Im Bedarfsfalle sollte es aber unter Angabe der alten Numerierung und des Jahres kein Problem sein, die entsprechenden Akten aufzufinden. Dabei sollte darauf geachtet werden, daß alte Faszikel nicht selten aufgeteilt wurden und daraus dann zwei neue Faszikel entstanden sind. Soweit mir die neuen Bezeichnungen bekannt waren, habe ich sie im Quellenverzeichnis in Klammern gesetzt.

Zu guter Letzt möchte ich mich ganz besonders bei Herrn Prof. Dr. Wadle für seine Unterstützung in allen Phasen der Arbeit und seine immer gegebene Bereitschaft zur Diskussion bedanken.
Dank schulde ich gleichfalls den Mitarbeitern des Haus-, Hof- und Staatsarchivs in Wien, ohne deren tatkräftige Mithilfe eine Recherche schlichtweg unmöglich geworden wäre.
Nicht weniger möchte ich mich bei den Mitarbeitern des geheimen Staatsarchivs preußischer Kulturbesitz, insbesondere bei Frau Klauschenz, für ihre hervorragende Unterstützung bereits im Vorfeld der Recherche bedanken.
Herzlichen Dank gebührt auch Frau Austgen vom Lehrstuhl für Deutsche Rechtsgeschichte und Bürgerliches Recht der Universität des Saarlandes für ihre Hilfsbereitschaft und die vielen lieben Worte.

Dank schulde ich auch den Mitarbeitern des Instituts für europäische Rechtsgeschichte in Frankfurt und den Mitarbeitern der Universitäts- bzw. Staatsbibliotheken in Tübingen, Wien, Berlin, Trier, München, Mannheim und Saarbrücken.

Elversberg, im März 2003

Steffen-Werner Meyer

INHALTSVERZEICHNIS

LITERATUR UND GEDRUCKTE QUELLEN

Allgemeine Deutsche Biographie:
Band 1: Leipzig 1875,
Band 2: Leipzig 1875,
Band 9: Leipzig 1879,
Band 15: Leipzig 1882,
Band 18: Leipzig 1883,
Band 56: Generalregister, München, Leipzig 1912.

ARCHIV FÜR GESCHICHTE DES BUCHWESENS. Hrsg. von der Historischen Kommission des Börsenvereins des Deutschen Buchhandels e.V., Frankfurt am Main. Ab 1958.

ARCHIV FÜR GESCHICHTE DES DEUTSCHEN BUCHHANDELS. Publikation des Börsenvereins der Deutschen Buchhändler. Leipzig 1898. Band XX.

ARCHIV FÜR URHEBER-, FILM-, FUNK- UND THEATERRECHT. Begründet 1928, Berlin.

ARCHENHOLTZ, Johann Wilhelm von (Herausgeber): Neue Litteratur und Völkerkunde. Leipzig, Dessau 1.1787 bis 5.1791, 1.

ARETIN, Karl Otmar Freiherr von: Das Alte Reich 1648 – 1806. Band 3: Das Reich und der österreichisch – preußische Dualismus (1745 – 1806). Stuttgart 1997.

BAPPERT, Walter: Wege zum Urheberrecht - Die geschichtliche Entwicklung des Urheberrechtsgedankens. Frankfurt am Main, 1962.

BAPPERT, Walter; MAUNZ, Theodor; SCHRICKER, Gerhard: Verlagsrecht. Kommentar. 2. Auflage, München 1984.

BEIER, Friedrich-Karl (Hrsg.): Gewerblicher Rechtsschutz und Urheberrecht in Deutschland. Festschrift zum hundertjährigen Bestehen der Deutschen Vereinigung für Gewerblichen Rechtsschutz und Urheberrecht und ihrer Zeitschrift. Band 1: Weinheim 1991.

BERG, Günther Heinrich von: Die Wahlkapitulation Kaiser Franz II. in schematischer Ordnung nebst einer kurzen Einleitung. Göttingen 1794.

B I B R A, Siegmund Freiherr von (Hrsg.): Journal von und für Deutschland. o.O. 1784 bis 1792.

B I E D E R M A N N, Bonaventura: Zirkular über Nachdruck. An meine Herren Freunde und Konsorten, in Schwaben, Bayern, Oesterreich, Franken, am Rheine und in der Schweiz. Redlichhausen in Schwaben 1790.

B I E D E R M A N N, Germanus: siehe Senckenberg

B I O G R A P H I S C H E S L E X I K O N D E S K A I S E R T H U M S O E S T E R R E I C H. Band 5: Füger – Gsellhofer, Wien 1859.

B Ö S N E R, Heinrich Johann Thomas: Übersicht der Gründe wegen des Strafbaren des Büchernachdrucks und Vorschläge, wie diesem Übel durch ein allgemein verbindliches Reichsgesetz vorgebeuget werden könne. Herausgegeben mit einem Vorberichte von Joh. Friedr. Ferd. Ganz, Regensburg 1790.

B R U N N E R, Otto; C O N Z E, Werner; K O S E L L E C K, Reinhart (Hrsg.): Geschichtliche Grundbegriffe – Historisches Lexikon zur politisch-sozialen Sprache in Deutschland.
Band 5, 1. Aufl. Stuttgart 1984.

B U C H E R, Editha: Inventar des Mainzer Reichserzkanzler - Archivs im Haus-, Hof- und Staatsarchiv Wien. Aufgrund der Verzeichnisses von Wilhelm Klemm. Mit einer Einleitung zu Geschichte des Archivs von Leopold Auer. Erschienen in der Reihe Veröffentlichungen der Landesarchivverwaltung Rheinland Pfalz (Band 54): Inventar des Aktenarchivs der Erzbischöfe und Kurfürsten von Mainz - Band 1, Koblenz 1990.

C O N R A D, Hermann: Deutsche Rechtsgeschichte. Band II - Neuzeit bis 1806. Karlsruhe 1966.

C R O M E, August Friedrich Wilhelm: Die Wahlkapitulation des römischen Kaisers, Leopold des Zweiten; mit historischen und publizistischen Anmerkungen - nebst den, dazugehörigen, kurfürstlichen Kollegialschreiben. Hilbrighausen 1791.

ders.: Die Wahlkapitulationen der römischen Kayser Leopold des Zweyten - allerglorwürdigsten Andenkens - und Franz des Zweyten k.k. Majestät mit historischen und publicistischen Anmerkungen und Erklärungen nebst den dazugehörigen kurfürstlichen Kollegialschreiben und mehreren Akten=Stücken in einem dreyfachen Anhange. Lemgo 1794.

DEUTSCHE BIOGRAPHISCHE ENZYKLOPÄDIE. Band 1: Aachen – Boguslowski, München 1995; Band 6: Kogel – Maxsein, München 1997; Band 9: Schmidt – Theyer, München 1998.

EGGERS, Christian Ulrich Detlev von (Hrsg.): Deutsches Magazin. Altona, 1791.

EISENHARDT, Ulrich: Die kaiserliche Aufsicht über Buchdruck, Buchhandel und Presse im Heiligen Römischen Reich Deutscher Nation (1496 - 1806). Karlsruhe 1970.

ELSNER, Friedrich: Beiträge und Dokumente zur Geschichte des werbenden Buch- und Zeitschriftenhandels. 1. Band: Von den Anfängen des Buchhandels bis zum Beginn des ersten Weltkrieges. Köln 1961.

ELVERS, Christian Friedrich: Über die in der deutschen Bundesacte zugesicherte Bundesgesetzgebung hinsichtlich der Sicherstellung der Rechte der Schriftsteller und Verleger gegen den Nachdruck. In: Themis, Zeitschrift für Doctrin und Praxis des römischen Rechts, I. Band, 2. Heft, S. 209-301, Göttingen 1827.

GANZ, Johann Friedrich Ferdinand: Übersicht der Gründe wegen der Schädlichkeit des Büchernachdrucks für die Litteratur, den Buchhandel und das lesende Publikum im deutschen Reich; nebst Vorschlägen, dieses Übel durch eine zweckmäßige Verfügung in der künftigen kaiserlichen Wahlkapitulation von Grunde auf zu heben. Regensburg 1790.

ders.: Kurze Übersicht der Gründe wegen der Schädlichkeit des Büchernachdrucks für die Litteratur, den Buchhandel und das lesende Publikum im deutschen Reich; nebst Vorschlägen, dieses Übel durch eine zweckmäßige Verfügung in der künftigen kaiserlichen Wahlkapitulation von Grunde auf zu heben. In: Journal von und für Deutschland. Siebenter Jahrgang, Erstes bis

Sechstes Stück, o.O. 1790; 5. Stück, Nr. XIV, S. 405-415.

G E R S T L A C H E R, Carl Friedrich: Wie eine künftige WahlCapitulation zu verbessern seyn mögte. Aus Carl Friedrich Gerstlachers Anmerkungen über weil. Ihro kaiserl. Majestät Joseph des II. WahlCapitulation, 1789, abgedruckt in: Spiller von Mitterberg, Christian Heinrich Ludwig Wilhelm: Beyträge zur genauern Kenntniß der Reichsverfassung Deutschlands mit besonderer Rücksicht auf die kaiserliche Wahl=Capitulation. Ein Handbuch für Freunde der Geschichte des Staatsrechts. Coburg 1799.

G E W E R B L I C H E R R E C H T S S C H U T Z U N D U R H E B E R-R E C H T. Zeitschrift.

G I E S E, Ursula: Johann Thomas Edler von Trattner: Seine Bedeutung als Buchdrucker, Buchhändler und Herausgeber. In: AGB, Band III (1961), Sp. 1013 – 1454.

G I E S E K E, Ludwig: Vom Privileg zum Urheberrecht. Göttingen 1995.

ders.: Die geschichtliche Entwicklung des deutschen Urheberrechts. Göttingen 1957.

ders.: Beiträge zu zwei Kapiteln der Urheberrechtsentwicklung in Deutschland bis 1800. In: UFITA Band 130 (1996), S. 5 – 23.

ders.: Zensur und Nachdruckschutz in deutschen Staaten in den Jahren nach 1800. In: Historische Studien zum Urheberrecht in Europa, 1993, S. 21 – 31.

ders.: Günther Heinrich von Berg und der Frankfurter Urheberrechtsentwurf von 1819. In: UFITA Band 138 (1999), S. 117-151.

G O L D F R I E D R I C H, Johann: Vom Beginn der klassischen Litteraturperiode bis zum Beginn der Fremdherrschaft (1740-1804). Aus KG, Band 3. Leipzig 1909 [Neudruck: Aalen 1970].

G R Ä F F, Ernst Martin: Versuch einer einleuchtenden Darstellung des Eigenthums und der Eigenthumsrechte des Schriftstellers und Verlegers und ihrer gegenseitigen Rechte und Verbindlichkeiten - Mit vier Beylagen. Nebst einem kritischen Verzeichnisse aller deutschen besonderen Schriften und Aufsätze über das

Bücherwesen überhaupt und den Büchernachdruck insbesondere. Leipzig 1794 (Reprint in Wittmann: Quellen, Teil 7.1 S. 191ff., München 1981; sowie in UFITA Bd. 137 [1998], S. 111ff.).

G R A M L I C H, Jürgen: Rechtsordnungen des Buchgewerbes im Alten Reich – Genossenschaftliche Strukturen, Arbeits- und Wettbewerbsrecht im deutschen Druckerhandwerk. Frankfurt am Main 1994.

D A S G U T E N B E R G – J A H R B U C H. Zeitschrift.

H Ä B E R L I N, Carl Friedrich: Pragmatische Geschichte der neuesten kaiserlichen Wahlcapitulation und der an kaiserliche Majestät erlassenen kurfürstlichen Collegialschreiben. Leipzig 1792.

H A M B E R G E R / M E U S E L: Das gelehrte Teutschland. Lemgo 1797, 1803, 1805, 1821.

H A N D W Ö R T E R B U C H Z U R D E U T S C H E N R E C H T S- G E S C H I C H T E,
hrsg. von E R L E R, Adalbert; K A U F M A N N, Ekkehard.
I. Band, Berlin 1971.
II. Band, Berlin 1978.
III. Band, Berlin 1984.
IV. Band, Berlin 1990.
V. Band, Berlin 1998.

H A T T E N H A U E R, Christian: Wahl und Krönung Franz II. AD 1792 – Das Heilige Reich krönt seinen letzten Kaiser – Das Tagebuch des Reichsquartiermeisters Hieronymus Gottfried von Müller und Anlagen. Rechtshistorische Reihe, Band 130. Frankfurt am Main, 1995.

H I T Z I G, Julius Eduard: Das Königl. Preußische Gesetz vom 11. Juni 1837 zum Schutze des Eigentums an Werken der Wissenschaft und Kunst gegen Nachdruck und Nachbildung, dargestellt in seinem Entstehen und erläutert in seinen einzelnen Bestimmungen. Berlin 1839 [Reprint: UFITA Band 107 (1988), S. 162ff.]

J O L L Y, Julius: Die Lehre vom Nachdruck, nach den Beschlüssen des Deutschen Bundes dargestellt. 1852, erneut abgedruckt in: UFITA Bd. 111 (1989), S.103-170

K A P P, Friedrich und G O L D F R I E D R I C H, Johann: Geschichte des deutschen Buchhandels. Im Auftrag des Börsenvereins der Deutschen Buchhändler, hrsg. von der Historischen Kommission desselben (5 Bände). Leipzig 1909.
3. Band: Vom Beginn der klassischen Literaturperiode bis zum Beginn der Fremdherrschaft. 1740-1804.

K A Y S E R, Albrecht Christoph: Die Abstellung des Büchernachdrucks als ein in der neuesten kaiserlichen Wahlkapitulation der reichsoberhauptlichen Abhilfe eben so nöthig, als unbedenklich zu übertragender Gegenstand betrachtet. Regensburg 1790.

K L E I N H E Y E R, Gerd: Die kaiserliche Wahlkapitulation - Geschichte, Wesen und Funktion. Karlsruhe 1968.

K L Ü B E R, Johann Ludwig (Hrsg.): Acten des Wiener Congresses in den Jahren 1814 und 1815. Neudruck der Ausgabe von 1815,
II. Band (5. – 8- Heft),
IV. Band (13. – 16. Heft),
Osnabrück 1966.

K N I G G E, Adolph von: Über den Bücher=Nachdruck. An den Herrn Johann Gottwerth Müller, Doctor der Weltweisheit in Itzehoe. Hamburg 1792 [Reprint in Wittman: Quellen, Teil 8 S. 405ff.]

K O P P I T Z, Hans-Joachim: Die Privilegia impressoria des Haus-, Hof- und Staatsarchivs in Wien. GJ 1994, 69. Jahrgang, S. 187-207.

K Ö S E L, Joseph: Ueber Teutschland, Kaisertodesfall, Trauer, Reichsvikarien, Wahltag, Wahlkapitulation, Wahl, Krönung, Gerechtsame des teutschen Kaisers – Für seine Mitbürger, welche die Staatsverfassung ihres Vaterlandes näher kennenlernen wollen, aus den besten Quellen geschöpft und erläutert. Kempten, Leipzig 1790.

L E O P O L D U S I I., Imperator Romanorum: Abänderungen und Zusätze zu der Wahlkapitulation Josephs II. bei Gelegenheit der Wahl Leopolds II. Den 9ten October 1790. o.O.

ders.: Fortsetzung der Abänderungen und Zusätze zu der Wahlkapitulation Josephs II. bei Gelegenheit der Wahl Leopolds II. mittels der Darlegung der Kaiserlichen Majestät Leopolds II. erlassenen kurfürstlichen Collegialschreiben. Den 23ten October 1790. o.O.

M E U S E L, Johann Georg: Lexikon der vom Jahr 1750 bis 1800 verstorbenen Teutschen Schriftsteller. Leipzig 1804.

M E Y E R, Franz Hermann: Reformbestrebungen im achtzehnten Jahrhundert. In: AGDB XII, Leipzig 1889, S. 201 - 300.

M O S E R, Johann Jacob: Neues teutsches Staatsrecht;
Von dem Römischen Kayser, Römischen König und denen Reichs=Vicarien. Frankfurt am Mayn 1767 (Reprint Osnabrück, 1967, Band 2).
Von denen kayserlichen Regierungsrechten und Pflichten. Erster Theil, Frankfurt am Mayn 1772 (Reprint Osnabrück, 1967, Band 5).
Von den teutschen Reichs=Taegen. Erster Theil und Zweyter Theil, Frankfurt und Leipzig 1774 (Reprint Osnabrück 1968, Band 6.1 und 6.2).
Von der Landeshoheit in Gnaden=Sachen. Frankfurt und Leipzig 1773 (Reprint Osnabrück, 1968, Band 16.7).

ders.: Von der kaiserlichen Wahlkapitulation. Von neuem bearbeitet und mit berichtigenden Anmerkungen und Zusätzen versehen von Carl Friedrich Häberlin. Nürnberg 1792.

M Ü L L E R, Johann Gottwerth: Über den Verlagsraub, oder: Bemerkungen über des Herrn Reimarus Vertheidigung des Nachdrucks im April des deutschen Magazins 1791. Leipzig 1792 (Reprint in Wittmann: Quellen, Teil 8, S. 257ff).

M Ü N C H, Paul: Nachdruck und literarischer Markt im späten 18. Jahrhundert. J.G. Müller, J.A.H. Reimarus, A. Knigge und die 'Schmiederey'. In: Ritter, Alexander: J.G. von Itzehoe und die deutsche Spätaufklärung. S. 208ff.

N. N.: Vertheidigung des Eigenthums gegen Raub, oder Prüfung der Schrift: Wider und Für den Büchernachdruck, aus den Papieren des blauen Mannes u.s.w.. Schwaben (Ulm) 1790 (Reprint in Wittmann: Quellen, Teil 8 S. 169ff., München 1981).

P A S S O W, Richard: Friedrich Nicolais Einfluß auf das deutsche Verlagsrecht. In: Schmollers Jahrbuch Nr. 51 (1927) 1.

Halbband, S.109 – 116.

P L O U C Q U E T, W.G.: Unfehlbares Mittel, den Büchernachdruck zu verhindern – Zum Besten rechtmäßiger Verleger und Schriftsteller. Tübingen 1790.

P Ü T T E R, Johann Stephan: Beyträge zum Teutschen Staats- und Fürstenrechte. Erster Theil, Göttingen 1777; zweyter Theil, Göttingen 1779.

ders.: Der Büchernachdruck nach ächten Grundsätzen des Rechts geprüft. Göttingen 1774 (Reprint in Wittman: Quellen, Teil 7.2, München 1981).

R E I M A R U S, Johann Albert Heinrich: Der Bücherverlag in Betrachtung der Schriftsteller, der Buchhändler und des Publikums abermals erwogen. In: Deutsches Magazin, April 1791, S. 383ff.

R E S S, Georg: Entwicklung des europäischen Urheberrechts – Wissenschaftliches Kolloquium anläßlich des 70. Geburtstages von Gerhard Reischl. Baden-Baden 1989.

R E U S S, Johann August: Teutsche Staatskanzley. XVIII. Theil. Ulm 1791.

R I T T E R, Alexander: J.G. Müller von Itzehoe und die deutsche Spätaufklärung. Heide 1978.

R O C H, Johann Christof F.: Materialien zu einer Geschichte des Buchhandels. Leipzig 1795 (Reprint in Wittmann: Quellen, Teil 9, S. 1ff., München 1981).

R O T H, Johann Richard: Wahlkapitulation des römischen Kaisers Leopolds des Zweiten – nach dem kurmainzischen Originale zum Drucke befördert mit römisch kaiserl. Majestät allergnädigsten Privilegio und kurfürstl. mainzischer höchster Genehmigung. Mainz und Frankfurt 1791.

R O S E N F E L D, Hellmut: Zur Geschichte von Nachdruck und Plagiat. In: AGB Bd. XI (1971) Sp. 337-372.

S C H M E L Z E R, Friedrich August, Die kaiserliche Wahlkapitulation Seiner Majestät Franz des Zweyten. Mit kritischen Anmerkungen ... in gereinigter Kanzleysprache des jetzigen Zeitalters. Helmstedt 1793.

S C H M I E D E R, Christian G.: Wider und Für den Büchernachdruck, aus den Papieren des blauen Mannes - Bei Gelegenheit der zukünftigen Wahlkapitulazion, gedruckt im Reich und für das Reich. Karlsruhe 1790 (Reprint in Wittmann: Quellen, Teil 8, S. 89ff., München 1981).

S C H M O L L E R S J A H R B U C H für Gesetzgebung, Verwaltung und Volkswirtschaft im Deutschen Reich. Nr. 51 (1927) 1. Halbband.

S C H R I C K E R, Gerhard: Kommentar zum Urheberrecht. München, 1987.

S C H Ü R M A N N, August: Rechtsverhältnisse der Autoren und Verleger – sachlich=historisch. Halle 1889.

S E I D E N S T Ü C K E R, Johann Heinrich Philipp: Ist der Staat nach reinen Grundsätzen der gesellschaftlichen Verträge und nach gemeinen Grundsätzen des bürgerlichen Rechts befugt, den Büchernachdruck zu verbieten oder nicht? Gegen den Freiherrn von Knigge. Helmstädt 1793.

S E N C K E N B E R G, Renatus Karl von: Gedanken über verschiedene Paragraphen der kais. Wahlkapitulation - die in den Gerstlacherischen Anmerkungen über die Wahlkapitulation gar nicht oder doch nur kürzer berührt sind (Hrsg. Germanus Biedermann). Eleutheropolis (Wetzlar) 1790.

S P I L L E R V O N M I T T E R B E R G, Christian Heinrich Ludwig Wilhelm: Beyträge zur genauern Kenntniß der Reichsverfassung Deutschlands mit besonderer Rücksicht auf die kaiserliche Wahl=Capitulation. Ein Handbuch für Freunde der Geschichte des Staatsrechts. Coburg 1799.

T H E M I S: Zeitschrift für praktische Rechtswissenschaft. Göttingen (1) 1827/28 - (2) 1829/30 - NF 1838/41.

U L M E R, Eugen: Urheber- und Verlagsrecht. 3. Auflage, München, Heidelberg, New York 1980.

V O G E L, Martin: Deutsche Urheber- und Verlagsgeschichte zwischen 1450 und 1850 - Sozial- und Methodengeschichtliche Entwicklungsstufen der Rechte von Schriftsteller und Verleger. In: AGB Bd. XIX (1978), Sp. 1-190.

V O I G T L Ä N D E R, Robert: Das Verlagsrecht im Preußischen Landrecht und der Einfluß Friedrich Nicolai darauf. In: AGDB, Band XX, S. 4 – 66.

W A D L E, Elmar (Hrsg.): Historische Studien zum Urheberrecht in Europa: Entwicklungslinien und Grundfragen. Berlin 1993 (Schriften zur europäischen Rechts- und Verfassungsgeschichte, Band 10).

W A D L E, Elmar: Neuere Forschungen zur Geschichte des Urheber- und Verlagsrechts. In: ZNR 1990, S. 51-67 (erneut abgedruckt in: Wadle, Elmar: Geistiges Eigentum, S. 99ff.).

ders.: Geistiges Eigentum: Bausteine zur Rechtsgeschichte. Weinheim 1996.

ders.: Vor- oder Frühgeschichte des Urheberrechts? Zur Diskussion über die Privilegien gegen den Nachdruck. In: UFITA Bd. 106 (1987), S. 95-107 (erneut abgedruckt in: Wadle, Elmar: Geistiges Eigentum, S. 119ff.).

ders.: Die Entfaltung des Urheberrechts als Antwort auf technische Neuerungen. In: Technikgeschichte Bd. 52 (1985), S. 233-243; sowie in: UFITA Bd. 106 (1987), S. 203-218 (erneut abgedruckt in: Wadle, Elmar: Geistiges Eigentum, S. 63ff.).

ders.: Privilegienschutz gegen den Nachdruck um 1800 – Der Fall Artaria contra Götz. In: Historische Studien zum Urheberrecht in Europa, S. 33-55 (erneut abgedruckt in: Wadle, Elmar: Geistiges Eigentum, S. 145ff.).

ders.: Zur Geschichte des Urheberrechts in Europa. In: Entwicklung des Europäischen Urheberrechts, S. 9-20.

ders.: Der Weg zum gesetzlichen Schutz des geistigen und gewerblichen Schaffens. Die deutsche Entwicklung im 19. Jahrhundert. In.: Gewerblicher Rechtsschutz und Urheberrecht in Deutschland, S. 93-183.

ders.: Das preußische Urheberrechtsgesetz von 1837 im Spiegel seiner Vorgeschichte. In: Geistiges Eigentum, S. 167 – 222.

W A E C H T E R, Oscar: Das Verlagsrecht mit Einschluß der Lehren von dem Verlagsvertrag und Nachdruck. 2 Bände. Stuttgart 1857/1858

W A G N E R, Wolfgang: Das Staatsrecht des heiligen römischen Reiches deutscher Nation – Eine Darstellung der Reichsverfassung gegen Ende des 18. Jahrhunderts nach einer Handschrift der Wiener Nationalbibliothek. Karlsruhe 1968.

W A N D T K E, Artur A.: Goethe und das Urheberrecht. In: UFITA 2000 II, S. 453ff.

W I D M A N N, Hans (hrsg.): Der deutsche Buchhandel in Urkunden und Quellen.
Zweiter Band. Hamburg 1965.

W I T T M A N N, Reinhard: Quellen zur Geschichte des Buchwesens (Reprints 47 wichtiger Schriften des 17. und 18. Jahrhunderts), München 1981:
Teil 7.1 und 7.2: Nachdruck und geistiges Eigentum;
Teil 8: Der Nachdruck in der publizistischen Diskussion pro und contra;
Teil 9: Die Reformdiskussion am Jahrhundertende.

ders.: Der gerechtfertigte Nachdrucker? Nachdruck und literarisches Leben im achtzehnten Jahrhundert. UFITA Bd. 106 (1987) S. 109-135.

Z E I T S C H R I F T F Ü R N E U E R E R E C H T S G E S C H I C H T E. Ab 1979, Wien.

UNGEDRUCKTE QUELLEN

HHStA

Haus-, Hof- und Staatsarchiv
des Österreichischen Staatsarchivs in Wien:

Mainzer Erzkanzlerarchiv (vgl. hierzu Inventar des Mainzer Reichserzkanzlerarchivs, hrsg. von Editha Bucher):
Wahl- und Krönungsakten:
- Fasz. alt 73 (neu 113): 1790, Wahl und Krönung Kaiser Leopold II., Wahlprotokoll und Beilagen zu demselben
- Fasz. alt 74 (a/b neu 114/115): 1790, desgleichen Beilagen und Instruktionen
- Fasz. alt 75 (a/b neu 116/117): 1790, projektierte und entworfene sowie expedierte und eingeteilte Monita wegen der Wahlkapitulation, Berichte und Reskripte wegen denselben.
- Fasz. alt 77 (neu 120): 1790, Projekt der Wahlkapitulation, Kurkollegialschreiben, Diktaturprotokoll, Berichte und Reskripte.
- Fasz. alt 78 (a/b neu 121/122): 1790, Berichte und Reskripte
- Fasz. alt 81 (a/b neu 125/126): 1790, Wahlkapitulation Kaiser Leopolds II. und Franz II., vollständiges Wahlprotokoll Kaiser Leopolds II. und Mutterprotokoll des Wahlkonvents
- Fasz. alt 82 (neu 127): 1790, Protokollduplikat
- Fasz. alt 83 (neu 128): 1790 - 1792, desgleichen

Archiv der Reichskanzlei (hierzu der AB II/13, fol. 51):
Wahl- und Krönungsakten:
- Fasz. 96 a - g: 1790-1791, Wahl Kaiser Leopold II., Protokoll des Wahlkonventes; Fasz. 96c: 1790, 16. August - 6. September
- Fasz. 100 a - c: 1792, desgleichen Franz II., Fasz. 100c: 1792, kurfürstliche Collegial=Protokolle und Tagebücher

GStA PK

Geheimes Staatsarchiv Preußischer Kulturbesitz in Berlin (Dahlem)

I. HA, Geheimer Rat, Rep. 10 Reichstagsverhandlungen (Findbuch, S. 298)
Monita zu der künftigen Wahlkapitulation 1789 – 1790
- Nr. 87 d 1 - 8; Monita zu der künftigen Wahlkapitulation: Nr. 87 d 8, Monita wegen des Nachdrucks von Büchern, 1790

ABKÜRZUNGSVERZEICHNIS

a.a.O.	am angegebenen Ort
AB	Archivbehelf
Abk.	Abkürzung
ADB	Allgemeine Deutsche Biographie
a.E.	am Ende
AGB	Archiv für Geschichte des Buchwesens
AGDB	Archiv für Geschichte des Deutschen Buchhandels
ALR	Allgemeine Landrecht für die preußischen Staaten von 1794
Anm.	Anmerkung
Bd.	Band
bzgl.	bezüglich
bzw.	beziehungsweise
d.	des
DBE	Deutsche Biographische Enzyklopädie
ders.	derselbe
dto.	dito
evtl.	eventuell
f.	folgende (Seite)
Fasz.	Faszikel
ff.	folgende (Seiten)
Fn.	Fußnote
fol.	Folio
GJ	Das Gutenberg-Jahrbuch
GRUR	Gewerblicher Rechtsschutz und Urheberrecht
GStA	Geheimes Staatsarchiv
GStA PK	Geheimes Staatsarchiv Preußischer Kulturbesitz
HA	Hauptabteilung
HHStA	Haus-, Hof- und Staatsarchiv
HRG	Handbuch zur deutschen Rechtsgeschichte
hrsg.	herausgegeben
KG	Kapp/Goldfriedrich
k.k.	königliche(n) und kaiserliche(n)
MEA	Mainzer Erzkanzlerarchiv
m.w.N.	mit weiteren Nachweisen
N.N.	nomen nescio (lat.), Name unbekannt
Nr.	Nummer

o.g.	oben genannt(e)
o.O.	ohne Ortsangabe
PK	Preußischer Kulturbesitz
Rep.	Repositur
RK	Reichskanzlei
Rn.	Randnummer
s.	siehe
S.	Seite
s.a.	siehe auch
sog.	sogenannt(e)
Sp.	Spalte
Tom.	Tomus
u.a.	unter anderem
UFITA	Archiv für Urheber-, Film-, Funk- und Theaterrecht
UrhG	Urheberrechtsgesetz
u.v.a.	und viele andere
Verf.	Verfasser(s)
vgl.	vergleiche
WaKr.	Wahl- und Krönungsakten
z.B.	zum Beispiel
Zit.	Zitat bzw. zitiert
ZNR	Zeitschrift für Neuere Rechtsgeschichte

EINLEITUNG

So manch einer wird an dieser Stelle erwarten, daß eine Beziehung zu einer aktuellen Thematik hergestellt wird. Es wäre auch durchaus möglich, einen Vergleich zwischen der wachsenden Verbreitung von Büchern seinerzeit mit der Verbreitung der neuen Medien und Informationstechnologien heute anzustellen. Sicherlich würde man dann auch auf verwandte Problemstellungen auf dem Gebiet des Urheberrechtsschutzes in den unterschiedlichen Zeiten stoßen.
Statt dessen wird an dieser Stelle nur ein kurzes Zitat angeführt: „Das historische Argument spielt immer eine große Rolle, wenn Reformen des Urheberrechts anstehen; Besinnung auf die Ursprünge und die Entwicklung dieses Rechtsgebietes hat letztlich jeder im Auge, der es fortentwickeln möchte."[1]

1. Schutz vor Nachdruck im 18. Jahrhundert

Die Ausgangssituation im Jahre 1790 war dergestalt, daß der Schutz von geistigen Produkten vor Eingriffen in die Persönlichkeitsrechte und Verwertungsrechte, sowohl die der Autoren als auch die der Verleger, keine Selbstverständlichkeit darstellte.
Dahingegen stehen heute dem Urheber die Rechte an seiner persönlichen Schöpfung – dem Werk bzw. vorliegend dem Buch – zu. Der effektive Schutz des Urheberrechts wird durch ein Verwertungsverbot für alle von dem betroffenen Werk rechtswidrig hergestellte Vervielfältigungsstücke gewährleistet. Wird dagegen verstoßen, so ergeben sich daraus zivilrechtliche Ansprüche zugunsten des Schriftstellers und strafrechtliche Konsequenzen für den illegalen „Nachdrucker". Um seine Rechte zu sichern und den Schutz dieser zu erlangen, ist kein besonderes Verfahren erforderlich. Mit der Schaffung des Werkes entsteht das Urheberrecht vielmehr automatisch.
Die Situation im Heiligen Römischen Reich deutscher Nation war eine ganz andere. Es gab kein Gesetz, welches den Autor oder den Verleger vor Eingriffen in die heute anerkannten Verwertungsrechte schützte. Damit war der Weg für den Büchernachdruck offen. Unter dem Büchernachdruck ist dabei der Nachdruck von bereits gedruckten Büchern zu verstehen,[2] womit nicht eine erneute Auflage oder Ausgabe gemeint ist. Der Nachdrucker bemühte sich zumeist nicht einmal darum, Eigentum an dem Manuskript oder gar die Einwilligung des Autors bzw. Verlegers zu erlangen. Er begnügte sich in der Regel damit, ein bereits ge-

---

[1] Wadle, Elmar: „Zur Geschichte des Urheberrechts in Europa". In: Entwicklung des Europäischen Urheberrechts, S. 9.

[2] Gieseke, Ludwig: „Vom Privileg zum Urheberrecht", 1995, S. 14.

drucktes Buch schlicht als Vorlage für seinen Nachdruck zu verwenden. Vielfach handelte es sich dabei um Bücher, die sich schon in ihrem Erstdruck als gut absetzbar erwiesen hatten und damit auch weiterhin ein gutes Geschäft verhießen. Nicht selten erschien der Nachdruck wenige Wochen nach dem Erstdruck. Der Leser konnte den Nachdruck dabei stets günstiger als die Originalausgabe erwerben. Auf diese Weise partizipierte der Nachdrucker an der Arbeit und dem Gewinn seines Kollegen. Berühmt und berüchtigt waren seinerzeit z.B. der Nachdrucker Trattner aus Wien[3] oder etwa die Nachdrucker aus Reutlingen.[4]

a. Die Druckprivilegien im Heiligen Römischen Reich

Zu Beginn des Buchdrucks im 15. Jahrhundert standen noch ganz der Buchdrucker und seine Unternehmung im Vordergrund. Die Frage, wem das Verwertungsrecht zustehe, stellte sich erst gar nicht. Derjenige, der die Mühe des aufwendigen Drucks auf sich nahm, hatte auch das Recht, mit dem Buch zu handeln – wie mit jeder anderen Ware auch. Ein Recht des Schöpfers an seinem Werk bestand nicht. Jeder durfte alles nach seinem Belieben vervielfältigen und verbreiten. Ebenso war die Nennung des Autors nicht selbstverständlich.[5]
Erst nachdem die Buchdruckerkunst[6] und der rasant wachsende Buchhandel[7] eine weite Verbreitung von Büchern ermöglichten, entwickelte sich bei der Obrigkeit die Ansicht, man müsse den Handel mit Büchern kontrollieren und steuern.[8]

---

[3] Wittmann, Reinhard: „Der gerechtfertigte Nachdrucker?“, UFITA Bd. 106 (1987), S. 115.

[4] Bösner, Heinrich Johann Thomas: „Übersicht der Gründe...“, 1790, S. 35.

[5] Als geistiger Diebstahl wurde jedoch das Plagiat (die Nennung eines fremden Werkes als eigenes) moralisch verurteilt; Gieseke, Ludwig,: „Vom Privileg zum Urheberrecht“, 1995, S.1f, 8f.

[6] Vor allem nach Erfindung des Buchdrucks mit beweglichen Lettern; Wadle, Elmar: „Die Entfaltung des Urheberrechts als Antwort auf technische Neuerungen“, abgedruckt in: Wadle, Elmar: „Geistiges Eigentum“, S. 63ff (67).

[7] Immer mehr Bücher wurden auf Jahrmärkten und Messen gehandelt. Elsner, Friedrich: „Beiträge und Dokumente zur Geschichte des werbenden Buch- und Zeitschriftenhandels“, 1. Band, 1961, S. 16ff.

[8] Die Einzelfragen zu Beginn des Privilegienwesens und damit der Urheberrechtsgeschichte werden auch heute noch durchaus kontrovers diskutiert: vgl. hierzu Wadle, Elmar: „Neuere Forschungen zur Geschichte des Urheber- und Verlagsrechts“, ZNR 1990, S. 51ff., sowie 56ff.; ders.: „Vor- oder Frühgeschichte des Urheberrechts?“, UFITA Bd. 106 (1987), S. 95ff.

Aber ganz nach Art der feudalen Staatsordnung wurde dem Problem nicht mit einem allgemeinen Gesetz begegnet,[9] sondern mit der fallweisen Vergabe von Privilegien.[10] Der Untertan mußte dabei um ein Privileg vor Nachdruck bei dem jeweiligen Herrn nachsuchen. Daß er eines erteilt bekam, war ein Gnadenakt seines Fürsten und keine Selbstverständlichkeit. Jedes Privileg war ein Einzelfall,[11] eine individuelle Entscheidung der Obrigkeit, und sicherte dem Privilegierten etwas zu, was anderen Untertanen versagt wurde.[12] Um ein Privileg zu erhalten, mußte das Werk jedenfalls erst einmal die Zensur passieren.[13] Für die Erteilung der landesherrlichen Privilegien mußte der Schutzsuchende zudem Gebühren und für die kaiserlichen Impressoria Taxen zahlen. Außerdem mußten Pflichtexemplare des zu schützenden Drucks abgeliefert werden.[14] Diese Pflichtexemplare stellten bei „gut ausgestatteten Originalauflagen" einen beträchtlichen Wert dar, der demjenigen zuwuchs, der die Privilegien erteilte.[15]
Hatte das Gesuch eines Untertanen auf Erteilung eines Druckprivilegs Erfolg, wurde regelmäßig ein befristetes Verbot ausgesprochen,[16] eine bestimmte ge-

---

[9] Vereinzelt und regional eng begrenzt kam es jedoch bereits im 17.Jahrhundert zu allgemeinen Nachdruckregelungen. So etwa 1623 in Nürnberg, wonach sich die Buchdrucker und Verleger sowohl privilegierter als auch unprivilegierter Materien enthalten sollten. Vgl. Pütter, Johann Stephan: „Beyträge zum Teutschen Staats- und Fürstenrechte", S. 271 Fn. (f).

[10] Vogel, Martin: „Deutsche Urheber- und Verlagsrechtsgeschichte zwischen 1450 und 1850", AGB Bd. XIX (1978), Sp. 14f.

[11] Generalprivilegien, d.h. der Schutz der gesamten Produktion, waren eine seltene Ausnahme. Meist wurden nur einzelne Druckschriften geschützt.

[12] Moser, Johann Jacob: „Neues teutsches Staatsrecht", Band 16.7: „Von der Landeshoheit in Gnaden=Sachen" , 1773, S. 39, § 2.

[13] Die Zensur fand in weltlicher als auch kirchlicher Hinsicht statt. Letztere entwickelte sich recht früh. Von einem Buch durften erst Abschriften gefertigt werden, wenn es die Approbation erhalten hatte. Papst Sixtus IV. erteilte 1479 der Universität Köln als erster deutscher Universität die Befugnis, eine ständige Zensur auszuüben. Weltliche Zensurbehörden wurden etwa in Frankfurt am Main 1485 oder z.B. in Leipzig 1569 eingerichtet. Die ersten Ansätze eines weltlichen Zensursystems finden sich in dem Augsburger Reichsabschied von 1530. Vgl. Werkmüller in HRG: Bücherkommissar, I. Band, Sp. 527. Die Zensur und damit verbunden ein Verbot der Schrift mag so manchen Zeitgenossen davor abgeschreckt haben, ein Privileg zu beantragen, wenn er befürchten mußte, die Inhaltsüberprüfung nicht beanstandungsfrei zu überstehen; vgl. Gieseke, Ludwig: „Vom Privileg zum Urheberrecht", 1995, S. 83 und vor allem 88.

[14] Gieseke, Ludwig: a.a.O., S. 74f.

[15] Gramlich, Jürgen: „Rechtsordnungen des Buchgewerbes im Alten Reich", 1994, S. 90; Werkmüller: a.a.O. , Sp. 528.

[16] Meist drei bis zehn Jahre, eine Verlängerung konnte aber etwa anläßlich einer Neuauflage beantragt werden; vgl. Gieseke, Ludwig: a.a.O., S. 55.

druckte Schrift nachzudrucken oder nachgedruckte Exemplare innerhalb des Herrschaftsbereichs zu verkaufen oder einzuführen.[17] Diese Privilegien galten zunächst nur für körperliche Druckwerke.[18]
Ein genereller Privilegientyp läßt sich jedoch nicht angeben, da die Gründe für die Privilegienvergabe und damit der Inhalt der Privilegien ebenso mannigfaltig waren, wie sie heute noch in der wissenschaftlichen Auseinandersetzung stehen.[19] Auch das Verfahren war keineswegs einheitlich ausgestaltet. Allgemeine und einheitliche Regeln für die Vergabe von Privilegien ließen sich somit zu keiner Zeit aufstellen. Auch wenn die kaiserlichen Privilegien gewissen Formalien folgten, war der Wortlaut der kaiserlichen Privilegien, der unter anderem die wichtigsten Titel des Kaisers, die publicatio[20] und den Beweggrund (arenga) beinhaltete, jedoch alles in allem recht vielfältig und betonte damit nur deren Ausnahmecharakter.[21]
Die ersten Privilegia impressoria, wie die Druckprivilegien auch genannt wurden, wurden vom Reichsregiment und vom Kaiser[22] für bedeutsame Schriften und zum wirtschaftlichen Schutz von Druckunternehmungen erteilt.[23] Dabei spielten neben dem Lohn- und Ertragsschutzgedanken eine Vielzahl anderer Gründe eine Rolle.[24] Der Nachdruckschutz war für den Schutzsuchenden eigentlich eine Belohnung. Voraussetzung zu deren Erlangung war, daß ein überwiegender Nutzen für die Allgemeinheit erwartet werden konnte. Dies bedeutete im Ergebnis nichts anderes als eine Vorzensur.[25] Nur die als „wertvoll“ oder

---

[17] Gieseke, Ludwig: „Vom Privileg zum Urheberrecht“, 1995, S. 39; Moser, Johann Jacob: „Neues teutsches Staatsrecht“, Band 5: „Von denen kayserlichen Regierungsrechten und Pflichten“, 1772, S. 585, § 144.

[18] Hier muß angemerkt werden, daß sich die Begrifflichkeit erst im Laufe der Zeit entwickelt hat. Der Werksbegriff sowie der Begriff „geistiges Eigentum“ z.B. sind erst im Laufe der modernen Urheberrechtsentwicklung aufgekommen. Daher muß man auch das Eigentum am Manuskript vom Eigentum am Werk trennen (der Werksbegriff kam erst mit der Entwicklung im 19. Jahrhundert auf).

[19] Schricker/Vogel: „Urheberrecht“, Kommentar, 1987, Einleitung, Rn. 55.

[20] Hinweis, daß der Text bekanntgegeben werden soll.

[21] Die kaiserlichen Privilegien folgten dabei gewissen Formalien; vgl. Koppitz, Hans-Joachim: „Die Privilegia impressoria des Staatsarchivs in Wien“, GJ 1994, S. 187ff (195).

[22] Für die Befugnis und das Recht Druckprivilegien zu erteilen, gab es im alten Reich den Begriff „Bücherregal“; vgl. Gieseke, Ludwig: a.a.O., S. 56; Eisenhardt, Ulrich: „Die kaiserliche Aufsicht über Buchdruck, Buchhandel und Presse im Heiligen Römischen Reich Deutscher Nation (1496-1806)“, 1970, S. 7ff.

[23] Gieseke, Ludwig: a.a.O., S. 56

[24] Gieseke, Ludwig: a.a.O., S. 8.

[25] Für die Zensur von Büchern war der Bücherkommissar seitens der weltlichen Obrigkeit beauftragt. Ein ständiges kaiserliches Bücherkommissariat wurde 1579 in Frankfurt am Main errichtet. Frankfurt war seinerzeit noch der bedeutendste Buchhandelsplatz im Reich.

(wird auf der folgenden Seite fortgesetzt)

„bedeutungsvoll“ erachteten Werke sollten geschützt werden. Werke, die den damaligen religiösen, politischen oder sittlichen Ansichten nicht entsprachen, sollten von staatlicher Seite keinen Schutz genießen. Für diese Bücher war der Nachdruck eine „Strafe“. Für die Erteilung eines Druckprivilegs waren weiterhin ausschlaggebend: die Neuheit des Werkes, die Kosten und die Druckqualität.[26]

Alsbald danach wurden Impressoria auch von den Reichsständen und Territorialherren erteilt.[27] Ein Nachteil dieser Privilegien war jedoch, daß sie nur in dem entsprechenden Herrschaftsgebiet durchgesetzt werden konnten. Daher waren zuerst auch die kaiserlichen Privilegien die bedeutendsten,[28] da sie im ganzen Reich Geltung hatten.[29] Nachdem den Territorialfürsten die Berechtigung der Vergabe von Druckprivilegien neben dem Kaiser zugewachsen war,[30] wurde es für den Schutzsuchenden immer beschwerlicher, Nachdruckschutz im ganzen Reich zu erlangen. Zumal die Durchsetzung der Privilegien gegen Verstöße nicht dem Kaiser zustand, sondern der Territorialgewalt des jeweiligen deutschen Landesherrn.[31] Der Kaiser und seine Regierung konnten hierauf nur sehr schwachen Einfluß nehmen.

Durch die Erteilung von Druckprivilegien wurde jedenfalls der Nachdruck an sich nicht in Frage gestellt. Vielmehr wurde er durch ein Druckprivileg im Einzelfall für eine bestimmte Dauer ausgeschlossen.

Das kaiserliche Bücherkommissariat hatte neben eigenen Zensurbefugnissen auch die Oberaufsicht über die landesherrlichen Zensurbehörden. Zugleich sollte es Sorge dafür tragen, daß keine Druckwerke unerlaubt nachgedruckt werden, die mit einem kaiserlichen Privileg versehen waren. Vgl. Werkmüller in HRG: Bücherkommissar, I. Band, Sp. 527f.

[26] Gieseke, Ludwig: „Vom Privileg zum Urheberrecht“, 1995, S. 64f. Ders.: „Beiträge zu zwei Kapiteln der Urheber-rechtsentwicklung in Deutschland bis 1800“, UFITA Band 130 (1996) S. 7.

[27] Gramlich, Jürgen: „Rechtsordnungen des Buchgewerbes im Alten Reich“, 1994, S. 89f.

[28] Ihre Beachtung und Durchsetzbarkeit nahm jedoch mit dem Erstarken der Reichsstände nach dem 30jährigen Krieg ab. Zumeist wurden sie von landesherrlichen Privilegien überlagert und verdrängt. Das lag unter anderem daran, daß das Polizeiwesen in der Hoheitsgewalt der Landesherren stand. Die Kompetenz des Kaisers, solche Privilegien zu erteilen, wurde jedoch nie angezweifelt. Vgl. dazu u.a. Vogel, Martin: „Deutsche Urheber- und Verlagsrechtsgeschichte zwischen 1450 und 1850“, AGB Bd. XIX (1978), Sp. 16 und Gieseke, Ludwig: „Vom Privileg zum Urheberrecht“, 1995, S. 59.

[29] Vogel, Martin: ebenda.

[30] Moser, Johann Jacob: „Neues teutsches Staatsrecht“, Band 5: „Von denen kayserlichen Regierungsrechten und Pflichten“, 1772, S. 585 und 587, § 144; ders., a.a.O., Band 16.7: „Von der Landeshoheit in Gnaden=Sachen“, 1773, S. 52f, §§ 1ff.

[31] Werkmüller, a.a.O., Sp. 528f. Daneben wurden auch vom Papst bzw. der Kirche Privilegien erteilt; vgl. Gramlich, Jürgen: a.a.O., S. 89; Koppitz, Hans-Joachim: „Die Privilegia impressoria des Staatsarchivs in Wien“, GJ 1994, S. 188.

Für potentielle Verstöße wurde eine Geldstrafe und eine Buße zugunsten des Privilegierten angedroht (sog. Poenformel). Dahingegen konnte ein nicht privilegiertes Buch nach Belieben nachgedruckt werden, ohne daß der Nachdrucker mit einer Strafe, einer Buße oder gar einer Schadensersatzforderung zu rechnen hatte.
Weitaus größere Bedeutung als der Schutz von Handel und Gewerbe gewann für die Vergabe von Privilegien das Bedürfnis, den Buchhandel zu regulieren und zu beaufsichtigen.[32]
Die Praxis der Vergabe von Privilegien wurde wohl nicht zuletzt aus diesen Gründen in der Folgezeit mehr als 300 Jahre lang beibehalten, obwohl ihre Unzulänglichkeiten schon anfangs evident wurden.[33] Nur zaghaft und örtlich eng begrenzt stellte man allgemeine Regelungen auf.[34] Gegen Ende des 18. Jahrhunderts gab es jedenfalls immer noch kein Gesetz, welches das Fertigen von Raubkopien im ganzen Heiligen Römischen Reich allgemein verboten hätte.[35] Dies sollte auch noch einige Zeit so bleiben.[36]

b. Das Privilegienwesen im 18. Jahrhundert

Die Nachteile regional beschränkter Privilegien und die mangelnde Durchsetzung kaiserlicher Privilegien konnten auch im 18. Jahrhundert nicht überwunden werden. Die kaiserlichen Privilegien wurden im Gegenteil immer bedeutungsloser. Dieser Wandel basiert vor allem auch auf dem Umstand, daß sich das Reich durch das Erstarken der Reichsstände politisch veränderte, was erhebliche rechtliche und tatsächliche Folgen nach sich zog. Die Reservatrechte waren z.B. ursprünglich nur dem Kaiser vorbehalten und obwohl die Privilegienerteilung zu den ausschließlich dem Kaiser zustehenden Reservatrechten gehörte, erteilten seit dem 16. Jahrhundert die Landesherren gleichfalls Privilegien.[37] Zu diesen von den Landesherren erteilten Privilegien gehörten auch die Druckprivilegien.[38] Beispielsweise ignorierte man in Kursachsen nach 1630 die

---

[32] Gieseke, Ludwig: „Vom Privileg zum Urheberrecht“, 1995, S. 56.

[33] Ein ausführlich besprochenes Beispiel findet sich bei Wadle, Elmar: „Privilegienschutz gegen den Nachdruck um 1800 – Der Fall Artaria contra Götz“. In: Historische Studien zum Urheberrecht in Europa, S. 33 bis 55.

[34] Vgl. hierzu: Vogel, Martin: „Deutsche Urheber- und Verlagsrechtsgeschichte zwischen 1450 und 1850“, AGB Bd. XIX (1978), Sp. 9ff.

[35] Wadle, Elmar: „Der Weg zum gesetzlichen Schutz des geistigen und gewerblichen Schaffens“. In: Gewerblicher Rechtsschutz und Urheberrecht in Deutschland, S. 116ff.

[36] Ein Beispiel für ein Privileg befindet sich im Anhang Nr. 4.

[37] Gramlich, Jürgen: „Rechtsordnungen des Buchgewerbes im Alten Reich“, 1994, S. 89.

[38] In diesem Zusammenhang wird in der zeitgenössischen Betrachtung auch häufiger von

(wird auf der folgenden Seite fortgesetzt)

kaiserlichen Privilegien gänzlich und beachtete nur noch die eigenen. Aber selbst dort, wo die kaiserlichen Privilegien Beachtung fanden,[39] war die Durchsetzung und Vollstreckung keineswegs gesichert und mit zum Teil immensen Schwierigkeiten verbunden.[40] Die landesfürstlichen Privilegien konnten zwar effektiver durchgesetzt werden, ihnen haftete aber ein anderer Makel an: die Privilegien der Territorialherren hatte die Beschränkung, daß sie nur in dem Herrschaftsbereich des jeweiligen Fürsten galten[41] und somit in den anderen deutschen Ländern überhaupt keine Anerkennung fanden.[42] Daher konnte es für einen effektiven Schutz vor Nachdruck notwendig werden, sich zwei oder mehr Privilegien erteilen zu lassen: ein kaiserliches und ein landesherrliches Privileg, meist von Kursachsen oder von Kurbrandenburg.[43] Manchmal ließ man sich danach den Schutz der Druckwerke vom Kaiser nur noch bestätigen.[44]
Goethe ging sogar soweit, daß er sich 39 Privilegien (35 Fürstentümer und 4 freie Reichsstädte) erteilen ließ, um gegen den Nachdruck seiner Werke vorgehen zu können.[45]
Gerade das kursächsische Privileg wurde im 18. Jahrhundert dabei den kaiserlichen Privilegien vorgezogen, da es trotz der räumlichen Beschränkung bei Zuwiderhandlung schneller bzw. überhaupt erst durchgesetzt werden konnte.[46] Außerdem war es auf der Leipziger Messe, einem der Hauptumschlagplätze für Bücher, ausschlaggebend und wurde strikt bei einem Verstoß von den Behörden durchgesetzt.[47] Aber auch die kurbrandenburgischen Privilegien fanden Beach-

---

„Druckfreiheiten“ gesprochen.

39 Beachtet wurden die kaiserlichen Privilegien etwa in Frankfurt, weil sich dort der Sitz der kaiserlichen Bücherkommission befand.

40 Die Aufsicht des Bücherwesens oblag als Teil des Polizeiwesens den einzelnen Territorialstaaten. Der Kaiser besaß insofern keine Exekutive.

41 Umgekehrt war der Kreis der Privilegierten nicht auf die jeweiligen Untertanen beschränkt. Jeder konnte etwa in Preußen oder Kursachsen ein Privileg erlangen. Der Schutz vor Nachdruck konnte aber nur gegen die jeweiligen Untertanen durchgesetzt werden.

42 Gieseke, Ludwig: „Vom Privileg zum Urheberrecht“, 1995, S. 39, 77ff.; vgl. auch: Wagner, Wolfgang: „Das Staatsrecht des heiligen römischen Reichs deutscher Nation.“, 1968, S. 77, siehe dort § 126; Moser, Johann Jacob: „Neues teutsches Staatsrecht“, 1773, Band 16.7: „Von der Landeshoheit in Gnaden=Sachen“, S. 54f, § 10.

43 Gramlich, Jürgen: „Rechtsordnungen des Buchgewerbes im Alten Reich“, 1994, S. 90; Moser, Johann Jacob: „Neues teutsches Staatsrecht“, Band 5: „Von denen kayserlichen Regierungsrechten und Pflichten“, 1772, S. 595, § 144.

44 Koppitz, Hans-Joachim: „Die Privilegia impressoria des Staatsarchivs in Wien“, GJ 1994, S. 188.

45 Wandtke, Artur: „Goethe und das Urheberrecht“, UFITA 2000 II, S. 460.

46 Bappert, Walter: „Wege zum Urheberrecht“, 1962, S. 182.

47 Wittmann, Reinhard: „Der gerechtfertigte Nachdrucker?“, UFITA Bd. 106 (1987), S. 119f.

tung. Dies lag vor allem an der Haltung des großen Kurfürsten und preußischen Königs Friedrich Wilhelm. Andere landesherrlichen Privilegien hatten dagegen nur regionale Bedeutung.[48]

Eine weitere Schwäche des Privilegiensystems war es, daß die Privilegien nach Verfahren, Inhalt und damit zusammenhängend auch der Beweggrund für die Privilegienerteilung höchst unterschiedlich ausgestaltet waren. Dies hatte zur Folge, daß eine gewisse Willkür und Unberechenbarkeit bei der Vergabe nie gänzlich überwunden werden konnte. Ein extremes Beispiel stellen die Privilegien auf Nachdrucke dar. Beides zusammen führte zu einer Rechtsunsicherheit, die bis in die Rechtspraxis hinein durchschlug.[49]

Da auch im 18. Jahrhundert der Schutz vor Nachdruck nicht automatisch – und schon gar nicht durch ein allgemeines Gesetz – gewährt wurde, mußte der Schutzsuchende weiterhin bei der Obrigkeit um ein Privileg nachsuchen. Die Privilegienvergabe war dabei mit der Bücheraufsicht und der Vorzensur verbunden.[50] Bevor der Schutzsuchende die Begünstigung erhielt, wurde sein Werk auf die religiöse, sittliche und politische Korrektheit hin überprüft (Zensur).[51] Dies galt sowohl für die kaiserlichen wie auch die landesherrlichen Privilegien.[52] Dabei waren die Reichsstände gehalten, in ihren Ländern eine Vorzensur durchzuführen und entsprechende Zensurstellen einzurichten. Das Verfahren war für den Antragsteller natürlich auch mit Kosten verbunden. Neben Geldzahlungen mußten noch zusätzlich Pflichtexemplare geleistet werden. Die Wirkungsweise von Privileg und Zensur war im ausgehenden 18. Jahrhundert insgesamt also recht einfach ausgestaltet: ohne Privileg kein Schutz vor Nachdruck, ohne vorherige Zensur kein Privileg.[53]

Daneben haben auch andere Gründe, wie z.B. die Förderung des regionalen Handels, eine Rolle gespielt.[54] Der Karlsruher Buchhändler und Nachdrucker Schmieder schreibt etwa:[55] „Der Nachdruck hat auch eine ausnehmende politische Wichtigkeit für die einzelnen Länder des Reichs. Das Geld, das alles

---

[48] Moser, Johann Jacob: „Neues teutsches Staatsrecht“, 1773, Band 16.7: „Von der Landeshoheit in Gnaden=Sachen“, S. 52ff, §§ 4ff.

[49] Gieseke, Ludwig: „Vom Privileg zum Urheberrecht“, 1995, S. 79ff.

[50] Eisenhardt, Ulrich: „Die kaiserliche Aufsicht über Buchdruck, Buchhandel und Presse im Heiligen Römischen Reich Deutscher Nation (1496-1806)“, 1970, S. 3ff.

[51] Diese Vorgehensweise wurde seinerzeit wohl mehr als Schutz von Buchhandel, Literatur, den Wissenschaften und des guten Geschmacks des lesenden Publikums bezeichnet.

[52] Gieseke, Ludwig: a.a.O., S. 57.

[53] Eisenhardt, Ulrich: a.a.O., S. 7ff.

[54] Vogel, Martin: „Deutsche Urheber- und Verlagsrechtsgeschichte zwischen 1450 und 1850“, AGB Bd. XIX (1978), Sp. 18ff.

[55] Schmieder, Christian G.: „Wider und Für den Büchernachdruck...“, 1790, S. 50.

durch eben soviel Röhren, als Bücher von Wichtigkeit verlegt werden, nach Sachsen geleitet würde, bleibt jetzt im Reich und macht, daß wir in der Handelsbilanz mit Sachsen nicht mehr, wie sonst, verliehren. Es ist dadurch ein neuer Zweig von Industrie, der so vielen und so vielerlei Arten von Bürgern Nahrung schafft und mit in die Kassen der Fürsten einfließt, eröfnet worden."
Diese Anmerkung beschreibt genau die Art der absolutistischen Fürsten, wie sie im 18. Jahrhundert in ihren Staaten Wirtschaftspolitik betrieben. Sie achteten darauf, daß ihre Bürger nicht von den sächsischen Monopolisten übervorteilt werden.[56] Schmieder erkannte dies und machte sich diesen Umstand zu eigen, um seine Nachdrucke zu rechtfertigen. Die vorgenannten Gründe dürften auch im 18. Jahrhundert eine größere Rolle gespielt haben, als der Schutz des geistigen Eigentums von Schriftstellern und des Verlagseigentums.
Schutzobjekt der Privilegien war im 18. Jahrhundert die erhoffte Lohn- oder Ertragserwartung des Privilegierten.[57] Dabei wurden Privilegien sowohl an Autoren als auch an Drucker und Verleger vergeben. Dem Autor, Bearbeiter oder Herausgeber sollte für seine Mühen, dem Drucker für seine Kosten und Arbeit die Belohnung gesichert werden.[58]
Zur Umsetzung bediente man sich eines Nachdruckverbotes im Einzelfall. Wurde dagegen innerhalb der festgesetzten Frist verstoßen, wurden nicht nur die Nachdrucke eingezogen, dem Nachdrucker drohte vielmehr noch eine Geldstrafe zugunsten der Obrigkeit sowie eine Buße zugunsten des Privilegierten.[59] Ihm sollte jedenfalls kein wirtschaftlicher Vorteil verbleiben.

Im Zusammenhang mit dem Privilegienwesen des 18. Jahrhunderts muß auf drei landesspezifische Besonderheiten in Österreich, Kursachsen und Preußen eingegangen werden.

c. Österreich

Die Sonderstellung Österreichs verdeutlicht die Konsequenzen der zerfallenden Reichsgewalt. In Österreich konnte nur von einem Einwohner ein Privileg erlangt werden. Die Erzeugnisse von Schriftstellern aus anderen deutschen Landen wurden von der Zensurbehörde zum Nachdruck freigegeben.[60] Dies hatte natür-

---

56 Wittmann, Reinhard: „Der gerechtfertigte Nachdrucker?", UFITA Bd. 106 (1987), S. 120.

57 Gieseke, Ludwig: „Vom Privileg zum Urheberrecht", 1995, S. 63.

58 Gieseke, Ludwig: a.a.O., S. 61ff.

59 Moser, Johann Jacob: „Neues teutsches Staatsrecht", 1772, Band 5: „Von denen kayserlichen Regierungsrechten und Pflichten", S. 592, § 144.

60 Gieseke, Ludwig: a.a.O., S. 187.

lich seine Ursache in dem Umstand, daß je stärker das Bedürfnis des Lesers nach „norddeutscher" Literatur wurde, desto abhängiger wurden die süddeutschen Buchhändler von der norddeutschen Produktion.[61] Der Standortvorteil der sächsischen Buchhändler und Verleger durch die in Leipzig stattfindenden Buchmessen führte zu einer Vormachtstellung des sächsischen Buchhandels gegenüber den süddeutschen Buchhändlern. Unter Ausnutzung dieses von Kursachsen geförderten Vorteils banden die kursächsischen Verleger diejenigen Autoren an sich, deren Werke dem breiten Leserkreis aus der Schicht des Bürgertums gefielen. Um die gefragten Autoren in Sachsen zu halten, wurden ungewöhnlich hohe Honorare ausgezahlt.[62] Die süddeutsche Produktion hingegen wurde weder im Norden noch in der Heimat groß nachgefragt. Die Lage der süddeutschen Buchhändler war wegen der hohen Leipziger Preise, der zu geringen Rabattsätze und der erheblichen Transportkosten ohnehin nicht allzu gut. Beides wurde von Seiten Österreichs als Hindernis des eigenen Marktes angesehen und man sah sich gezwungen, den Nachdruck als ausgleichendes Element zu dulden. Man wollte so das Bedürfnis der Untertanen nach Literatur befriedigen.

Die kaiserlichen Privilegien verloren folglich im 18. Jahrhundert weiter an Bedeutung. Sie wurden u.a. dort für unwirksam gehalten, wo ein landesherrliches Privileg bestand, zumindest aber nicht mehr durchgesetzt.[63] Dies wurde insbesondere dadurch begünstigt, daß das kaiserliche Bücherkommissariat keine eigene vollstreckende Gewalt besaß und daher bei der Durchsetzung auf Vollstreckungshilfe seitens der landesherrlichen Obrigkeit angewiesen war.[64] Die wurde aber nicht selten versagt.[65]

Außerdem büßte Frankfurt, der einzige Ort, an dem die kaiserlichen Privilegien wegen der Nähe zur kaiserlichen Herrschaft noch Beachtung fanden,[66] gegenüber Leipzig an Bedeutung als Messeplatz ein.

Zur Verdeutlichung der Lage im gesamten Heiligen Römischen Reich im ausgehenden 18. Jahrhundert nennt Wadle ein prägnantes Beispiel:[67] In einem Buch,

---

[61] KG, Band 3, 1909, S. 52.

[62] Schricker/Vogel: „Urheberrecht", Kommentar, 1987, Einleitung, Rn. 59.

[63] Dabei ging es vor allem um den wirtschaftlichen Nutzen für das jeweilige Land und erst damit verknüpft um den Rechtsschutz. Vgl. Wadle, Elmar: „Zur Geschichte des Urheberrechts in Europa". In: Entwicklung des Europäischen Urheberrechts, S. 13-15.

[64] Ein Grund hierfür war, daß die „Obsicht und Direction des Bücherwesens als Stück der Polizey" jedem Landesherrn zustand. Der Kaiser konnte hierauf keinen Einfluß nehmen. Moser, Johann Jacob: „Neues teutsches Staatsrecht", Band 5: „Von denen kayserlichen Regierungsrechten und Pflichten", 1772, S. 53, § 6.

[65] Werkmüller in HRG: Bücherkommissar, I. Band, Sp. 529.

[66] Gramlich, Jürgen: „Rechtsordnungen des Buchgewerbes im Alten Reich", 1994, S. 90.

[67] Wadle, Elmar: „Zur Geschichte des Urheberrechts in Europa", in: Entwicklung des Euro-

(wird auf der folgenden Seite fortgesetzt)

welches von den Frankfurter Buchhändlern Varrentrapp und Wenner herausgegeben wurde, fanden sich zwei Privilegien. Eines vom Kaiser und ein weiteres vom preußischen König. Der kaiserliche Schutzbefehl richtete sich an „all- und jeden Unseren und des heiligen Reichs Unterthanen“ und sollte im ganzen „Heiligen Römischen Reich“ gelten. Wohingegen das zweite Privileg zum Schutz vor Nachdruck sich gegen jeden „in Dero Königreich Preussen und Churfürstentum Brandenburg“ richtete.
Daran wird zweierlei deutlich. Während der König von Preußen sich ausschließlich auf sein Territorium bezieht, mußte der Kaiser seinen Befehl an seine Untertanen richten.[68] Wadle faßt dies kurz und bündig zusammen: „Das Reich ist eben kein Staat, wohl aber Preußen.“[69] Zum anderen wird deutlich, daß das kaiserliche Privileg im 18. Jahrhundert als Schutz vor Nachdruck nicht ausreichte, vielmehr mußten noch zusätzlich territoriale Privilegien bei den jeweiligen Landesherren erlangt werden.[70]
Die Leipziger Buchhändler versteiften sich daher darauf, nur noch ein kursächsisches (brandenburgisches) Privileg zu beantragen; da bei der Leipziger Messe, insbesondere seit dem Dezembermandat im Jahr 1773, die Nachdrucker wirksamer bekämpft werden konnten, als dies der Reichshofrat bei Verstoß gegen die kaiserlichen Privilegien hätte tun können. Aber auch von den anderen Verlegern wurde zumindest neben dem kaiserlichen Privileg um ein kursächsisches oder kurbrandenburgisches Privileg nachgesucht.[71] Sie erfuhren ohnehin, daß Maria Theresia und Joseph II. den Nachdruck von in ihren Augen nützlichen Titeln in den Kronländern begünstigten.[72]

d. Das kursächsische Mandat

Die zweite Besonderheit stellt das kursächsische Mandat vom 18. Dezember 1773 dar.[73] Mit diesem kurfürstlichen Mandat wurde für alle auf der Leipziger

---

päischen Urheberrechts, S. 11f.

68 Ebenda.

69 Ebenda, m.w.N.

70 Moser, Johann Jacob: „Neues teutsches Staatsrecht“, 1773, Band 16.7: „Von der Landeshoheit in Gnaden=Sachen“, S. 52ff, §§ 4ff.

71 Moser, Johann Jacob: „Neues teutsches Staatsrecht“, Band 5: „Von denen kayserlichen Regierungsrechten und Pflichten“, 1772, S.595, § 144; Band 16.7: „Von der Landeshoheit in Gnaden=Sachen“, 1773, S. 53 § 7.

72 Koppitz, Hans-Joachim: „Die Privilegia impressoria des Staatsarchivs in Wien“, GJ 1994, S. 203.

73 „Ihro Churfürstl. Durchlaucht zu Sachsen u. Mandat den Buchhandel betr. Ergangen d.d. Dresden den 18. Dec. 1773.“ Und „Regulativ wie das von der Büchercommission zu füh-

(wird auf der folgenden Seite fortgesetzt)

Messe „bauenden inn= und ausländischen Buchhändlern“[74] die Möglichkeit eröffnet, in erster Linie neu zu verlegende Bücher in ein Protokoll, welches von der kurfürstlich sächsischen Bücherkommission geführt wurde, eintragen zu lassen.
Die Eintragung hatte die Wirkung eines Privilegs und genoß landesherrlichen Schutz für mindestens 10 Jahre.[75] Eine weitere Eintragung war möglich, so daß sich der Schutz entsprechend verlängern konnte. Allerdings entsprachen die Voraussetzungen für den Protokolleintrag im wesentlichen denen eines Privilegs. Das Buch mußte zunächst die Zensur passieren. Sodann mußte für die Einzeichnung eine Gebühr entrichtet und Pflichtexemplare abgeliefert werden.[76] Außerdem konnten in der Praxis nur in Kursachsen gedruckte Bücher eingezeichnet werden.[77] Damit konzentrierte sich das Mandat auf den Schutz von inländischen Druckern und Buchhändlern, obschon die Einzeichnung ausdrücklich auch den ausländischen Buchhändlern gestattet war. Diese mußten aber den Nachweis führen, daß der gleiche Schutz in der Heimat des ausländischen Buchhändlers zugunsten der sächsischen Buchhändler gewährt wurde.[78] Dies konnte jedoch in der Regel nicht nachgewiesen werden. Nur Preußen setzte sich in diesem Punkt für seine Buchhändler ein. Das preußische Ministerium monierte am 18. April 1775, daß die kursächsischen Verleger in Preußen beim Nachweis des rechtmäßigen Erwerbs ohne jede weitere Voraussetzung und Formalität gegen den Nachdruck geschützt würden, umgekehrt sei dem aber nicht so. Diesen gleichen Schutz forderte man in Berlin auch für die preußischen Buchhändler in Kursachsen ein.[79] Kursachsen antwortete am 30. Oktober 1776 auf die preußische Intervention hin, daß auch die preußischen Verleger gegen den Nachdruck in Sachsen geschützt würden, wenn das rechtmäßig erworbene Verlagsrecht bescheinigt sei. Dieser Schutz werde auch gewährt, wenn die Bücher nicht in Kursachsen gedruckt sind, kein kursächsisches Privilegium habe und nicht in das Protokoll eingezeichnet sei. Dieses Entgegenkommen der beiden norddeutschen Kurfürstentümer ist kennzeichnend für deren Verbundenheit untereinander, im Gegensatz zu deren Haltung zum Rest des Reichs.

---

rende Protocoll einzurichten.“ In: Kayser, Albrecht Christoph: „Die Abstellung des Büchernachdrucks...“, 1790, S. 35ff.

74 Ebenda; vgl. Punkt 3) des Mandats.

75 Ebenda; vgl. Punkt II) und IV) des Regulativs.

76 Gieseke, Ludwig: „Vom Privileg zum Urheberrecht“, 1995, S. 150f; Vogel, Martin: „Deutsche Urheber- und Verlagsrechtsgeschichte zwischen 1450 und 1850“, AGB Bd. XIX (1978), Sp. 78ff.

77 Vgl. Punkt 2) des Mandats; a.a.O..

78 Vgl. Punkt 1) des Mandats und Punkt II) des Regulativs; a.a.O.

79 Gieseke, Ludwig: „Die geschichtliche Entwicklung des deutschen Urheberrechts“, 1957, S. 110; KG, Band 3, 1909, S. 436f.

Aus- wie auch inländische Buchhändler und Drucker konnten aber auch weiterhin nach dem Dezembermandat im Jahr 1773 ein kursächsisches Privileg beantragen, was vor allem von ausländischen Buchhändlern und Druckern genutzt wurde, die nicht in Sachsen tätig waren. Damit blieb ihnen auf jeden Fall die Möglichkeit wie bisher, Schutz vor Nachdruck zu erlangen. Beide Möglichkeiten, die Einzeichnung wie auch das Privileg, stellten selbstverständlich eine entsprechende Einnahmequelle für den kursächsischen Staat dar.
Das Mandat dürfte mehr für die Vormachtstellung von Leipzig als Messeplatz und für die Förderung der sächsischen Wirtschaft eine Rolle gespielt haben als für den Rechtsschutz des Autors. In der Einleitung wird ausdrücklich der Schutz vor Nachdruck als Begründung angeführt,[80] wobei der Schutz des Verlagseigentums gemeint war. Nur im Falle des Rechtsstreits mußte der Buchhändler sich legitimieren und nachweisen, „daß er das Verlagsrecht an dem Buche, Uebersetzung, oder sonstiger Schrift, wovon die Frage ist, von dem Schriftsteller redlicher Weise an sich gebracht habe".[81] Hierin erkennt man trotzdem, daß das noch zarte Pflänzchen der Idee vom geistigen Eigentum zu blühen begann. Daß der Schutz des Buchhändlers auf dem redlichen Erwerb von dem Schriftsteller beruht, gibt dem Autor ein Eigentumsrecht an seinem Buch und indirekt die dazugehörigen Rechte zum Druck sowie zur Verbreitung.
Gleich nach der ersten Bekanntmachung des Mandats wurde auf der darauf folgenden Leipziger Ostermesse gegen die Nachdrucker, wie etwa Göbhardt aus Bamberg, vorgegangen. Die Nachdrucker ihrerseits kündigten auf diese Maßnahmen hin an, die Leipziger Messe zu boykottieren und den Nachdruckkampf gegen die sächsische Produktion zu eröffnen.[82]
Auch wenn mit dem Dezembermandat noch nicht das System der Privilegienerteilung abgelöst wurde, stellte die Protokolleintragung eine erhebliche Vereinfachung des Verfahrens für die ansässigen Drucker, Verleger und Händler dar.
Auf der anderen Seite sieht man an der Unterscheidung zwischen in- und ausländischen Buchhändlern und Verlegern, daß staatliche Egoismen offenbar eine Differenzierung erforderten. Wenngleich der Schutz auch für Ausländer offenstand, so behielt man sich dennoch für alle Fälle ein Hintertürchen offen.

e. *Das preußische Verlagsrecht*

Die dritte Besonderheit stellen die Vorschriften über den Verlagsvertrag und das Verlagsrecht (Teil I, Titel 11, Abschnitt 7, §§ 996 bis 1036) sowie den Bücher-

---

[80] Vgl. Einleitung des Mandats; a.a.O.
[81] Vgl. Punkt 1) des Mandats; a.a.O.
[82] KG, Band 3, 1909, S. 54.

nachdruck (Teil II, Titel 20, Abschnitt 14, §§ 1294 bis 1297) in dem Allgemeinen Landrecht für die preußischen Staaten von 1794 dar. Bis dahin begnügte man sich in Preußen mit den Privilegien als Mittel gegen den Nachdruck.
Die gesetzliche Regelung in dem ALR findet an dieser Stelle Beachtung, obschon sie erst 1794 in Kraft trat, also nach den Wahlkapitulationen Leopolds II. 1790 und Franz II. 1792. Aber das Gesetzeswerk war seinerzeit schon längst in der Vorbereitung. Das Projekt zum Verfassen eines Gesetzbuches für die preußischen Staaten geht auf Friedrich den Großen zurück, der 1780 seinen Großkanzler von Cramer mit dieser Aufgabe betraute. Bereits in dem ersten Vorentwurf wurde der Verlagsvertrag genannt und der Nachdruck als strafbare Handlung angesehen (§§ 78ff). Danach erfolgte der erste Entwurf von Carl Gottlieb Suarez, welcher gleichfalls das Verlagsrecht und den Nachdruck beinhaltete. 1787 wurde ein zweiter Entwurf bzgl. des Verlagsrechts veröffentlicht. Zwischen 1789 und 1791 erfolgten hierzu die letzten Änderungen.[83] Eine Rolle bei der Bearbeitung desjenigen Teils, der sich als erste detaillierte gesetzliche Regelung mit dem Verhältnis zwischen Autor und Verleger sowie den Schutz vor Nachdruck beschäftigte,[84] spielte dabei der Berliner Buchhändler Friedrich Nicolai.[85] Dieser nahm mit seinem Gutachten vom 6. Dezember 1790 Einfluß auf die endgültige Ausgestaltung.[86]
In der Endfassung heißt es zu Beginn in § 996: „Das Verlagsrecht besteht in der Befugnis, eine Schrift durch den Druck zu vervielfältigen, und sie auf Messen, unter die Buchhändler und sonst ausschließend abzusetzen."[87] Zwei Paragraphen später, in § 998, wird auch normiert, von wem der Buchhändler das Verlagsrecht erhält: „In der Regel erlangt der Buchhändler das Verlagsrecht nur durch einen mit dem Verfasser darüber geschlossenen schriftlichen Vertrag." Damit wurde nach dem ALR das Recht der Vervielfältigung grundsätzlich von dem Schriftsteller abgeleitet. Obwohl im preußischen Landrecht das Verlagsinteresse im Vordergrund stand, wurde damit auch das Interesse und Recht des Urhebers nicht vergessen.
Über den Nachdruck ist in § 1034 bestimmt: „Wer Bücher und Werke, deren Nachdruck nach vorstehenden Grundsätzen unerlaubt ist, dennoch nachdruckt, muß den rechtmäßigen Verleger entschädigen." Nach § 1035 konnte der rechtmäßige Verleger als Schadensersatz von dem Nachdrucker folgendes verlangen:

[83] Voigtländer, Robert: „Das Verlagsrecht im Preußischen Landrecht und der Einfluß von Friedrich Nicolai darauf", AGDB Band XX, S. 37ff.

[84] Gieseke, Ludwig: „Vom Privileg zum Urheberrecht", 1995, S. 188f.

[85] Passow, Richard: „Friedrich Nicolais Einfluß auf das deutsche Verlagsrecht", Schmollers Jahrbuch Nr. 51, 1927, S. 111.

[86] Voigtländer, Robert: a.a.O., S. 55ff; Passow, Richard: a.a.O., S. 111ff.

[87] Vgl. Allgemeines Landrecht für die preußischen Staaten, Teil 1, Titel 11, Abschitt 7.

„Diese Entschädigung besteht in dem Ersatz des Honorarii, welches der rechtmäßige Verleger dem Verfasser gezahlt hat, und der mehreren Kosten, welche derselbe wegen bessern Druck und Papiers, gegen den Nachdruck gerechnet, auf die rechtmäßige Auflage verwendet hat."
Grundsätzlich galt das Landrecht auch für Ausländer. Allerdings wurde in § 1033 eine Einschränkung bzgl. des Nachdrucks gemacht: „In so ferne auswärtige Staaten dem Nachdruck zum Schaden hiesiger Verleger gestatten, soll letzteren gegen die Verleger in jenen Staaten ein Gleiches erlaubt werden." Auch Preußen war nicht bereit, den Nachdruck in seinen Landen zu schützen, wenn in anderen Ländern des Reichs die preußische Verlagsproduktion nachgedruckt wird. Noch deutlicher wird der Unterschied zwischen preußischen Untertanen und den anderen Reichsbürgern sichtbar, wenn man die strafrechtliche Regelung in § 1294 betrachtet: „Bücher, auf welche ein königlicher Untertan das Verlagsrecht hat, soll niemand nachdrucken."[88]
Somit war klar: Preußen arbeitete 1790 an einem umfassenden Schutz der Verleger und gewährleistete diesen dann schließlich durch das preußische ALR ab 1794. Man konnte also von Seiten Kurbrandenburgs nur daran interessiert sein, daß dieser Schutz auf das ganze Reich ausgeweitet wird.

Die beiden großen Kurfürsten im Norden durchbrachen im ausgehenden 18. Jahrhundert die Praxis der Privilegienvergabe: Kursachsen durch das Dezembermandat und Preußen durch sein ALR. Beides änderte jedoch zunächst nichts an dem Umstand, daß auf Reichsebene weiterhin eine allgemeingültige Regelung im Umgang mit Nachdrucken fehlte.

2. Die Reichsgesetzgebung

Zwar wurde die Herstellung von Nachdrucken, insbesondere in Sachsen und Preußen, und auch von den Buchhändlern im übrigen Norddeutschland abgelehnt. Dies hinderte jedoch die kursächsischen Drucker und Verleger nicht daran, Nachdrucke unter fingierten Verlagsorten in andere deutsche Territorialstaaten zu exportieren; ganz zu schweigen von Österreich und anderen Ländern, in denen der Nachdruck als regionale Förderung des Handels angesehen wurde. In den west- und süddeutschen Territorien überhaupt wurde der Nachdruck mittel- und norddeutscher Neuerscheinungen zumindest geduldet. Mit zunehmender Konkurrenz, mit sinkenden Herstellungskosten durch technische Neuerungen und mit steigendem Interesse an Druckerzeugnissen wurde jedenfalls die Notwendigkeit eines Schutzes vor Nachdruck offenbar.[89] Ein solcher konnte im 18.

---

[88] Vgl. Allgemeines Landrecht für die preußischen Staaten, Teil 2, Titel 20, Abschnitt 14.

[89] Ulmer, Eugen: „Urheber- und Verlagsrecht", 1980, S. 51; Vogel, Martin: „Deutsche

(wird auf der folgenden Seite fortgesetzt)

Jahrhundert weder durch die bestehenden Handelsgesetze und Zunftordnungen noch durch die Privilegien gewährleistet werden. Der einzige Ausweg schien ein entsprechendes Reichsgesetz zu sein.
Nachdem auf die Praxis der Privilegienvergabe im Reich und seinen Ländern eingegangen wurde, muß nunmehr die Frage der Rechtsgrundlage für die Privilegienvergabe beantwortet und damit zusammenhängend auf die für Änderungen in Betracht kommenden Gesetzgebungsverfahren eingegangen werden.

a. Die Rechtsgrundlage für die Vergabe von Privilegien

Ursprünglich gehörten die Privilegien zu den Reservatrechten des Kaisers. D.h., sie standen als ius reservatum ausschließlich dem Kaiser zu;[90] im Gegensatz dazu standen die Hoheitsrechte, für deren Ausübung ein Zusammenwirken von Kaiser und Kurfürsten oder Kaiser und Reichstag notwendig war.[91] Für die Vergabe der kaiserlichen Privilegien war der Reichshofrat in Wien zuständig.[92]
Durch die Wahlkapitulation wurde allerdings das kaiserliche Erteilungsrecht immer mehr zum ius reservatum limitatum eingeengt und die Gesetzgebungszuständigkeit von der Zustimmung der Reichsstände abhängig gemacht. Seit dem 16. Jahrhundert übten die Landesherren das Recht aus, Privilegien zu erteilen. So wurde auch die Kumulation von kaiserlichen und landesherrlichen privilegia impressoria eine den Schutz vor Nachdruck erhöhende Praxis.[93]

Dem Kaiser dienten die sog. Regalien als Rechtsgrundlage für seine Hoheitsrechte. Mit deren Hilfe führte er die Regierung.[94] Ihm standen zunächst eine Vielzahl von Regalien zu; wie etwa das Postregal oder die Münz- und Zollregale.[95] Für das Bücher- und Pressewesen hatte er das Bücherregal inne. Dieses gab dem Kaiser die Befugnis, Druckereien und Buchhandel zu regeln und zu beaufsichtigen. Neben der Bücheraufsicht hatte er auch das Recht, Druckprivi-

---

Urheber- und Verlagsrechtsgeschichte zwischen 1450 und 1850", AGB Bd. XIX (1978), Sp. 14; Schricker/Vogel, Einleitung, Rn. 55.

90 Mohnhaupt in HRG: Privileg, neuzeitlich; III. Band, Sp. 2005ff.

91 Hoke in HRG: jura reservata, II. Band, Sp. 476f.

92 Koppitz, Hans-Joachim: „Die Privilegia impressoria des Staatsarchivs in Wien", GJ 1994, S. 189f.

93 Mohnhaupt: a.a.O., Sp. 2007.

94 Conrad, Hermann: „Deutsche Rechtsgeschichte", 1966, S. 136.

95 Wagner, Wolfgang: „Das Staatsrecht des heiligen römischen Reichs deutscher Nation", 1968, S. 64f.

legien zu erteilen.[96] Im Laufe der Zeit ging jedoch ein Teil der Regalien auf die Territorialherren über.[97]
Daß diese Träger von Regalien sein können, wurde durch den Westfälischen Frieden (IPO Art. VIII § 4) von 1648 ausdrücklich bestimmt.[98] Aber schon seit der Wahlkapitulation Karls V. von 1519 und regelmäßig in allen folgenden Wahlkapitulationen wurde bestätigt, daß die Landesherren Träger bestimmter Regalien sein können.[99]
Nichts anderes folgte im 16. Jahrhundert auch auf dem Gebiet des Druckwesens. Der Kaiser hatte zwar die Oberaufsicht über das Bücher- und Pressewesen, die durch die Bücherkommission in Frankfurt wahrgenommen wurde. Es war jedoch Sache der Landesherren, die Einhaltung der Reichsgesetze zu überwachen.[100] Ursprünglich war dies nicht der Fall gewesen. Erst der Reichsabschied von 1524 machte es den Landesherren zur Pflicht, über die Aufsicht von Druck und Verbreitung von Schriften zu wachen. Diese Pflicht wandelte sich im Laufe der Zeit aber zu einem eigenen Recht.[101] So ist beispielsweise die Vorzensur als Hoheitsrecht auf die Landesherren übergegangen.[102]

---

[96] Gieseke, Ludwig: „Vom Privileg zum Urheberrecht", 1995, S. 55f.

[97] Eisenhardt, Ulrich: „Die kaiserliche Aufsicht über Buchdruck, Buchhandel und Presse im Heiligen Römischen Reich Deutscher Nation (1496-1806)", 1970, S. 7ff.

[98] Wegener in HRG: Regalien, IV. Band, Sp. 474

[99] Vgl. hierzu Art. I (Schutz der Kirche, des Reichs, der Stände und eines jeden bei dem Seinigen) § 9 (Bestätigung der Freiheiten der Stände und der Reichsritterschaft. Panisbriefe): „Sollen und Wollen auch Kurfürsten, Fürsten und Stände (die unmittelbare freie Reichsritterschaft eingeschlossen) ihre Hoheitsrechte, Regalien, Obrigkeiten, Freiheiten, Privilegien, die sowohl vor als auch nach diesem Wahlvertrage gemachten, und noch in Zukunft vermöge der ihnen zustehenden Rechte zu machenden, den Reichsgesetzen, besonders dem westphälischen Frieden Art. VIII § 2 gemäßen Union, zuvorderst aber die unter Kurfürsten, Fürsten und Ständen aufgerichteten Erbverbrüderungen, Reichspfandschaften, so, wie dieserhalben in dem Instrumento Pacis Vorsehung geschehene Gerechtigkeiten, Gebräuche und gute Gewohnheiten, so sie bisher gehabt, oder in Übung gewesen, zu Wasser und zu Lande, auf gebührendes Aussuchen, ohne Weigerung und Aufenthalt, in beständiger Form konfirmieren, sie auch dabei als römischer König handhaben und schützen, und Niemanden einiges Privilegium dawider ertheilen, und da einige vor oder bei währenden Kriegen ertheilet, so im Friedensschlusse nicht approbiret dieselben gänzlich kassiren und annulliren, auch hiermit kassirt und annulliert haben. Wir sollen und wollen auch keine Panisbriefe auf Klösten und Stifter im Reiche verleihen, als wo und wie Wir dieses kaiserliche Reservat rechtlich hergebracht haben.", Vgl. Roth, Johann Richard: „Die Wahlkapitulation des römischen Kaisers Leopolds des Zweiten...", 1791.

[100] Gieseke, Ludwig: a.a.O., S. 55f.; Eisenhardt, Ulrich: a.a.O., S. 7ff.

[101] Eisenhardt, Ulrich: a.a.O., S. 9.

[102] Eisenhardt, Ulrich: a.a.O., S. 6.

Hinzu kam, daß das Bücherwesen wurde als Teil des Polizeiwesens und nicht als reine Handelssache angesehen wurde. Die Polizeihoheit oblag im 18. Jahrhundert wiederum den Territorialherren. Der Kaiser konnte zwar aufgrund des Bücherregals Druckprivilegien rechtmäßig erteilen, bei deren Durchsetzung war er jedoch weitgehend auf die Hilfe der Landesherren angewiesen.[103]
Die kaiserlichen Privilegien banden jedoch im 18. Jahrhundert zumindest die Reichsunmittelbaren, d.h. diejenigen, die ohne Zwischenschaltung einer Landeshoheit unmittelbar der kaiserlichen Gewalt unterstanden.
Für die Reichsmittelbaren, d.h. diejenigen, die in erster Linie einem Landesfürsten unterstanden und damit nur mittelbar Kaiser und dem Reich unterworfen waren, läßt sich die Bindung an die Einhaltung der kaiserlichen Privilegien nicht einheitlich beantworten. Hier bestand im 18. Jahrhundert zuweilen die Rechtsauffassung, daß der Kaiser zwar Privilegien über Bücher erteilen konnte, für die bereits ein Landesherr ein Privileg vergeben hatte. Jedoch galt das kaiserliche Privileg dann nicht in dem Herrschaftsbereich des entsprechenden Reichsstandes,[104] da hier die Privilegienhoheit der landesherrlichen Gesetzgeber berührt wurde. In diese Landesrechte konnte daher nur durch ein Reichstagsgesetz oder durch die Wahlkapitulation eingegriffen werden.

b. *Reichsgesetzgebungsverfahren, Reichsabschiede, Reichsgutachten*

Das Reichsgesetzgebungsverfahren lief auf dem Reichstag[105] in Regensburg ab. Auf einen kaiserlichen Antrag (Proposition) hin wurde von den drei Kollegien des Reichs (Kurfürstenrat, Reichsfürstenrat und Städtekollegium) über den Antrag getrennt beraten.[106] Reichsgutachten bedeutet im Zusammenhang mit dem

[103] In Art. VII (von Polizey- und Handlungssachen) § 4 (Privilegien in Polizeisachen) heißt es in der Wahlkapitulation dazu: „Woneben Wir fürohin keinerlei von unseren Vorfahren zu ertheilen nicht hergebrachte Privilegia, so der Kurfürste, Fürsten und Stände in Dero Territoriis zustehenden Polizeiwesen und gleichfalls hergebrachten Gerechtsamen in einigerlei Weg vorgreifen, ertheilen, noch die etwa bereits ertheilten erneuern sollen noch wollen." Vgl. Roth, Johann Richard: „Die Wahlkapitulation des römischen Kaisers Leopolds des Zweiten...", 1791.

[104] Moser, Johann Jacob: „Neues teutsches Staatsrecht", Band 5: „Von denen kayserlichen Regierungsrechten und Pflichten", 1772, S.587f, § 144.

[105] Hier wurde häufig auch von Reichsversammlung gesprochen. Der Reichstag war eine Versammlung des Kaisers und der gesamten Stände des Reichs. Im Namen dieser beratschlagten die Gesandten und Bevollmächtigten über Angelegenheiten des Reichs und seiner Glieder und faßten ggf. entsprechende Beschlüsse. Vgl. Moser, Johann Jacob: „Neues teutsches Staatsrecht", Band 6.1: „Von den teutschen Reichs=Taegen. Erster Theil", 1774, S. 23, § 3.

[106] Vgl. Hoke in HRG: Reichsabschied, IV. Band, Sp. 520f.

Nachdruck, daß der Kaiser von den Reichskollegien deren Meinung zu einem Verbot des Nachdrucks einholen würde.[107]
Die Kurfürsten hatten durchgesetzt, daß in für das Reich wichtigen Angelegenheiten der Kaiser ein Gutachten von den Reichskollegien einzuholen hatte.[108] Darunter verstand man in erster Linie Sachen, die eine Comitial-Beratschlagung oder einen Reichsschluß erforderten. Ein Gesetz, welches in die Privilegienhoheit der Länder eingreift, indem es den Nachdruck allgemein verbietet, bedurfte grundsätzlich einer Zustimmung der Stände und damit eines Reichsgutachtens. Hatte der Kaiser einen Antrag gestellt, erfolgte zunächst die Meinungsbildung in den beiden höchsten Kollegien, dem Kurfürstenrat und dem Reichsfürstenrat. War in diesen beiden Kollegien die Meinungsbildung abgeschlossen, dann traten diese beiden Kollegien miteinander in Verbindung. Die Kurfürsten und Reichsfürsten stimmten im Wege der Relation und Korrelation ihre Beschlüsse aufeinander ab und versuchten, einen gemeinsamen Beschluß herbeizuführen. Kam eine übereinstimmende Meinung zustande, resultierte daraus ein gemeinsamer Beschluß (conclusum duorum). Dieser Beschluß wurde dann dem Städtekollegium zur Erstattung des votum decisivum vorgelegt. Stimmte die Meinungsbildung der Reichsstädte mit den beiden anderen Kollegien überein, dann lag ein conclusum trium collegium vor, der dem Kaiser oder dem Prinzipalkommissar, der den Kaiser zuweilen auf dem Reichstag vertrat, durch den Kurerzkanzler zugeleitet wurde. Mit der Einigung aller drei Reichskollegien lag ein Reichsgutachten (consultam imperii) vor. Dieses war insofern eine Erklärung aller drei Reichskollegien dem Kaiser gegenüber, inwieweit man den Antrag für rechtens oder ratsam hielt.[109]
Das Reichsgutachten bedurfte in der Folge noch der Zustimmung des römischen Kaisers. Nahm der Kaiser das Reichsgutachten an und genehmigte es, kam ein Reichsschluß[110] (conclusum imperii) zustande.[111] Dem Kaiser stand es frei, dem Reichsgutachten seine Zustimmung zu geben (Sanktion) oder dieselbe zu verweigern. Er mußte seine Entscheidung nur sofort treffen.

---

[107] In der Neuzeit wurden im Reich die Begriffe Reichsgesetz, Reichsschluß (Reichsgutachten) und Reichsabschied weitgehend synonym verwendet. Dies lag daran, das die Reichsabschiede die Reichsgesetze enthielten, welche wiederum auf den Reichsschluß zurückgingen; Buschmann in HRG: Reichsgesetzgebung, IV. Band, Sp. 588.

[108] Moser, Johann Jacob: „Neues teutsches Staatsrecht", Band 6.2: „Von den teutschen Reichs=Taegen. Zweyter Theil.", 1774, S. 394, § 4.

[109] Moser, Johann Jacob: a.a.O., S. 393, § 3.

[110] Der Unterschied zwischen dem Reichsgutachten und dem Reichsschluß bestand insoweit nur in einigen Formalitäten, die bei dem Reichsschluß gegenüber dem Reichsgutachten hinzukamen. Vgl. Moser, Johann Jacob: a.a.O. S. 400, § 10.

[111] Buschmann: a.a.O., Sp. 588.

Nach dem Zustandekommen des Reichsgutachtens wurde von dem Mainzer Kurfürsten, welcher als erster Kurfürst und Reichserzkanzler das Reichstagsdirektorium führte, ein Konzept des Reichsabschieds[112] gefertigt. Darin waren die Endfassung des vom Kaiser sanktionierten Reichsgutachtens, die Gründe für die Einberufung des Reichstags durch den Kaiser und dessen Propositionen enthalten. Dieses Konzept wurde wiederum von allen Kurfürsten geprüft. Anschließend wurde das Reichsgutachten von dem Kurmainzer Direktorium einem Gremium vorgelegt. Dieses Gremium bestand aus mindestens zwei Kommissaren des Kaisers, allen Kurfürsten und den Deputierten der beiden anderen Reichskollegien, wobei bei der Anzahl der Deputierten in erster Linie auf eine Parität der Konfessionen geachtet wurde. Wurde das Konzept von diesem Gremium akzeptiert, dann mußte teilweise nochmals die Genehmigung des Kaisers oder des ihn vertretenden Prinzipalkommissars eingeholt werden. Erst danach konnten in der Kurmainzer Kanzlei zwei Ausfertigungen der Vorlage erstellt werden. Nachdem diese Ausfertigungen u.a. mit den Siegeln des Kaisers, des Mainzer Kurfürsten und unter Beachtung der konfessionellen Parität von einigen anderen Reichsständen versehen wurde, erfolgte die Subskription.[113] Das Kurmainzer Reichstagsdirektorium setzte nach einer Umfrage in allen Reichskollegien unter den Reichsabschied alle Namen derjenigen Reichsstände, die an dem Reichstag persönlich oder durch Gesandte vertreten teilgenommen hatten. Diese Namensliste folgte einer strengen Reihenfolge. Nur der Kaiser bzw. der Prinzipalkommissar für den Kaiser und der Kurfürst von Mainz bzw. dessen Vertreter, namentlich der Reichsvizekanzler, unterzeichneten eigenhändig den Reichsabschied. Damit war aber das Gesetzgebungsverfahren immer noch nicht abgeschlossen. Nunmehr mußte noch in einer Schlußsitzung des Reichstags, bei der der Kaiser oder für ihn der Prinzipalkommissar den Vorsitz führte, der Reichsabschied durch Kurmainz verlesen werden. Erst mit dieser Publikation erlangte der Reichsabschied die Rechtskraft eines Reichsgesetzes. Schlußendlich ermahnte der Kaiser oder der Prinzipalkommissar die Reichsstände zur Einhaltung des Reichsabschieds. Die Veröffentlichung des Gesetzes erfolgte in der Weise, daß die Kurmainzer Kanzlei am folgenden Tag ein Diktat aufsetzte und mehrere Kopien anfertigte. Die beiden Originale wurden jeweils an den Reichshofrat und an Kurmainz, welches das Reichsarchiv führte, übergeben. Das Reichskammergericht erhielt eine Kopie des Diktats wie auch die Reichsstände. Die weitere Veröffentlichung war dann den Reichsständen überlassen.[114]

---

[112] Begrifflich genau bezeichnet der Reichsabschied all diejenigen Gegenstände, die zwischen dem Kaiser und den Reichsständen insgesamt auf einem Reichstag beschlossen worden sind. Vgl. Moser, Johann Jacob: „Neues teutsches Staatsrecht", Band 6.2: „Von den teutschen Reichs=Taegen. Zweyter Theil.", 1774, S. 541, § 2.

[113] Hoke in HRG: Reichsabschied, IV. Band, Sp. 521.

[114] Hoke: a.a.O., Sp. 522.

Ohne Übertreibung kann man von einem sehr aufwendigen und langatmigen Verfahren sprechen. Daher kam es auch ab der zweiten Hälfte des 17. Jahrhunderts zu einem Erlahmen der Reichsgesetzgebung.[115] Trotz aller Widrigkeiten kamen aber immer wieder Reichsabschiede zustande. So etwa 1713 die Reichskommerzienordnung oder 1731 (aufgrund der Mißbräuche bei der Handwerksausübung) die Reichshandwerksordnung.
Ein erfolgreicher Abschluß setzte voraus, daß zumindest zwischen zwei der Kollegien eine Einigung erzielt werden konnte, was jedoch bei einem Verbot des Büchernachdrucks nicht unbedingt vorausgesetzt werden konnte. Bei der Wahlkapitulation hingegen mußten sich nur die Kurfürsten mit dem Kaiser einigen. Außerdem konnte man in der Wahlkapitulation ein sofortiges Nachdruckverbot aussprechen, ohne zuvor ein umfangreiches Gesetzgebungsverfahren durchzuführen. Eine Regelung des Büchernachdrucks mittels der Wahlkapitulation stellte damit den direkteren und schnelleren Weg für ein Nachdruckverbot dar. Eine solche Gelegenheit bot sich allerdings nur, wenn die Wahl eines neuen Kaisers anstand. Das Reichsgesetzgebungsverfahren konnte dahingegen jederzeit durchgeführt werden.

c. *Wahlkapitulation*

Als „Wahlkapitulation" bezeichnet man eine schriftliche Vereinbarung zwischen den Kurfürsten[116] und dem Kandidaten für das Oberhaupt des Heiligen Römischen Reiches.[117] In ihr machte der zu wählende Kaiser bestimmte Zusagen in bezug auf seine künftige Regierungszeit.[118] Neben diesen Regierungspflichten wurde in der Wahlkapitulation auch der verfassungsmäßige Gebrauch seiner

---

[115] Buschmann in HRG: Reichsgesetzgebung, IV. Band, Sp. 590.

[116] Nach der goldenen Bulle gab es ursprünglich nur sieben Kurwürden; drei geistliche: Mainz, Trier und Köln; sowie vier weltliche: Böhmen, Pfalz, Sachsen und Brandenburg. Während des dreißigjährigen Krieges fiel 1623 die pfälzische Kur an Bayern und nach dem westfälischen Frieden wurde zu Gunsten des Hauses Pfalz die achte Kurwürde eingeführt. Im Jahre 1692 errichtete man in dem Hause Braunschweig-Lüneburg die neunte Kurwürde. Nachdem der Kurfürst von Bayern, Maximilian Joseph, starb, fielen dessen Länder an Kurpfalz zurück. Seither bestand der Kurfürstenrat wieder aus acht Personen: den Kurfürsten von Mainz, Sachsen, Böhmen, Brandenburg, Trier, Pfalz, Köln und Braunschweig. Vgl. Spiller von Mitterberg: „Beyträge zur genauen Kenntniß der Reichsverfassung Deutschlands...", 1799, S. 32.

[117] Kleinheyer, Gerd: „Die kaiserliche Wahlkapitulation", 1968, S. 106; Conrad, Hermann: „Deutsche Rechtsgeschichte", 1966, Bd. II S. 359; Eisenhardt, Ulrich: „Die kaiserliche Aufsicht über Buchdruck, Buchhandel und Presse im Heiligen Römischen Reich Deutscher Nation (1496-1806)", 1970, S. 34.

[118] Moser, Johann Jakob: „Von der kaiserlichen Wahlkapitulation", 1792, S. 3, § 2.

Regierungsrechte festgelegt.[119] Nebenbei wurden in die Wahlkapitulation auch einige reichsständische Rechte eingefügt.
Erstmals wurde im Jahre 1519 unter Karl V. und letztmals im Jahre 1792 unter Franz II. eine Kapitulation ausgefertigt. Das Verfahren bei der Wahl eines römischen Königs oder Kaisers beruhte auf der goldenen Bulle von 1356.[120] Demnach hatte der Erzbischof von Mainz nach Erhalt der Nachricht vom Tode des Kaisers oder Königs diese an alle Kurfürsten zu übermitteln und einen Tag für die Wahl eines Nachfolgers auszuschreiben.[121]
Der wichtigste Abschnitt des Wahlverfahrens, die Errichtung einer Wahlkapitulation, konnte natürlich noch keinen Niederschlag in der goldenen Bulle finden, da sich diese Verfahrensweise erst später entwickelte. Die Kurfürsten schufen daher eigens ein Verfahren anläßlich der Wahlkapitulationen Karls V. im Jahre 1519 und Ferdinands I. im Jahre 1531 jeweils zum römischen König. Diese Grundsätze blieben bis zum Ende des Heiligen Römischen Reiches in wesentlichen Teilen so bestehen.[122]
Sie sahen vor, daß die Kurfürsten in Konferenzen über die zu errichtende Wahlkapitulation berieten. Dabei legten sie die bei der vorherigen Wahl vereinbarte Wahlkapitulation zugrunde. Dem aus dem Jahre 1711 stammenden Entwurf einer beständigen Wahlkapitulation, die auch als Capitulatio perpetua bezeichnet wurde, kommt eine besondere Bedeutung zu. Sie erlangte zwar nie formelle Geltung als Gesetz wie etwa die jeweilige Wahlkapitulation zwischen dem künftigen Kaiser und den Kurfürsten, dennoch diente sie neben der vorherigen Wahlkapitulation als Grundlage für jede neue, zu verhandelnde Wahlkapitulation. Sie wurde im Jahre 1711 als conclusum duorum collegium verlautbart.[123]
Sie gründete sich auf der Tatsache, daß nur die Kurfürsten an dem Wahlkonvent teilnahmen. Die Reichsfürsten konnten auf die künftige Wahlkapitulation nur Einfluß nehmen, indem sie ihre Vorstellung an die Kurfürsten in der Hoffnung heran trugen, daß einer der Kurhöfe dieses Monitum adoptierte.[124] Gleiches galt im übrigen auch für die Untertanen. Dieser Umstand war den erstarkenden Fürsten ein Dorn im Auge, zumal die jeweilige Wahlkapitulationen für alle Reichsfürsten bzw. -stände und Untertanen eine verbindliche Regelung darstellte. Die Reichsfürsten drängten schlußendlich vergebens auf eine beständige Wahlkapitulation.

---

[119] von Berg Günther, Heinrich: „Die Wahlkapitulation Kaiser Franz II.“, 1794, S. 11, § 22.
[120] Conrad, Hermann: „Deutsche Rechtsgeschichte“, 1966, Bd. II S. 72.
[121] Kleinheyer, Gerd: „Die kaiserliche Wahlkapitulation“, 1968, S. 3.
[122] Kleinheyer, Gerd: a.a.O., S. 4f.
[123] Buschmann in HRG: Reichsgesetzgebung, IV. Band, Sp. 590.
[124] Kösel, Joseph: „Ueber Teutschland...“, 1790, S. 82, § 58.

Die Vorlagen wurden in der Folge Punkt für Punkt durchgegangen und mit den Änderungswünschen der Kurfürsten konfrontiert. Diese Änderungswünsche nannte man „Monita". Sie konnten nur von den Kurfürsten eingereicht werden. In der weiteren Folge wurden dann die Beratungspunkte von Kurmainz,[125] welches das Direktorium führte, eingebracht. In der anschließenden Umfrage konnten die Kurfürsten, zumeist vertreten durch ihre Wahlbotschafter, ihre Voten zu den einzelnen Beratungspunkten anbringen. Diese Möglichkeit der Meinungsäußerung folgte einer strengen Reihenfolge, die sich an den Wahlstimmen orientierte.[126] Eine Beratung oder Diskussion im heutigen Sinne fand nicht statt. Unterschiedliche Meinungen wurden nicht unmittelbar miteinander konfrontiert. Allerdings bestand die Möglichkeit, wenn es zu einer zweiten oder gar dritten Umfrage kam, auf zuvor von anderen geäußerte Ansichten einzugehen.
Seit 1764 schickte jeder Kurhof im Vorfeld der Beratungen seine Monita schriftlich an das Direktorium. Diese wurden dann den einzelnen Kurhöfen mitgeteilt. Auf diese Weise gab man den Gesandtschaften wenigstens die Möglichkeit zu überlegen, ob man für oder gegen den gemachten Vorschlag stimmt oder ob man sich lieber Instruktionen von Seiten des entsprechenden Kurhofes ein-

---

[125] Mit den Kurwürden waren die Erzämter verbunden. Die Erzämter waren die obersten Reichswürden. Sie waren an die Person bestimmter Territorialfürsten gebunden und wurden an den Nachfolger vererbt. Das gewichtigste Ehrenamt war das des Erzkanzlers von Deutschland, das durch den Kurfürsten von Mainz ausgeübt wurde. Dieser führte das Direktorium auf den Wahlkonferenzen und unterschrieb die Reichsverordnungen und Reichsschlüsse und verwahrte das Reichsarchiv. Vgl. Laufs in HRG: Erzämter, I. Band, Sp. 1011f; Wagner, Wolfgang: „Das Staatsrecht des heiligen römischen Reichs deutscher Nation", 1968, S. 45, § 16.

[126] Der Kurfürst von Trier, welcher das Erzkanzleramt von Lothringen und des arelatischen Reichs (Burgund) innehatte, hatte bei der Kaiserwahl die erste Stimme. Da diese Gebiete aber unter französischer Herrschaft standen, war diese Kanzlerwürde nur noch ein Titel. Auch der Kurfürst von Köln, welcher die zweite Stimme hatte, führte einen Erzkanzlertitel. Er bezog sich auf Italien. Da jedoch Kurmainz alle Reichsangelegenheiten regelte, die Italien betrafen, war dies gleichfalls nur ein Ehrentitel. Der König von Böhmen mit der dritten Stimme war der erste weltliche Kurfürst des Reichs und der Erzschenk. Die Kurstimme Böhmens wurde ab 1745 durch Maria Theresia zugunsten Österreichs ausgeübt. Vgl. hierzu: Hattenhauer, Christian: „Wahl und Krönung Franz II. AD 1792", 1995, S. 75. Kurpfalz verlor nach dem dreißigjährigen Krieg sein Erzamt an den Kurfürst von Bayern. Dieser war seitdem der Erztruchseß. Kurpfalz erhielt nach dem westfälischen Frieden das Amt des Erzschatzmeisters. Seit dem Tode des letzten Kurfürsten von Bayern erhielt Kurpfalzbayern sein ursprüngliches Erzamt wieder. Kurpfalz hatte damit die vierte Stimme. Der Kurfürst von Sachsen war der Erzmarschall des Reichs und hatte die fünfte Stimme inne. Der Kurfürst von Brandenburg war der Erzkämmerer und hatte die sechste Stimme. Der Kurfürst von Hannover war des Reichs Erzschatzmeister und hatte die siebte Stimme bei der Wahl. Vgl. Spiller von Mitterberg: „Beyträge zur genauen Kenntniß der Reichsverfassung Deutschlands...", 1799, S. 32.

holen sollte.[127] Fand sich während des Wahlkonventes eine Mehrheit der Kurfürsten zu einer Lösung bereit, so wurde diese von Kurmainz in einem „Conclusum" festgestellt. Des weiteren wurde in dem Conclusum festgehalten, inwiefern der Kapitulationspunkt abzuändern sei, Zusätze anzufügen oder neu zu fassen seien. Auf diese Weise konnte das Kollegium gleichfalls übereinkommen, die Vorlage unverändert zu lassen.[128] Waren schließlich alle Punkte abgehandelt, stand der Text der neuen Wahlkapitulation fest. Sie wurde dann vor der Krönung von dem gewählten Herrscher beschworen und erhielt dadurch verbindliche Rechtskraft.[129]

Die politischen Gründe für die Wahlkapitulation waren sehr unterschiedlich und reichten von der Beförderung des allgemeinen Wohls über die Sicherung der Konstitution bis hin zu der Abschaffung der unter der vorherigen Regierung bemerkten Mißbräuche und Übertretungen der Gesetze sowie deren Verhütung. Ein nicht unwesentlicher Punkt war auch die Beschränkung der kaiserlichen Macht zugunsten der Reichskollegien (vor allem zum Vorteil des Kurfürsten- und des Fürstenkollegiums).[130]

Die Besonderheit dieser Vorgehensweise bestand darin, daß durch die Wahlkapitulation nicht nur eine rechtliche Verbindung zwischen den Kurfürsten und dem neuen Kaiser entstand, die Wahlkapitulation stand vielmehr im Range eines sog. „Reichsgrundgesetzes". Sie war damit nicht nur bindend für den Kaiser und die Kurfürsten, sondern auch unmittelbar geltendes Reichsrecht für die anderen Reichsfürsten, Reichsstände und Untertanen.[131] Gerade dieser Punkt machte die Wahlkapitulation für den Erlaß eines Nachdruckverbotes äußert interessant. Die Frage lautete somit, ob es gelingen würde, ein sofortiges Nachdruckverbot mittels der Wahlkapitulation zu erreichen, oder ob man den schwierigeren und weitaus langwierigeren Weg über ein Reichsgutachten beschreiten muß.

Tatsächlich machte man sich auf Seiten der Kurfürsten anläßlich der Wahlkapitulation Gedanken darüber, wie man den Nachdruck im ganzen Reich mittels eines allgemeingültigen Gesetzes ausschließen könne. Da es sich um die ersten ernsthaften Bemühungen der Obrigkeit handelte, eine reichseinheitliche Regelung zum Schutz vor Nachdruck zu erreichen, ist diese Initiative sehr interessant.

---

[127] Moser, Johann Jakob: „Von der kaiserlichen Wahlkapitulation", 1792, S. 10, § 5.

[128] Kleinheyer, Gerd: „Die kaiserliche Wahlkapitulation", 1968, S. 6.

[129] Kleinheyer, Gerd: a.a.O., S. 4ff; HHStA, MEA WaKr. Fasz. 81: 1790, 5. Stück: „Aechtes vollständiges Protokoll des kurfürstlichen hohen Wahlkonventes zu Frankfurt im Jahre 1790. Mit Beilagen.", S. 1ff.

[130] von Berg, Günther Heinrich: „Die Wahlkapitulation Kaiser Franz II.", 1794, S. 9f, §§ 17f.

[131] Kleinheyer, Gerd: a.a.O., S. 123f; Eisenhardt, Ulrich: „Die kaiserliche Aufsicht über Buchdruck, Buchhandel und Presse im Heiligen Römischen Reich Deutscher Nation (1496-1806)", 1970, S. 34.

Bereits im Vorfeld der Wahlkapitulation kam es zu einer Reihe von Veröffentlichungen, in denen Nachdruck und geistiges Eigentum kontrovers diskutiert wurden.[132] Im Jahre 1790 erschien eine außergewöhnlich große Anzahl von Monographien, Aufsätzen und anderen Werken zu diesem Thema. Im Mittelpunkt stand dabei nicht nur die Frage, ob der Büchernachdruck zu verbieten sei oder nicht, sondern auch, wie man den Nachdruck von Büchern steuern könne.

3. Stand der Forschung und Quellenlage

Nicht zuletzt wegen der zuvor genannten Punkte wurde diese Frage über die Zeit hinweg immer wieder aufgegriffen oder fand zumindest ihre Erwähnung: durch Klüber[133] im Jahre 1815, durch Elvers[134] im Jahre 1827, durch Hitzig[135] im Jahre 1839, durch Jolly[136] im Jahre 1852, durch Waechter[137] im Jahre 1857, durch Schürmann im Jahre 1889[138] oder durch Kapp/Goldfriedrich[139] im Jahre 1909, schlußendlich bis heute hin.

a. Die zeitgenössischen Kommentierungen (Crome und Häberlin)

Viele Beurteilungen der Geschehnisse auf dem Wahlkonvent im Jahr 1790 beruhen in erster Linie auf der Darstellung Cromes und weniger auf den primären Quellen. Dies gilt für die ältere wie auch die jüngere Literatur zu diesem Thema.

---

[132] Ein Verzeichnis über die Schriften über den Büchernachdruck findet sich bei: Gieseke, Ludwig: „Vom Privileg zum Urheberrecht", 1995, S. 254f.; Rosenfeld, Hellmut: „Zur Geschichte von Nachdruck und Plagiat", aus AGB Bd. XI (1971), Sp. 340ff.; Roch, Johann Christoph F.: „Materialien zu einer Geschichte des Buchhandels", 1795, S. 67ff.; vgl. aber auch Gräff, Ernst Martin: „Versuch einer einleuchtenden Darstellung...", 1794, S. 199ff.

[133] Klüber, Johann L.: „Acten des Wiener Congresses", 1815, S. 23.

[134] Elvers, Christian Friedrich: „Über die in der Bundesacte zugesicherte Bundesgesetzgebung hinsichtlich der Sicherstellung der Rechte der Schriftsteller und Verleger gegen den Nachdruck", in Themis 1827, I. Band, 2. Heft, S. 257.

[135] Hitzig, Julius Eduard: „Das Königl. Preußische Gesetz vom 11. Juni 1837 zum Schutze des Eigentums an Werken der Wissenschaft und Kunst gegen Nachdruck und Nachbildung...", 1839. In: UFITA, Band 107 (1988), S.165f.

[136] Jolly, Julius: „Die Lehre vom Nachdruck, nach den Beschlüssen des Deutschen Bundes dargestellt", 1852. In: UFITA Bd. 111 (1989), S.142.

[137] Waechter, Oscar: „Das Verlagsrecht mit Einschluß der Lehren von dem Verlagsvertrag und Nachdruck", Band I, Stuttgart 1857. S. 17f.

[138] Schürmann, August: „Die Rechtsverhältnisse der Autoren und Verleger", 1889, S. 168.

[139] KG, Band 3, 1909, S. 442ff.

Daneben findet noch die Kommentierung der Wahlkapitulation Leopolds II. durch Häberlin Beachtung.
Roch etwa bezieht sich wie so manch anderer auf Crome und kommt somit auch zu folgendem Schluß:[140] „Da besonders Teutschland, wie bekannt, allgemeine Reichsgesetze über den Buchhandel und wider den Bücher-Nachdruck fehlen, letztere wohl schwerlich bey der getheilten Denkart der Buchhändler über Bücher-Nachdruck zu stande kommen werden. Als Belege hierzu führe ich[141] blos Crome[142] an; bey dem man das Verhalten der Frankfurter Buchhändler im Jahr 1790 bey Gelegenheit der Wahlkapitulation Leopolds II. und ihr uneigennütziges Betragen gegen den so patriotisch denkenden jetzigen Legationsrat Ganz in Anspach weitläufiger findet."
Crome liefert mit seiner 1794 erschienenen Kommentierung tatsächlich die umfangreichste Schilderung der Ereignisse auf dem Wahlkonvent des Jahres 1790 und den dort unternommenen Versuch, den Büchernachdruck sofort zu verbieten.[143] Crome geht dabei von einer Initiative des preußischen Legationsrates Ganz aus. Crome vertritt die Ansicht, daß dieser Initiative für ein sofortiges Nachdruckverbot mehr Erfolg beschieden gewesen wäre, wenn Ganz Unterstützung durch den Buchhandel erfahren hätte. Ganz sei sogar gezwungen gewesen, seinen Sohn zu bitten, seine an den kurfürstlichen Konvent gerichtete Schrift zu übergeben, da sich hierzu niemand unter den Buchhändlern bereit gefunden hätte.[144] Die Buchhändler hätten sich – nach seiner Ansicht – als „äußerst kalt und saumselig" erwiesen. Auch hätten sie keine Vereinigung zustande gebracht, die den Vorstoß von Ganz für ein Gesetz gegen den Nachdruck unterstützt hätte. Insbesondere die sächsischen, Berliner und Frankfurter Buchhändler seien unverständlicher Weise zurückhaltend gewesen. So sei es schließlich bei einem privaten Antrieb von Ganz geblieben. Abschließend erwähnt Crome noch die verfassungsrechtlichen Bedenken gegen ein solches Verbot ohne die Einschaltung der anderen Reichsstände. Er geht aber davon aus, daß ein Reichsgesetz bei einem Verbleib der Polizeigewalt bei den Landesherren durchaus zuläs-

---

[140] Roch, Johann Christof F.: „Materialien zu einer Geschichte des Buchhandels", 1795, S. XX und 94ff.

[141] Anm. d. Verf.: gemeint ist Johann Christof F. Roch.

[142] [Fn. im Original] „Die Wahlkapitulation des römischen Kaisers, Leopold des II. etc. Hilbrighausen 1791. 4. S. 66-71 und die Wahl-Capitulation der Römischen Kayser Leopold des Zweyten und Franz des Zweyten etc. Lemgo 1794. kl. 4. Note o) S. 103-118."

[143] Crome, August Friedrich Wilhelm: „Die Wahl-Capitulation der Römischen Kayser Leopold II. ... und Franz II. ...", 1794, S. 103ff.

[144] Crome, August Friedrich Wilhelm: „Die Wahlkapitulation des römischen Kaisers, Leopold des Zweiten...", Hilbrighausen 1791, S. 66ff. Anm. d. Verf.: bei der von Crome erwähnten Bittschrift handelt es sich um ein Schreiben an den kurfürstlichen Konvent nebst einer Anlage. Beides befindet sich in den Akten des HHStA MEA und GStA PK.

sig wäre. Es hätte sich aber niemand gefunden, weder unter den Buchhändlern noch unter den Wahlbotschaftern, der die verfassungsrechtlichen Bedenken bzw. die Bedenken wegen der Bücherpreise zerstreut hätte.
Neben der Darstellung von Crome dient vielfach die Kommentierung von Häberlin als Quelle bzgl. des Büchernachdrucks in der Wahlkapitulation Leopold II.[145] Im Gegensatz zu Crome erwähnt Häberlin eine Eingabe der Frankfurter Buchhändler Varrentrapp und Wenner wegen des Nachdrucks.[146] Allerdings stellt er in diesem Punkt keinen Bezug zu dem preußischen Legationsrat Ganz her. Er führt jedoch aus, daß die Erwähnung des Büchernachdrucks in der Wahlkapitulation „ohnstreitig mit durch die lauten Klagen, welche der königl. Preußische Legationsrath Ganz im Namen des grösten Theils der teutschen Buchhändler geführt hatte, bewürkt" war.[147]
Häberlin geht von der Annahme aus, daß das Reichsgutachten in erster Linie auf den § 1 des Artikel VII bezogen und der Büchernachdruck nur als Zusatz aufgenommen worden sei.

b. Die ältere Forschung

Hierher gehören vor allem die Arbeiten von Kapp-Goldfriedrich[148] und Elvers.[149] Elvers geht davon aus, daß der preußische Legationsrat Ganz auf Veranlassung Preußens mit entsprechendem Vorwissen gehandelt hat. Ganz habe dabei versucht, die Buchhändler zu einem gemeinsamen Vorgehen zu bewegen. Dieser Versuch sei aber nur wenig geglückt. Zu der Erwähnung des Büchernachdrucks in der Wahlkapitulation sei es schließlich unter dem Schutz Preußens und von Kurmainz gekommen. Ganz nebenbei geht auch Jolly davon aus, daß dieser Zusatz in der Wahlkapitulation auf Betreiben Preußens hin eingefügt wurde. Jolly stellt aber keinen Zusammenhang zwischen den Schriften von Ganz und der Initiative der Buchhändler her.[150]

---

[145] Häberlin, Carl Friedrich: „Pragmatische Geschichte der neuesten kaiserlichen Wahlkapitulation und der an kaiserliche Majestät erlassenen kurfürstlichen Collegialschreiben.", 1792, S. 19 und 127f.

[146] Häberlin, Carl Friedrich: a.a.O., S. 19.

[147] Häberlin, Carl Friedrich: a.a.O., S. 127.

[148] KG, Band 3, 1909, S. 442ff.

[149] Elvers, Christian Friedrich: „Über die in der Bundesacte zugesicherte Bundesgesetzgebung hinsichtlich der Sicherstellung der Rechte der Schriftsteller und Verleger gegen den Nachdruck", in Themis 1827, I. Band, 2. Heft, S. 257f.

[150] Jolly, Julius: „Die Lehre vom Nachdruck, nach den Beschlüssen des Deutschen Bundes dargestellt", UFITA Bd. 111 (1989), S.142.

Am ausführlichsten behandelten Kapp/Goldfriedrich diesen Gegenstand. Auch hier wird davon ausgegangen, daß Ganz den Anstoß geliefert habe,[151] der den günstigen Moment des Regierungsantritts Leopold II. für seine Sache nutzen wollte. Neben den Bemühungen sei eine breite Strömung im deutschen Buchhandel vorhanden gewesen, die sich um Bertuch und Göschen gebildet habe. Auch habe sich eine „buchhändlerische Association" gebildet, die den Regensburger Gedanken und die dargebotene Hand dankbar aufnahm. Allerdings sei es trotz dieser Bemühungen nur zu einem Reichsgutachten gekommen, weil die gemäßigtere Strömung auf dem Wahlkonvent vorherrschend war: „kein sofortiges Nachdruckverbot, sondern Erstattung eines Reichsgutachtens; und kein Nachdruckverbot, ohne nach rechts und links zu blicken, sondern nur in Verbindung mit Erwägung von Maßregeln zur Garantie gegen Preisübersetzung, wenn Zaum und Zügel des Nachdrucks fehlten."[152]
Schließlich beschäftigen sich Kapp/Goldfriedrich noch mit der Kommentierung von Crome, indem sie ihn zitieren und dazu anmerken: „In den Kommentatoren der Wahlkapitulation hat das Verhalten der Buchhändlerwelt den Eindruck hervorgerufen, als wenn ihre Lauheit und Faulheit daran Schuld gewesen sei, daß es zu einem solchen (Anm. d. Verf.: Reichsgesetz gegen den Nachdruck) nicht gekommen ist."

c. *Stand der neueren Forschung (Gieseke, Vogel)*

Es muß in dem hier gegebenen Zusammenhang auf zwei neuere Darstellungen eingegangen werden, die sich mit diesem Thema beschäftigt haben. Es handelt sich zum einen um die Darstellung von Gieseke („Vom Privileg zum Urheberrecht") und zum anderen um die Darstellung von Vogel („Deutsche Urheber- und Verlagsgeschichte zwischen 1450 und 1850").
Gieseke geht davon aus, daß Preußen/Kurbrandenburg und für dieses der preußische Legationsrat[153] beim Reichstag in Regensburg, Johann Friedrich Ferdinand Ganz, die treibende Kraft für eine reichseinheitliche Regelung des Nachdrucks während der Beratungen über die Wahlkapitulation Kaiser Leopolds II. im Jahre 1790 war.[154]

---

[151] KG, Band 3, 1909, S. 442.

[152] KG, a.a.O., S. 446f.

[153] Der Legationsrat nimmt eine diplomatische Mission für seinen Staat wahr, ohne allerdings im Range eines Gesandten zu stehen.

[154] Gieseke, Ludwig: „Vom Privileg zum Urheberrecht", 1995, S. 183f, vgl. aber auch: ders.: „Die geschichtliche Entwicklung des deutschen Urheberrechts", 1957, S. 110f.

Auf dem Wahlkonvent seien die Meinungen aber schon darüber auseinandergegangen, ob das Kurfürstenkollegium angesichts der Landeshoheit der deutschen Fürsten ein allgemeines Nachdruckverbot beschließen könne und welche Wirkung dieses für den einzelnen Reichsstand habe. Auf dem Wahlkonvent habe wohl auch die Ansicht überwogen, daß ein uneingeschränktes Nachdruckverbot zu überhöhten Bücherpreisen führen würde, obschon keiner der Kurhöfe den Nachdruck ausdrücklich verteidigt habe und die Notwendigkeit einer Nachdruckregelung anerkannt worden sei.
Als gesichert kann zumindest festgehalten werden, daß es nur zu der von Kurmainz vorgeschlagenen Formulierung in Art. VII § 1 kam, die in dieser Sache den Weg über ein Reichsgutachten vorsah:

> „insonderheit wollen wir den für Deutschland wichtigen Buchhandel nicht außer acht lassen, sondern das obgedachte Gutachten[155] auch darüber erstatten lassen, wiefern dieser Handlungszweig durch die völlige Unterdrückung des Nachdrucks und durch die Herstellung billiger Druckpreise von dem jetzigen Verfalle zu retten sei.“[156]

Gieseke meint zu dem letzten Halbsatz, daß diese Formulierung ohnehin nicht zutreffend sei, gemeint seien nicht Druckpreise, sondern vielmehr Bücherpreise.[157]
Vogel hingegen geht gänzlich von einer privaten Initiative von J. F. F. Ganz aus, die dann den Beistand von Kurbrandenburg und Kurmainz gefunden habe.[158]
Gieseke und Vogel stimmen darin überein, daß Ganz von dem Regensburger Bibliothekar Albrecht Christoph Kayser unterstützt worden sei, und es Ganz schließlich geschafft habe, daß die Nachdruckfrage tatsächlich auf dem Wahlkonvent behandelt wurde.
Das sofortige Verbot aller Nachdrucke, wie ihn Preußen gefordert habe, sei aber schon wegen verfassungsrechtlicher Bedenken über die Kompetenz der Kurfürsten, ein solches Nachdruckverbot beschließen zu können, gescheitert. Zudem habe sich niemand bereit gefunden, der die Ansicht vieler Kurhöfe widerlegt hätte, daß der Büchernachdruck ein notwendiger Preisregulator sei.
Vogel führt dazu weiter aus, daß Ganz unter den Buchhändlern nur wenig Unterstützung gefunden habe und auch niemand bereit gewesen sei, seine eigens verfaßte Bittschrift den Wahlbotschaftern zu übergeben.[159] So habe Ganz seinen

---

[155] Anm. d. Verf.: Ein Gutachten über die Reichspolizeiordnungen.

[156] Leopoldus II, Imperator Romanorum: „Abänderung und Zusätze zu der Wahlkapitulation Josephs II. bei Gelegenheit der Wahl Leopolds II.“, o.O. 1790, S. 14f.

[157] Gieseke, Ludwig: „Vom Privileg zum Urheberrecht“, 1995, S. 183f.

[158] Vogel, Martin: „Deutsche Urheber- und Verlagsrechtsgeschichte zwischen 1450 und 1850“, AGB Bd. XIX (1978), Sp. 83-86.

[159] Vogel, Martin: a.a.O., Sp. 85.

Sohn bitten müssen, die Bittschrift zu übergeben. Er folgert daraus die Passivität des Buchhandels, wobei er den Grund für deren mangelndes Interesse ebenso ins Reich der Spekulationen verbannt wie die Frage, ob das Unterfangen erfolgreicher verlaufen wäre, wenn der Buchhandel der Ganzschen Initiative mehr Rückhalt geboten hätte. Vogel erwähnt zwar noch die bereits bei Eisenhardt[160] beiläufig genannten Frankfurter Buchhändler Varrentrapp und Wenner, geht jedoch davon aus, daß deren Eingabe auf den Wahlkonferenzen wohl wenig Beachtung gefunden hätte.[161]
Diese Erkenntnisse beruhen im wesentlichen auf zeitgenössischen Kommentierungen der Wahlkapitulation Leopolds II., wie die von Crome[162] oder Häberlin,[163] bzw. auf der älteren Forschung zu dieser Frage, wobei hier in erster Linie Kapp/Goldfriedrich zu nennen sind.[164]
Diesbezüglich ist noch erwähnenswert, daß Kapp/Goldfriedrich erstmals und bis heute als einzige die neunte Hauptkonferenz (Sessio Nona) des Wahlkonvents benennen und damit die Behandlung der Nachdruckfrage auf den 30. August 1790 datieren.[165]

Wie soeben dargestellt, hat schon lange als Tatsache gegolten, daß der Legationsrat Ganz in Regensburg einen erheblichen Einfluß auf die Behandlung der Nachdruckfrage im Vorfeld der Wahlkapitulation gehabt hat. Nur weiß man nicht, wie Ganz im einzelnen auf die Kurfürsten eingewirkt hat und wer Ganz bei diesem Unterfangen wie unterstützt hat, damit sich die Kurfürsten dieser Frage auch tatsächlich stellten. So ist es etwa unbekannt geblieben, auf welche Weise Ganz von den deutschen Buchhändlern unterstützt wurde. Es wurde sogar der Verdacht geäußert, Ganz habe überhaupt keine Unterstützung bei den Buchhändlern gefunden. Gerade in diesem Punkt wurden allerlei Vermutungen geäußert.
Die Ungewißheit in diesem und so manch anderem Punkt ist Anlaß genug, zu der erwähnten Problematik Nachforschungen anzustellen. Für die Untersuchung

---

[160] Eisenhardt, Ulrich: „Die kaiserliche Aufsicht über Buchdruck, Buchhandel und Presse im Heiligen Römischen Reich Deutscher Nation (1496-1806)“, 1970, S. 39.

[161] Vogel, Martin: „Deutsche Urheber- und Verlagsrechtsgeschichte zwischen 1450 und 1850“, AGB Bd. XIX (1978), Sp. 84 – siehe dort Fn. 31.

[162] Crome, August Friedrich Wilhelm: „Die Wahl-Capitulation der Römischen Kayser Leopold II. ... und Franz II. ...“, Lemgo 1794, S. 103ff; ders.: „Die Wahlkapitulation des römischen Kaisers, Leopold des Zweiten...“, Hilbrighausen 1791, S. 66ff.

[163] Häberlin, Carl Friedrich: „Pragmatische Geschichte der neuesten kaiserlichen Wahlcapitulation“, Leipzig 1792, S. 19, 127f.

[164] KG, Band 3, 1909, S. 442ff, weitere wurden bereits eingangs erwähnt.

[165] KG, a.a.O., S. 446.

dieses Gegenstandes konnte dabei auf die nachfolgend dargestellten Quellen zurückgegriffen werden.
Ausgehend von einer Recherche im österreichischen Haus-, Hof- und Staatsarchiv in Wien, insbesondere in den Akten des Mainzer Erzkanzlerarchivs, erfolgte eine weitergehende Recherche im Geheimen Staatsarchiv preußischer Kulturbesitz in Berlin. Die Existenz einer Akte über die Wahlkonferenzen, insbesondere über diejenige Session, auf der die Nachdruckfrage behandelt wurde, war zwar bekannt, jedoch nicht der genauere Inhalt zu dieser Frage. Genauso wenig war bekannt, ob nicht an anderer Stelle weitergehende Hinweise enthalten waren. In dem Berliner Archiv existiert eine eigene Akte über die Behandlung der Nachdruckfrage anläßlich der Wahlkapitulation Leopolds II., die noch unbekannt war und folglich in der einschlägigen Literatur bislang keine Erwähnung gefunden hat.
Diese Akte sowie die Akten des Mainzer Erzkanzlerarchivs erwiesen sich zur Klärung der angesprochenen Fragestellung als wichtig und überaus aufschlußreich.
Sicherlich hätte man noch in anderen Beständen nach Hinweisen suchen können. Dies hätte jedoch den Rahmen der vorliegenden Arbeit gesprengt.

ERSTES KAPITEL: DIE DISKUSSION UM DEN NACHDRUCK

An ein Reichsgesetz, welches den Nachdruck verbietet, war bis zum Ende des 18. Jahrhunderts nicht zu denken. Erst nach dem Tod Joseph II. (1741-1790) konnten sich die Gegner des Büchernachdrucks bei den Kurfürsten Gehör verschaffen.
Anlaß war die zukünftige Wahlkapitulation Leopolds II. (1747-1792) und die damit verbundene Möglichkeit, in einem Kapitulationspunkt ein Nachdruckverbot zu erreichen. Zumindest ergab sich aber die Gelegenheit, die Behandlung dieses Gegenstandes durch die Obrigkeit zu erreichen.
Die Frage des Erlasses eines allgemeinen Reichsgesetzes gegen den Nachdruck wurde dann auch tatsächlich auf der Hauptkonferenz des kurfürstlichen Wahlkonventes, genauer gesagt auf der Sessio Nona, im Jahre 1790 verhandelt.
Bekanntlich kam es bis zum Ende des Heiligen Römischen Reiches deutscher Nation im Jahre 1806 nicht mehr zu einem solchen Reichsgesetz.[166] Trotzdem ist diese Initiative bemerkenswert, da sie zum einen den Nachdruck an sich in Frage stellte und sich zugleich die Kurfürsten erstmals ernsthaft mit einem Reichsgesetz gegen den Nachdruck auseinandersetzten. Hierbei kommt der literarischen Diskussion eine vorbereitende Rolle zu.
Die Diskussion um den Büchernachdruck fand ihren Höhepunkt im Jahre 1790.[167] In dieser Zeit erschienen eine Vielzahl von juristischen Abhandlungen, die sich mit der Rechtmäßigkeit bzw. der Unrechtmäßigkeit des Nachdrucks befaßten. Der Nachdruck wurde jedoch nicht nur auf ein juristisches Maß reduziert, sondern wurde als Spiegelbild des literarischen Lebens im Heiligen Römischen Reich betrachtet. Aus diesem Grund beschäftigten sich viele Schriftsteller und auch Buchhändler durch eigens verfaßte Werke sowie nahezu alle literarischen Zeitschriften und Zeitungen mit diesem Thema. Den Anlaß für das Wiederaufleben der bis dahin schwelenden Diskussion gaben aber die veränderten Verhältnisse im deutschen Buchhandel. Von den Verteidigern wie auch von den Gegnern des Nachdrucks wurden wirtschaftliche Gründe als Argument für und wider den Nachdruck angeführt. Je nachdem ob man den Nachdruck befürwortete oder angriff, wurde in dem Nachdruck ein legitimes Marktregulativ oder ein unlauterer Wettbewerb gesehen.

---

[166] KG, Band 3, 1909, S. 447.

[167] Freilich gab es schon früher kritische Äußerungen über den Nachdruck. Exemplarisch sei hier nur Martin Luther genannt; vgl. Gramlich, Jürgen: „Rechtsordnungen des Buchgewerbes im Alten Reich“, 1994, S. 88, 95f.

1. Das Nachdruckzeitalter

Die Frankfurter Buchmesse hatte wegen Zensurschwierigkeiten, die die kaiserliche Bücherkommission dem Buchhandel in Frankfurt bereitete, weiter an Bedeutung verloren. Hauptverlagsort war nunmehr Leipzig. Aber Literatur für die breiten Leserschichten wurde auch in Wittenberg, Jena, Halle und Göttingen verlegt. Berlin und Hamburg waren gleichfalls aufstrebende Verlagsorte.[168]

Unter den Buchhändlern wurde seit etwa 1760 vom Tauschhandel[169] zum Nettohandel[170] übergegangen.[171] Ausgelöst wurde diese Bewegung von den großen sächsischen Verlagsbuchhändlern. Sie gewährten zunächst den anderen Buchhändlern ansehnliche Rabatte. Diese veränderte Zahlungsbedingungen bereiteten trotzdem vor allem den süddeutschen Händlern Schwierigkeiten, da ihre Verlagsartikel nicht mehr zum Tausch angenommen wurden. Ihre Stellung war ohnehin schon beim Tauschhandel schwach gewesen. Sie hatten neben den Messeunkosten die Transportkosten zu tragen, was den Leipziger Buchhändlern hingegen erspart blieb. Nachdem die Leipziger Buchhändler auch noch die Bücherpreise für Originalausgaben erhöhten und den auswärtigen Händlern die Rabatte kürzten,[172] konnten von diesen nicht einmal mehr die Kosten für den Transport gedeckt werden.[173] Sie drohten nunmehr mit einer Blockade der Leipziger Messe und der Sabotage der sächsischen Buchproduktion durch Nachdrucke.[174]
Hinzu kam die Kluft zwischen den sich entwickelnden Zweigen des Verlags- und des Sortimentsbuchhandels.[175] Die bedeutendsten Werke wurden von den sächsischen Verlegern herausgegeben, die damit auch über den größten Umsatz

---

[168] Gieseke, Ludwig: „Vom Privileg zum Urheberrecht", 1995, S. 158f.

[169] Zwischen den Buchhändlern war bis weit über die Mitte des 18. Jahrhunderts das sog. „Stechen" üblich. Dabei wurden die Verlagsobjekte bogenweise untereinander ausgetauscht. Vgl. Gieseke, Ludwig: a.a.O., S. 158.

[170] Der Übergang vom Tauschhandel zum Barhandel bedeutete, daß nicht mehr Buch gegen Buch getauscht und nur der Saldo in bar ausgeglichen wurde, sondern daß stattdessen in bar gehandelt und gezahlt wurde; Vogel, Martin: „Deutsche Urheber- und Verlagsrechtsgeschichte zwischen 1450 und 1850", AGB Bd. XIX (1978), Sp. 51.

[171] Wittmann, Reinhard: „Der gerechtfertigte Nachdrucker?", UFITA Bd. 106 (1987), S. 114.

[172] Die Rabatte betrugen höchstens 25 %. Bei den süddeutschen Buchhändlern wurden sie oftmals auf 16 % bei sofortiger Barzahlung heruntergesetzt. Vgl. Wittmann, Reinhard: „Der gerechtfertigte Nachdrucker?", UFITA Bd. 106 (1987), S. 116.

[173] KG, Band 3, 1909, S. 185ff.

[174] Bappert, Walter: „Wege zum Urheberrecht", 1962, S. 264.

[175] KG, a.a.O., S. 56ff.

verfügten. In allmählicher Abgrenzung vom Sortimentsbuchhandel beschränkten sich die sächsischen Buchhändler auf den Verlag ihrer Produktion.[176]
Auch das kursächsische Mandat von 1773 trug seinen Teil dazu bei. Es stand ganz in der Tradition der bisherigen landesherrlichen, merkantilistischen Wirtschafts- und Gewerbepolitik.[177]
In der Folge begannen die „Reichsbuchhändler", wie sich jetzt ein Teil der (vor allem süddeutschen) Buchhändler selbst nannte, als Reaktion auf die sächsische Politik, im großen Stil die Leipziger Verlagsproduktion nachzudrucken.[178] Zahlenmäßig dürften darunter etwa 70 bis 80 Buchhandlungen zu verstehen sein.[179] Beispielhaft seien hier nur die Reutlinger Nachdrucker wie etwa Fleischhauer oder der Wiener Nachdrucker Taßler, sowie Schmieder aus Karlsruhe genannt.[180] Der berühmteste und wohl auch berüchtigtste Nachdrucker dürfte aber der Wiener Buchhändler und Hofbuchdrucker Johann Thomas Edler von Trattner gewesen sein, der mit jeder nur denkbaren obrigkeitlichen Unterstützung nach seinem Belieben alles nachdruckte, was nicht niet- und nagelfest war, und so nicht nur die österreichischen Lande, sondern auch die angrenzenden Länder mit Büchern versorgte.[181] Maria Theresia soll zu Trattner gesagt haben: „Unterdessen aber, lieber Trattner, sagen Wir ihm, daß es Unser Staatsprinzip sei, Bücher hervorbringen zu lassen, es ist fast gar nichts da, es muß viel gedruckt werden. Er muß Nachdrucke unternehmen, bis Originalwerke zustande kommen. Drucke er nach, Sonnenfels soll ihm sagen, was."[182] Auf Sonnenfels und seine Rolle gegen den Nachdruck wird noch ausführlicher in den folgenden Kapitel eingegangen.
Ähnlichen Schutz erhielt auch der Karlsruher Nachdrucker Schmieder von dem Markgrafen von Baden.[183]
Die Leipziger Buchhändler faßten dies als eine Art Kriegserklärung auf und druckten ihrerseits selbst, meist unter Angabe von fingierten Verlagsorten, nach.[184] Außerdem erhöhten sie die Bücherpreise, teils um durch den Nachdruck keine Gewinneinbußen hinnehmen zu müssen, teils um die stark angestiegenen

---

[176] Bappert, Walter: „Wege zum Urheberrecht", 1962, S. 264.

[177] Vogel, Martin: „Deutsche Urheber- und Verlagsrechtsgeschichte zwischen 1450 und 1850", AGB Bd. XIX (1978), Sp. 75ff, 80.

[178] Gieseke, Ludwig: „Beiträge zu zwei Kapiteln in der Urheberrechtsentwicklung in Deutschland bis 1800", UFITA Band 130, 1996, S. 17, 20.

[179] Wittmann, Reinhard: „Der gerechtfertigte Nachdrucker?", UFITA Bd. 106 (1987), S. 113.

[180] Wittman, Reinhard: a.a.O., S. 115.

[181] Gieseke, Ludwig: „Vom Privileg zum Urheberrecht", 1995, S. 159.

[182] Zit. nach Giese, Ursula: „Johann Thomas Edler von Trattner", AGB III (1961), Sp. 1019.

[183] Wittmann, Reinhard: a.a.O., S. 121.

[184] Gieseke, Ludwig: a.a.O., S. 158f.

Papierpreise zu kompensieren und teils um die Honorare für die gefragten Schriftsteller zahlen zu können.
Die Nachdruckbewegung breitete sich um so rascher aus, da sie in ersten Linie durch das Publikum mitgetragen wurde. Die Preise der Originalausgaben waren recht hoch, wohingegen die Nachdrucke relativ günstig und bereits kurze Zeit später zu erstehen waren; ein Umstand, der von den Lesern beim Kauf von Büchern entsprechend gewürdigt wurde.[185] Die Händler begnügten sich daher nicht selten mit den Nachdrucken anstelle der besser ausgestatteten Originalausgaben aus Sachsen.[186] So mancher Händler war gezwungen, neben den Originalausgaben auch Nachdrucke anzubieten, obwohl er das Nachdrucksystem eigentlich ablehnte.[187]

Zwischen 1770 und 1790 dürfte vermutlich der Höhepunkt dieser Nachdruckbewegung gelegen haben. Dieser Zeitraum wird wohl nicht zuletzt deswegen das „Nachdruckzeitalter" genannt. So verwundert es auch nicht, daß in diesem Zeitrum eine ganze Flut von Schriften und Zeitschriftenbeiträgen erschienen sind.[188] Die Themen der Diskussion waren zusammengefaßt:

- die Gründe für den Büchernachdruck und damit seine Rechtfertigung,
- die Vor- und Nachteile des Nachdrucks für den Buchhandel, die Literatur, das Publikum und die Verbreitung neuer Werke,
- die Rechte an Schriftwerken, insbesondere die Verwertungsrechte und das Verlagseigentum,
- und schließlich rechtliche Lösungsmöglichkeiten, den Nachdruck zu steuern oder zu unterbinden.[189]

2. *Die Diskussion wider und für den Nachdruck*

Angefacht wurde die Diskussion anfangs durch die 1774 in Göttingen erschiene Schrift Pütters „Der Büchernachdruck nach ächten Grundsätzen des Rechts geprüft". Darin vertritt er die Auffassung, daß neu verfaßte Werke „ursprünglich

---

185 Gieseke, Ludwig: „Beiträge zu zwei Kapiteln der Urheberrechtsentwicklung in Deutschland bis 1800", UFITA Band 130 (1996), S. 21

186 Gieseke, Ludwig: a.a.O., S. 17, 20.

187 So war etwa auch der bekannte Buchhändler Friedrich Nicolai gezwungen Nachdrucke zu verkaufen, obwohl er diese strikt ablehnte; vgl. Wittmann, Reinhard: „Der gerechtfertigte Nachdrucker?", UFITA Bd. 106 (1987), S. 115.

188 Ein Überblick findet sich bei: Rosenfeld, Hellmut: „Zur Geschichte von Nachdruck und Plagiat", aus AGB Bd. XI (1971), Sp. 340ff.

189 Gieseke, Ludwig: a.a.O., S. 17.

unstreitig ein wahres Eigentum ihres Verfassers, sowie eines jeden, was seiner Geschicklichkeit und seinem Fleiße seinem Daseyn zu Danken hat, als sein Eigentum ansehen kann."[190]
Neben den Rechtsgelehrten wie Pütter, Intellektuellen wie Kant und Autoren wie Wieland und Knigge meldeten sich zunehmend die Buchhändler wie z. B. Göschen zu Wort. Er schrieb anläßlich der ersten von Goethe selbst gestalteten Gesamtausgabe seiner Werke „an die Herren Nachdrucker": „Sie sollen so blamiert werden, daß Ihr eigenes Weib, Ihr eigenes Kind Sie mit Verachtung ansehen und kein ehrlicher Mann mit Ihnen aus einem Krug trinken soll."[191] Daran erkennt man u.a., daß sich der Ton zwischen Erstverlegern und Nachdruckern deutlich verschärft hatte. Die Antwort der Nachdrucker ließ nicht sehr lange auf sich warten. Auch sie meldeten sich zu Wort und traten ihren Gegnern mit entsprechenden Schriften entgegen.[192] Sie antworteten auf derartige Angriffe, daß der Nachdruck im Sinne des aufklärerischen Zeitalters dazu beigetragen habe, daß der Lern- und Bildungsdrang des aufstrebenden bürgerlichen Publikums befriedigt werde und gleichzeitig eine Herabsetzung der Preise für Originalausgaben durch den Preisdruck erzielt worden sei.[193]
Der Hofrat Franz Josef Eckebrecht aus Heilbronn schreibt 1774 über die Leipziger Verleger: „Sie wollen alleine die Kaufherren bleiben und nichts weiter übrig lassen, als die Ehre, ihre Krämer hieraussen vorzustellen, ihre übertheure Waare ohne allen Profit zu empfehlen und abzusetzen, und ihnen das, mit unendlich saurem Schweiße dafür gesammelte Geld, ohne allen Dank, vor die Thüre zu liefern." Damit spricht er die Kluft zwischen dem Verlags- und Sortimentsbuchhandel an. Während sich die sächsischen Buchhändler auf den eigenen Verlag beschränken, waren die Reichsbuchhändler in der Regel darauf angewiesen, die Verlagsartikel anderer im Sortimentsbuchhandel zu vertreiben. Eckebrecht bezeichnet dabei den sächsischen Kontanthandel[194] als eine „Art von Lotto, wo immer der Vortheil auf die Seite des Unternehmers, und der Nachtheil auf die Seite des Spielenden fällt."[195] Er sieht daher für die Reichsbuchhändler nur zwei Wege: „entweder, daß er sich aufs Nothdürftigste einschränkt, sich selbst Tag und Nacht schindet und absorgt, um undankbare Ausländer zu bereichern, vor der Zeit stirbt, und seine Familie in dürftigsten Umständen hinterläßt,

[190] Pütter, Johann Stephan: „Der Büchernachdruck nach den ächten Grundsätzen des Rechts geprüft", 1774, S. 26

[191] Widmann, Hans: „Der deutsche Buchhandel in Urkunden und Quellen", 1965, S. 352.

[192] Z. B.: Schmieder, Christian G.: „Wider und Für den Büchernachdruck", 1790.

[193] Bappert, Walter: „Wege zum Urheberrecht", 1962, S. 265.

[194] Handel nur gegen Barzahlung.

[195] Zit. nach: KG, Band 3, 1909, S. 56f.

oder aber – daß er durch gangbare Nachdrucke sich neue Einnahmen verschafft und dadurch seinem augenscheinlichem Verderben vorbeugt."[196]
Der Höhepunkt der Diskussion wurde eindeutig im Jahre 1790 erreicht.[197] Dies lag wohl daran, daß nach dem Tod Kaiser Joseph II. (*1741) im Jahre 1790 alsbald die Initiative ergriffen wurde, ein verbindliches Nachdruckverbot für das gesamte Reich mittels einer neu zu errichtenden Wahlkapitulation durchzusetzen. Joseph II. war nicht gerade ein Freund des geschützten Handels mit Büchern. Er versuchte zum Beispiel die kaiserlichen Privilegien auf Werke zu beschränken, die wegen ihrer Qualität des Kaisers Schutzes würdig waren.[198] Auf diese Weise versuchte Joseph II. zum einen Kulturpolitik zu betreiben und zum anderen, einen Vorwand für Nachdrucke zu schaffen. Er konnte sich zwar nicht durchsetzen, da keinerlei Berechtigung zu einer solchen Prüfung bestand, wenn die Schrift die Zensur ohne Beanstandung passiert hatte. Jedoch bereitete die kaiserliche Bücherkommission gegen Ende seiner Regierungszeit dem Buchhandel in Frankfurt erhebliche Probleme mit der Zensur.[199] Während seiner Regierungszeit war folglich an eine allgemeine Regelung zum Schutze vor Nachdruck gar nicht zu denken.
Dementsprechend konnte ernsthaft erst nach seinem Tod im Jahre 1790 anläßlich der Beratungen über die Wahlkapitulation von Kaiser Leopold II. (*1747) eine reichsrechtliche Regelung angestrebt werden.
Forciert wurde in der Folge von einer Vielzahl von Autoren die Nachdruckfrage diskutiert und nicht selten wurde ein sofortiges Verbot des Nachdrucks unter Angabe der mannigfaltigsten Gründe gefordert. Dabei werden auch unterschiedliche Interessen erkennbar. Die Drucker und Verleger waren aus ihrer Sicht an dem Schutz des „Verlagseigentums" (wirtschaftlicher Antrieb) und die Autoren an dem Schutz ihres „Autoreneigentums" (persönlicher Antrieb) interessiert. Genauso häufig gab es aber auch Stimmen, die den Nachdruck verteidigten. Folglich kam es an diesem Scheidepunkt im Jahr 1790 zu einer beachtlichen Anzahl von Veröffentlichungen zu diesem Thema, die erst in den Folgejahren langsam abflaute.
Trotz dieser langen Auseinandersetzung bestand am Ende keine Klarheit darüber, welche Grundsätze für Rechte an Schriftwerken nun gelten sollten.[200] Eine

---

[196] Zit. nach: KG, Band 3, 1909, S. 60.

[197] Vgl. die Literaturübersicht in Fn. 236.

[198] Gieseke, Ludwig: „Vom Privileg zum Urheberrecht", 1995, S. 146f.

[199] Eisenhardt, Ulrich: „Die kaiserliche Aufsicht über Buchdruck, Buchhandel und Presse im Heiligen Römischen Reich Deutscher Nation (1496-1806)", 1970, S. 12f. Ein Beispiel für ein Reskript Josephs II. findet sich bei: Koppitz, Hans-Joachim: „Die Privilegia impressoria des Staatsarchivs in Wien", GJ 1994, S. 207.

[200] Gieseke, Ludwig: „Beiträge zu zwei Kapiteln in der Urheberrechtsentwicklung in Deutschland bis 1800", UFITA Band 130, 1996, S. 22.

eindeutige Klärung der Frage konnte aufgrund der Breite der vorgetragenen Gründe und dogmatischen Ansätzen auch nicht erwartet werden.

3. Die Gegner des Nachdrucks: Ganz und Kayser

Hier wird insgesamt auf drei Schriften aus dem Jahre 1790 eingegangen, da ihnen in dem vorliegenden Kontext eine besondere Bedeutung zukommt. Es handelt sich dabei um zwei[201] von J. F. F. Ganz (1741-1795)[202] herausgegebene Schriften und eine[203] von A. C. Kayser[204] verfaßte Schrift.

(1) Diese Schriften lagen auch den Kurhöfen vor: Die Druckschrift „Kurze Übersicht der Gründe etc.“[205] wurde von den Frankfurter Buchhändlern Varrentrapp und Wenner an den Mainzer Kurhof sowie an den Wahlkonvent übersandt.[206] Die gleiche Schrift wurde seitens des Berliner Buchhändlers Himburg[207] dem Kurfürsten und König Friedrich Wilhelm II. übergeben.[208]

---

201 „Übersicht der Gründe wegen des Strafbaren des Büchernachdrucks, und Vorschläge wie diesem Uebel durch ein allgemein verbindliches Reichsgesez vorgebeuget werden könne.“, Regensburg 1790. Und: „Kurze Übersicht der Gründe wegen der Schädlichkeit des Büchernachdrucks für die Litteratur, den Buchhandel und das lesende Publikum im deutschen Reich; nebst Vorschlägen, dieses Übel durch eine zweckmäßige Verfügung in der künftigen kaiserlichen Wahlkapitulation von Grunde auf zu heben.“, Regensburg 1790.

202 Lebenslauf von Johann Friedrich Ferdinand Ganz (1742-1795): er studierte von 1759 bis 1762 Jura in Tübingen und praktizierte danach in Frankfurt am Main. 1764 war er während der Kaiserkrönung bei der kurbrandenburgischen Gesandtschaft angestellt. Bald darauf wurde er Sekretär des königlich preußischen Gesandten Graf von der Schulenburg am Württembergischen Hof. Weiterhin wohnte er der kurbrandenburgischen Deputation der Visitation des Reichskammergerichts zu Wetzlar bei. Als diese unterbrochen wurde, erhielt er die dritte Gouverneursstelle an der Militärschule in Berlin. 1779 wurde er kurbrandenburgischer Legationssekretär in Regensburg und 1787 Legationsrat. Er nahm in dieser Eigenschaft an den beiden letzten Kaiserkrönungen in Frankfurt teil. 1793 wurde er zum königlich preußischen Hof- und Regierungsrat zu Ansbach ernannt. Vgl. Meusel: „Lexikon der vom Jahr 1750 bis 1800 verstorbenen Teutschen Schriftssteller“.

203 „Die Abstellung des Büchernachdrucks als ein in der neuesten Wahlkapitulation der reichsoberhauptlichen Abhilfe ebenso nöthig als unbedenklich zu übertragender Gegenstand.“, Regensburg 1790.

204 Kayser, Albrecht Christof: geboren am 11.8.1756, verstorben 1811, seit 1786 fürstlich Thurn- und Taxischer Bibliothekar und Hofrath zu Regensburg, seit 1797 Hofstabskommissar, seit 1799 Deputierter bei der Hofökonomie-kommission zu Regensburg; Hamberger/Meusel: „Das gelehrte Teutschland“.

205 Auch abgedruckt in Ganz, J.F.F.: „Übersicht der Gründe...“, S. 23ff.

206 Vgl. Anhang Nr. 5.

207 Die Rolle Himburgs kann im Zusammenhang mit den Veröffentlichungen der Werke

(wird auf der folgenden Seite fortgesetzt)

Aber auch die Schrift „Die Abstellung des Büchernachdrucks etc.“ fand Beachtung. Sie wurde gleichfalls bei dem kurbrandenburgischen Hof eingereicht.[209] Diesmal war es jedoch Ganz selbst, der sie dem preußischen König zur Kenntnis brachte. Darauf wird im dritten Kapitel noch näher eingegangen.

(2) In den vorgenannten Schriften wurde die Abschaffung des Privilegiensystems zugunsten eines allgemeinen Reichsgesetzes gegen den Büchernachdruck gefordert. Beide Autoren stellen zur Begründung der Notwendigkeit eines solchen Gesetzes unter anderem auf die Teuerungsrate bei den Verlagsprodukten ab. Nach ihrer Ansicht werde der rechtmäßige Verleger durch den Nachdruck gezwungen, für seine Erstabdrucke kleinere Auflagen zu kalkulieren und höhere Preise zu verlangen, um die Amortisierung der Kosten und einen zugebilligten Gewinn zu erzielen.[210] Außerdem verbanden beide Vertreter diese merkantile Sichtweise noch mit einem Bildungsauftrag, den sie im Buchwesen sahen und welcher durch den Büchernachdruck nachhaltig gestört werde.[211] Zur Begründung wurden von Ganz außerdem noch allerlei Grundsätze des bürgerlichen Rechts angeführt.[212] So heißt es dann auch in der von Ganz herausgegebenen Schrift, daß die Bücherprivilegien nach „denen angeführten Grundsätzen zufolge ganz entbehrlich sind“.[213] Das Unrecht des Nachdruckers an dem Autor folgt aus dem geistigen Eigentum, welches der Nachdrucker unberechtigt stört, da er dieses Eigentum nicht erworben hat. Trotzdem „solle dem Gegenstand[214] durch ein allgemeines Gesetz vorgebeugt werden“.[215] Zur Rechtfertigung eines Gesetzes werden zudem immer wieder die „Commerzien“ im allgemeinen angeführt. Diese zu befördern und zu schützen wurde seit jeher dem künftigen Herrscher des Römischen

Goethes nachgelesen werden bei Wandtke, UFITA 2000 II, S. 460. Dort wird der Berliner Buchdrucker Himburg als Raubdrucker bezeichnet, der Goethe für die Veröffentlichung ein Porzellanservice angeboten hat, woraufhin Goethe schrieb: „Was man andern nach dem Tode thut, That man mir bey meinem Leben. Doch ich schreibe nicht um Porzellan noch Brot – Für die Himburgs bin ich todt.“

208 GStA PK I. HA Rep. 10 Nr. 87 d 1-8; Monita zu der künftigen Wahlkapitulation: Nr. 87 d 8, Monita wegen des Nachdrucks von Büchern, 1790, fol. 11f.

209 GStA PK, a.a.O., fol. 1.

210 Ganz, J.F.F.: „Übersicht der Gründe [...]“, 1790, S. 15f.; Kayser, A.C.: „Die Abstellung des Büchernachdrucks [...]“, 1790, S. 19.

211 Ganz, J.F.F.: a.a.O., S. 17f; Kayser, A.C.: a.a.O., S. 20f.

212 Ganz, J.F.F.: a.a.O., S. 5ff.

213 Ganz, J.F.F.: a.a.O., S. 12.

214 Gemeint ist ein allgemeines Verbot des Nachdrucks.

215 Ganz, J.F.F.: a.a.O., S. 19.

Reiches deutscher Nation aufgetragen. Daraus schlußfolgert Ganz dann, daß auch der Schutz des Buchhandels, als ein Zweig des Handelsverkehrs, vor einem Nachdruck „einer künftigen Wahlkapitulation einverleibt werden könnte".[216]
Aber Ganz dachte nicht nur an einen wirtschaftlichen Schutz des Buchhandels und Verlagsgewerbes, sondern auch an einen persönlichen Schutz des Urhebers: „Der Landesherr ist verbunden, jeden Bürger seiner Staaten bey dem ungeschränkten Besitze seines Eigenthums zu schützen, und ihm dessen bestmöglichen Genuß zu gestatten, folglich auch dem Schriftsteller, und dessen unzutrennlichen Gehülfen, den Buchhändler."[217]
In ähnlicher Weise wie Ganz argumentiert auch Kayser: „Was ich, vermöge der mir von Gott verliehenen Geisteskräfte, produziere, ist unstreitig mein unbeschränktes Eigenthum".[218] Kayser stellt damit auf das geistige Eigentum des Schöpfers ab. Weiter folgert er, daß diese „Geistesprodukte" nicht mit der Vervielfältigung und dem Verkauf derselben an den Käufer übereignet werden, denn „der Erwerber eines Eigenthums erwirbt nur diejenigen Rechte, die ihm der Veräußerer überläßt".[219] „Das ausführliche Verlagsrecht oder – welches einerlei ist, – der einzig mir oder meinem Verleger zustehende Verkauf meines Geistesproduktes ist eine Waare, die einen ganz anderen Werth haben muß, als ein einzelner Abdruck";[220] „unanwendbar ist also auf den Nachdrucker, als Erwerber eines Exemplars, der Rechtssatz: quod is, qui jure suo utitur, nemini injuriam faciat,[221] denn er erhält mit dem Kaufe des Abdrucks kein Recht, es nachzudrucken".[222] Für Kayser ist folglich der Nachdruck ein unrechtmäßiger Eingriff in die Eigentumsrechte des Autors und des Verlegers. Der Erwerber eines einzelnen Buches erhält nach seiner Auffassung das Recht, dieses Buch als solches zu nutzen, nicht aber das Recht, das Buch über dieses Recht hinaus zu verwerten. Dieses Verwertungsrecht obliegt allein dem Autor oder demjenigen, der dieses Recht vom Autor explizit erworben hat. Kayser beginnt damit, ohne es ausdrücklich zu benennen, das körperliche Buch von dem geistigen Werk des Autors zu unterscheiden. Damit begründet Kayser – wie schon Ganz – das geistige Eigentum als freies, handelbares „Gut", das seinem Urheber zusteht. Auch Kayser strebt zum Schutz dieses Eigentums ein allgemeines Reichsgesetz an. Zur Begründung

[216] Ganz, J.F.F.: a.a.O., S. 21.
[217] Ganz, J.F.F.: a.a.O., S. 37.
[218] Kayser, A.C.: a.a.O., S. 7.
[219] Kayser, A.C.: a.a.O., S. 8f.
[220] Kayser A.C.: a.a.O., S. 12.
[221] Derjenige, welcher durch sein Recht Nutzen zieht, fügt niemandem Unrecht zu.
[222] Kayser, A.C.: a.a.O., S. 13.

eines Nachdruckverbotes in der Wahlkapitulation stellt er schließlich genauso wie Ganz auf die „Beförderung der Kommerzien“ ab. Hintergrund war, daß seit der Wahlkapitulation Karls V. in der Capitulatio caesarea jeweils dem neuen Herrscher als eine der Hauptpflichten auferlegt wurde, „die Kommerzien zu Wasser und zu Land nach Möglichkeit zu befördern, gegen alles, was sie sperren oder hindern könne, Vorsehung zu thun und die Attentate, durch die ihnen Nachteile zuwachsen könnten, abzustellen.“[223] Da der Buchhandel unstreitig zu dem „Zweig der Kommerzien“ gehörte, mußte nur noch die Schädlichkeit – wie gesehen – des Nachdrucks für den Buchhandel nachgewiesen werden.
Hier werden aber die Schwächen in der dogmatischen Argumentation für das geistige Eigentum offenbar. Es gab keinen eindeutigen rechtlichen Ansatzpunkt, der dem Autor das geistige Eigentum und die daraus resultierenden Verwertungsrechte zusprach, oder gar den Nachdruck als unzulässig auswies. Auch die juristische Erfassung der Problematik um Nachdruck und Buchhandel stieß auf erhebliche Schwierigkeiten. So wurde die Rechtsfrage mit der allgemeinen Frage verquickt, ob bei den in Deutschland gegebenen Verhältnissen der Büchernachdruck nicht unvermeidbar sei und wie er sich auf das literarische sowie wirtschaftliche Leben auswirke.[224]

(3) Es war natürlich klar, daß die Nachdrucker und einige mit ihnen „verbündete“ Reichsbuchhändler diesem von Ganz und Kayser aufgeworfenen Gedanken entgegentraten. Ihr Argument begründete sich in erster Linie in der Übermacht der Leipziger Buchhändler, die die gefragten deutschsprachigen Werke herausbrachten und insoweit den Markt im Reich beherrschten. Nach dem Nettohandelssystem auf den Leipziger Messen mussten die ausländischen Buchhändler ihren sächsischen Kollegen die Ware bar bezahlen. Die Preise für Erstausgaben erschienen dabei außerhalb von Sachsen als überteuert. Die ausländischen Buchhändler hatten zudem die Transportkosten für die eigene Produktion zu tragen, die sie dann nicht entsprechend entlohnt bekamen. So brachten sie die Beschwerde vor, daß die Reichsbuchhändler die „Verlagsartikel erst mit schweren Kosten nach Leipzig schaffen, und dort einen Commissionär halten“ müßten.[225] Einen angemessenen Gewinn zu erwirtschaften, war für die Süddeutschen Buchhändler schwierig; namentlich der Sortimentsbuchhandel war durch die Kürzung der Rabatte betroffen. Damit schmälerte sich ihr Teil an dem erzielbaren Verkaufspreis erheblich.

[223] KG, Band 3, 1909, S. 443.

[224] Gieseke, Ludwig: Beiträge zu zwei Kapiteln der Urheberrechtsentwicklung in Deutschland bis 1800. In: UFITA Band 130 (1996), S. 19.

[225] Ganz, J.F.F.: a.a.O., S. 57.

Die süddeutschen Buchhändler waren insofern dieser neuen Praxis nicht gewachsen.[226] Sie ließen die sächsische Konkurrenz damit in den Augen der anderen Fürsten als gefährlich erscheinen und schürten die Befürchtungen, daß ein Monopol seitens der Leipziger Buchhändler entstehen könnte, wenn der Nachdruck wegfiele.[227] Dazu trug freilich die merkantilistische Wirtschaftspolitik, die Kursachsen mit dem Dezembermandat des Jahres 1773 auf die Spitze trieb, ihren Teil bei. Die Reichsbuchhändler gaben durch eine entsprechende Propaganda u.a. einer alten Befürchtung der Reichsstände vor Monopolen einzelner deutscher Staaten wieder neue Nahrung.

Schließlich ist es nach der Wahlkapitulation (Art. VII „Von Polizey- und Handlungssachen", § 3 „Monopolien")[228] dem Kaiser nicht gestattet, Privilegien und dergleichen auf Monopolen zu erteilen. Dieser Punkt läßt sich bereits in das 16. Jahrhundert zurück verfolgen und galt für alle Handlungszweige. Bei einem Verbot von Nachdrucken fürchtete man um ein Monopol auf Seiten des Erstverlegers, der dann das ausschließliche Recht zur Veröffentlichung hätte. Von dieser Warte her wurden auch Bücher, die als wertvoll erachtet wurden, gewissermaßen immer noch als Allgemeingut betrachtet.

Im Rahmen ihrer eigenen, merkantilistischen Politik der Förderung heimischer Gewerbetreibender waren die Fürsten ohnehin daran interessiert, daß die Bücher für die eigenen Untertanen auch im eigenen Land gedruckt wurden.[229]

Hinzu kamen die Stimmen süddeutscher Politiker: „da sieht man den Preußen, der will ein kaiserliches Reservat ausrotten, dies wird der Wiener Hof nun und nimmermehr zugeben."[230]

---

[226] Vogel, Martin: „Deutsche Urheber- und Verlagsrechtsgeschichte zwischen 1450 und 1850", AGB Bd. XIX (1978), Sp. 57.

[227] KG, Band 3, 1909, S. 443.

[228] Dies wird bereits an Art. VII (von Polizey- und Handlungssachen) § 3 (Monopolien) der Wahlkapitulation deutlich: „Keineswegs auch jemanden einige Privilegia auf Monopolia, es geschehe solches bei Kauf, Handel, Manufakturen, Künsten und andern in das Polizeiwesen einlaufenden Sachen, oder wie es sonst Namen haben möge, ertheilen, dieselben als den Reichssatzungen zuwider, abthun und aufheben." Vgl. Roth, Johann Richard: „Die Wahlkapitulation des römischen Kaisers Leopolds des Zweiten...", 1791; s. aber auch Moser, Johann Jacob: „Neues teutsches Staatsrecht", Band 5: „Von denen kayserlichen Regierungsrechten und Pflichten", 1772, S. 586, § 144.

[229] Gieseke, Ludwig: Beiträge zu zwei Kapiteln der Urheberrechtsentwicklung in Deutschland bis 1800. In: UFITA Band 130 (1996), S. 20.

[230] Ganz, J.F.F.: a.a.O., S. 62: Aus einem Schreiben, welches von den Buchhändlern an den Churfürstlichen Wahlkonvent zu Frankfurt am Main zur Vorstellung gebracht werden sollte; vgl. „Cirkularschreiben an die zur Ausrottung des Nachdrucks associirten Buchhändler".

Darauf erwidert Ganz: „Liebe Herren, fürchtet nichts, das Kaiserliche Reservat soll bei Ehren bleiben, die landesherrliche Gewalt in einer reinen Commerzial= und Polizeisache aber auch. Jeder kann sich dahin wenden, wo Er glaubt am Besten zu fahren. Von Wien aus lauten die Nachrichten ganz anders, als man sich hier und da im Reich äusert. Leopold ist zu gerecht, und Kaunitz zu einsichtsvoll, als daß Sie eine allgemein nüzliche Sache hemmen sollten, um ein Reservat aufrecht zu erhalten, das kein Fürst im Reiche respectiert, und das die geringste Reichsstadt nur schwach befolgt, und das keinem Buchhändler was hilft, und Allen schadet. Ob die Reichskanzlei zu Wien ein paar tausend Thaler jährliche Einkünfte mehr hat, oder nicht? wird wohl dem künftigen Kaiser, Der ein Vir bonus, justus, et honestus[231] in voller Maase sein wird, sehr gleichgültig seyn, und dem patriotischen Churfürsten zu Mainz auch, der nur das Grose, das Gute, zu befördern sucht."[232]
Hieran kann man erkennen, wie Ganz mit der Einflußnahme der Landesfürsten auf die ehemals ausschließlich dem Kaiser zustehenden Regalien und Privilegien argumentiert. Er geht damit insgesamt auf die Problematik des Privilegienwesens ein, wie sie bereits eingangs beschrieben wurde.
Daraus folgert Ganz aber auch, daß wegen der Uneinigkeit des Fürstenkollegs und der Reichsstädte von dem Reichstage keine Hilfe zu erwarten sei, sondern einzig vom Kurfürstenkollegium.[233]

(4) Schlußendlich lösten diese Schriften eine regelrechte Auseinandersetzung über den Sinn und Unsinn des Nachdrucks aus,[234] die nicht immer ganz sachlich geführt wurde. Vor allem die persönlich betroffenen Schriftsteller griffen mit viel Wut im Bauch in die Diskussion ein und äußerten sich ausfallend über die Nachdrucker, was diese wiederum nicht lange auf sich sitzen ließen.[235]
Gegen die zuvor genannten Schriften erschien der Aufsatz von Christian Schmieder „Wider und Für den Nachdruck, aus den Papieren des blauen Mannes – Bei Gelegenheit der künftigen Wahlkapitulazion, gedruckt im Reich und für das Reich".[236] Dies ist auch verständlich. Der Karlsruher

---

[231] Anm. d. Verf.: ein guter, gerechter und ehrenhafter Mann.

[232] Ganz, J.F.F.: a.a.O., S. 62.

[233] Ganz, J.F.F.: a.a.O. , S. 42, dort: „Kurze Übersicht der Gründe...", § 9 a.E. (Anm. d. Verf.: die teilweise Zensur wie etwa „Von W*** aus [...]" wurde durch „Von Wien aus" ergänzt.)

[234] Vogel, Martin: „Deutsche Urheber- und Verlagsrechtsgeschichte zwischen 1450 und 1850", AGB Bd. XIX (1978), Sp. 86.

[235] Münch, Paul: „Nachdruck und literarischer Markt im späten 18. Jahrhundert", S. 208ff.

[236] An dieser Stelle seien exemplarisch folgende Veröffentlichungen aus dem Jahre 1790 genannt: Biedermann, Bonaventura: „Zirkular über den Nachdruck [...]", 1790; Bösner, Heinrich Johann Thomas: „Übersicht der Gründe [...]", 1790; Ganz, Johann Friedrich

(wird auf der folgenden Seite fortgesetzt)

Schmieder war damals ein bekannter Nachdrucker und suchte nach einer Rechtfertigung für seine Nachdrucke.
Gegen Schmieder wiederum erschien die anonyme Druckschrift „Vertheidigung des Eigenthums gegen Raub, oder Prüfung der Schrift: Wider und Für den Büchernachdruck aus den Papieren des blauen Mannes u.s.w." Angriff und Verteidigung des Nachdrucks folgten stets unmittelbar aufeinander.[237]
Aber auch in den folgenden Jahren wurde die Diskussion wechselseitig geführt. Ein weiteres Beispiel hierfür ist die Schrift des Freiherrn von Knigge, in welcher dieser das geistige Eigentum ablehnt und den Nachdruck für nicht rechtswidrig hält.[238] Dies war eine Reaktion auf die Schrift von Müller, welcher sich wiederum gegen die Schrift von Reimarus wehrte.[239] Müller war im Gegensatz zu Reimarus und Knigge der Auffassung, daß der Verleger durch einen Verlagsvertrag vom Schriftsteller das uneingeschränkte Recht erwirbt, das Buch zu drucken und in den Verkehr zu bringen. Für Müller war der Nachdruck ein „Verlagsraub". Die Schrift von Müller war – wie erwähnt – eine Erwiderung auf die Schrift von Reimarus, welcher die Freiheit des Nachdrucks verteidigte. Aber auch die Ansicht von Knigge wurde wiederum durch Seidenstücker in Frage gestellt, der ein Verbot des Büchernachdrucks durch den Staat forderte.[240]
Je mehr Schriften für und wider den Büchernachdruck erschienen, um so mehr drehten sich die Autoren mit ihren Argumenten im Kreis. Gegen Ende der Diskussion wurden kaum noch neue Argumente vorgebracht.

Ferdinand: „Kurze Übersicht der Gründe der Schädlichkeit [...]", 1790; Kayser, Albrecht Christoph: „Die Abstellung des Büchernachdrucks [...]", 1790; Ploucquet, W.G.: „Unfehlbares Mittel, den Büchernachdruck zu verhindern.", 1790; (vermutlich) Schmieder, Christian G.: „Wider und Für den Büchernachdruck", 1790; N.N.: „Vertheidigung des Eigenthums gegen Raub [...]", 1790; Senckenberg, Renatus Karl von: „Gedanken über verschiedene Paragraphen [...]", 1790. Ein Verzeichnis über die Schriften über den Büchernachdruck findet sich bei: Gieseke, Ludwig: „Vom Privileg zum Urheberrecht", 1995, S. 254f.; Rosenfeld, Hellmut: „Zur Geschichte von Nachdruck und Plagiat", aus AGB Bd. XI (1971), Sp. 340ff.; Roch, Johann Christoph F.: „Materialien zu einer Geschichte des Buchhandels", 1795, S. 67ff.; vgl. aber auch Gräff, Ernst Martin: „Versuch einer einleuchtenden Darstellung...", 1794, S. 199ff.

[237] Gieseke, Ludwig, a.a.O.; Rosenfeld, Hellmut, a.a.O.; Roch, Johann Christoph F., a.a.O.; Gräff, Ernst Martin, a.a.O.; Widmann, Hans: „Der deutsche Buchhandel in Urkunden und Quellen", 1965, S. 353, Anm. I.

[238] Knigge, Adolph Freiherr von: „Über den Bücher=Nachdruck ...", 1792.

[239] Müller, Johann Gottwerth: „Über den Verlagsraub...", 1792

[240] Seidenstücker, Johann Heinrich Philipp: „Ist der Staat nach den reinen Grundsätzen ...", 1792.

4. Zusammenfassung

Gegen Ende des 18. Jahrhunderts fand die große Auseinandersetzung zwischen Nord- und Süddeutschland, Netto- und Tauschhandel, Verlags- und Sortimentsbuchhandel, dem Original und dem Nachdruck statt. Jede Seite malte dabei die Konsequenzen des Nachdrucks bzw. der gegenwärtigen Verhältnisse in den schwärzesten Farben.
Der Schwerpunkt der Argumentation für und wider den Nachdruck lag auf der wirtschaftlichen Sichtweise des Buchhandels. Dafür war sicher die seinerzeit stark ansteigende Teuerungsrate von Büchern gegenüber dem Preis in den früheren Zeiten und die veränderten Bedingungen im Buchhandel des Reiches verantwortlich. Diese gehen vor allem auf den Nettobuchhandel zurück. Während sich die sächsischen Buchhändler aufgrund ihrer fast monopolartigen Stellung bei den Neuerscheinungen mit dem Verkauf der teueren Originalausgaben zufrieden gaben, mußte man in den kaufkraftärmeren Regionen auf Nachdrucke zurückgreifen. Nachdem die sächsischen Buchhändler die Rabatte gekürzt hatten, konnten die sächsischen Originalausgaben in Süddeutschland schlecht abgesetzt werden. Viele Händler sahen sich gezwungen, ihre Bestände mit Nachdrucken aufzufüllen, um so der Nachfrage des Lesepublikums nach Lektüre nachzukommen.
Andererseits meldete sich eine Vielzahl von Autoren, Buchhändlern und Verlegern nunmehr gegen den Nachdruck zu Wort und leisteten so ihren Beitrag zu der Diskussion. Sie klagten darüber, daß ihr Gewerbe durch den Nachdruck nachhaltig gestört werde. Mit immer kleineren Auflagen müßten immer weiter steigende Kosten amortisiert werden, hieß es von Seiten der Buchhändler, die sich gegen den Nachdruck wehrten. Die Idee, die dahinter steckte, war mehr ein gewerblicher Schutz von Verlegern und Buchhändlern als ein urheberrechtlicher Schutz. Ihr unternehmerisches Risiko sollte abgedeckt werden.
Gleichwohl sind auch andere Ansätze, wie bei Ganz und Kayser dargestellt, zu erkennen, die dem Autor ein originäres Verwertungsrecht an seinem Eigentum, dem Werk, zusprachen. Daraus leiteten sie sodann das Verlagseigentum und die Unzulässigkeit des Nachdrucks ab.
Die Befürworter des Nachdrucks machten dahingegen die Monopolbestrebungen von wirtschaftlich gut bestellten Buchhändlern, vor allem aus Leipzig, für die steigenden Bücherpreise verantwortlich. Sie schürten damit eine allzeit vorhandene Befürchtung vor der Bildung von Monopolen und vor überhöhten Bücherpreisen. Dabei kam ihnen der Charakter der Privilegien, die einem Untertanen etwas gewährten, was einem anderen versagt wird, entgegen. Das einmal gewährte Privileg auf ein Werk stellt insofern ja auch ein Monopol der Verwertung dar. Die Verfechter eines Nachdruckverbots machten den Nachdruck zudem selbst als Ursache für überhöhte Bücherpreise aus. Beiden Ansichten kann man wohl ein Stückchen der Wahrheit entnehmen.

Es müssen allerdings verschiedene Sichtweisen berücksichtigt werden:

- die Sicht der Autoren, die vor allem an einem Urheberrechtsschutz interessiert waren, soweit sie nicht den Nachdruck befürworteten;
- die Sicht der Reichsbuchhändler, die in dem Nachdruck die gerechte Strafe für den norddeutschen Wucher sahen;
- die Sicht der Verleger, die sich in erster Linie für den Schutz ihres Verlagseigentums engagierten;
- die Sicht der Obrigkeit, die stets bestrebt war, den Buchhandel zu kontrollieren und ihn daneben vor allem als einen Kommerzgegenstand sahen, der der merkantilistischen Wirtschaftspolitik unterlag, und den jeweiligen Landesfürsten entsprechende Einnahmen verhieß.

In dieser Diskussion ist es jedenfalls Kayser und insbesondere Ganz gelungen, sich bei den Kurhöfen Gehör zu verschaffen. Gerade der zuletzt Genannte versprach sich ohnehin keine Hilfe von den Fürsten und Reichsstädten und hoffte einzig und allein auf die Möglichkeit, sich in einer breit angelegten Aktion an die Kurfürsten zu wenden.
Ganz und Kayser übersahen jedoch in ihrem Eifer die Schere, die sich zwischen dem Buchhandel in Nord- und Süddeutschland aufgetan hatte. Während man im Norden bestrebt war, seine Vormachtstellung zu bewahren und auszubauen, war man im Süden auf den Nachdruck angewiesen, um der Nachfrage nachzukommen und Gewinne schreiben zu können.

ZWEITES KAPITEL: „ERSTE“ BEWEGUNG WIDER DEN NACHDRUCK AM WIENER HOF

Wie zuvor dargestellt, wurde schon vor der Wahlkapitulation Leopolds II. im Jahre 1790 die Nachdruckfrage im Schrifttum heftig diskutiert. Neben dieser literarischen Auseinandersetzung wurde auch auf anderer Ebene agiert. Die Gegner des Nachdrucks versuchten mit allen Mitteln, sich bei der Obrigkeit Gehör zu verschaffen. Sie machten sich große Hoffnungen, daß sie bei den Kurfürsten und dem noch zu wählenden Kaiser eine Behandlung der Nachdruckfrage erreichen würden.
Zuerst wandte man sich an das österreichische Oberhaupt. Der Habsburger Leopold war zwar noch kein Kaiser, trat aber bereits das Erbe seines Bruders, Josephs II., an und war als künftiger Monarch eine der ersten Adressen für ein Verbot des Nachdrucks. In Österreich wurde noch unter Maria Theresia der Nachdruck im „Ausland“ erschienener Werke gefördert. Zusätzlich wurde den „Ausländern“ seit 1740 kein Privileg für die Erblande mehr erteilt und zugleich die kaiserlichen Privilegien nicht mehr anerkannt.[241] Auch nach dem Antritt der Alleinherrschaft durch Joseph änderte sich die Lage kaum. Er erließ am 13. Januar 1781 ein Hofdekret, in dem der Büchernachdruck zwar als einer „den Wissenschaften, Verlegern und Handlungswesen schädlichen Gebrauch“ verbot, aber den Nachdruck „ausländischer“ – d.h., Bücher die nicht aus Österreich stammen – gestattete.[242] Daher wollte man zumindest den Versuch unternehmen, den in Österreich gerade unter König Joseph und Maria Theresia typischen Nachdruck von Werken deutscher Schriftsteller, die keine österreichischen Landsleute waren und somit keine Privilegien erlangen konnten, zu hemmen. Zumal die Einstellung Josephs zum Nachdruck durchaus auf Kritik unter den eigenen österreichischen Untertanen gestoßen war. Auch in Österreich wurden von vielen Landsleuten die Rechte der österreichischen wie deutschen Autoren und deren Verleger anerkannt und der Nachdruck als eine Verletzung ihrer Rechte angesehen.[243] Es gab folglich auch einige österreichische Verleger, die von ihrem durch die österreichische Regierung gegebenen Recht nachzudrukken, ausdrücklich keinen Gebrauch machten.[244] Mit dem Regierungsantritt Leopolds II. schien die Gelegenheit für eine Anerkennung dieser Rechte durch die österreichische Obrigkeit günstig.

---

241 Gieseke, Ludwig: „Die geschichtliche Entwicklung des deutschen Urheberrechts“, 1957, S. 106.

242 KG, Band 3, 1909, S. 75.

243 Gieseke, Ludwig: a.a.O., S. 107; KG, a.a.O., S. 77.

244 Hitzig, Julius Eduard: „Das Königl. Preußische Gesetz vom 11. Juni 1837 zum Schutze des Eigentums an Werken der Wissenschaft und Kunst gegen Nachdruck und Nachbildung...“, 1839. In: UFITA, Band 107 (1988), S.166.

1. Die Initiative von Archenholtz

Folglich gab es recht schnell erste Bemühungen beim Wiener Hof und dem künftigen Kaiser des Reiches, die Nachdruckfrage anzubringen, um so vielleicht die anscheinend günstige Gelegenheit für eine Beseitigung dieses – zumindest aus der Sicht der Gegner – Problems zu nutzen.

Archenholtz[245] nahm sich der Sache als erster an. Er war ein entschiedener Gegner des Nachdrucks. Dies dokumentiert er immer wieder in der von ihm herausgegebenen Zeitschrift: „Ich legte sodann im Februar 1788 der vor drey Jahren in London errichteten Generalasscurranzsocietät einen Plan vor, um vermöge eines besonders in Deutschland gegründeten Instituts durch Prämien und zweckmäßige Maaßregeln sich den Schutz des Eigenthums selbst zu sichern, den Herrscher und Gesetze nicht sichern wollten. So wie man die lauschenden Diebe aus ihren Raubhöhlen jagt, so würden die lauschenden Nachdrucker dadurch trotz aller ihrer Patente durch den Hunger aus ihren beschützten Raubwinkeln getrieben, und, den Grundsätzen ihres Gewerbes getreu, vielleicht Straßenräuber geworden seyn."[246]

Am 23. März 1790 reichte Archenholtz eine Nationalbittschrift bei dem Wiener Hof ein, in der er über den Nachdruck als eine schreiende Ungerechtigkeit klagte. Er hatte schon einmal, am 28. August 1786, also noch zu Zeiten als Joseph II. Kaiser war, einen Brief wegen des Nachdrucks vor allem in den österreichischen Landen geschrieben.[247] Allerdings, was wenig verwunderlich ist, war ihm kein Erfolg beschieden. Joseph war schließlich auch derjenige, unter dessen Regentschaft in § 8 des Zensurgesetzes vom 11. Juni 1781 ausgeführt wurde, daß „der Nachdruck der von auswärts in die Erblande kommenden Bücher gestattet, und als ein bloßer Zweig des Kommerziums anzusehen" sei.[248]

Nachdem nun Joseph II. am 20.02.1790 verstorben war und Leopold II. dessen Erbe in Wien angetreten hatte, versuchte er es erneut mit einem Brief an den österreichischen Hof.[249] Er konnte dabei von seinen persönlichen Kontakten zu

[245] Archenholtz, Johann Wilhelm von (1743-1812), ADB, 1. Band, Leipzig 1875: Archenholtz war in preußischen Diensten Hauptmann im Regiment Puttkammer, später dann Schriftsteller und seit 1785 Herausgeber der Zeitschrift „Neue Litteratur und Völkerkunde". 1789 verfaßte er in dem Berliner historischen Taschenbuch die Geschichte des siebenjährigen Kriegs. Von 1792 an redigierte er die Zeitschrift Minerva für Politik, Geschichte und Litteratur.

[246] Archenholtz, Johann Wilhelm von: „Neue Litteratur und Völkerkunde", 1. Band, April 1790, Nr. IV, S. 261f.

[247] Der Brief ist im November 1786 in „Litteratur und Völkerkunde" erschienen.

[248] KG, Band 3, 1909, S. 76.

[249] Joseph II. war der erste Sohn von Kaiser Franz I. und Maria Theresia. Nach seinem Tod übernahm Leopold II., das dritte Kind Franz I. und Maria Theresias, sein Erbe, da Joseph

(wird auf der folgenden Seite fortgesetzt)

dem damaligen Staatskanzler Kaunitz (1711-1794)[250] profitieren.[251] Angesichts der schwierigen innen- und außenpolitischen Lage Österreichs rechnete er jedoch nicht mit einer schnellen Antwort,[252] wurde aber eines Besseren belehrt.

2. Der Wiener Hof

Bereits am 2. April 1790 antwortete Leopolds Staatskanzler Kaunitz. Dieser bestätigte, daß man sich der Sache annehmen werde. Doch wegen anderer dinglicher Staatsgeschäfte könne dies eine Weile in Anspruch nehmen.[253] Dies erklärt sich schon allein aus den Wirren, die die französische Revolution in Europa auslöste, und der Auseinandersetzung Österreichs mit Preußen. In diesem Zusammenhang wurde der Nachdruck als nicht so wichtig eingestuft.
Am 12. Juli erhielt die Hofstelle ein königliches[254] Handbillet. Darin wurde sie aufgefordert, Mittel und Wege zur Steuerung des Nachdrucks zu erarbeiten und Leopold vorzulegen. Leopold selbst war an der Sache interessiert. So bezeichnete er den Nachdruck als „litterarische Freybeuterei" und verlangte, daß der Büchernachdruck auf das Wirksamste gesteuert werde.[255]
Die Hofstelle übergab dieses Billet der Studienkommission. Diese beratschlagte aber nicht wie aufgetragen über die Möglichkeiten einer Abstellung des Nachdrucks, sondern lediglich über die Frage, ob der Nachdruck überhaupt abgestellt

---

II. kinderlos war; DBE, Band 6, 1997.

[250] Kaunitz, Wenzel Anton Graf von, seit 1764 Fürst, ADB, 15. Band, Leipzig 1882.

[251] Vgl. Anhang Nr. 7.

[252] Archenholtz, Johann Wilhelm von: „Neue Litteratur und Völkerkunde", 2. Band, Juli 1790, Nr. III, S. 38f.

[253] Vgl. Anhang Nr. 8.

[254] Leopold II. trat das Erbe von Joseph II. an. Er wurde im Oktober 1790 zum römischen Kaiser gewählt und 1791 zum König von Ungarn und Böhmen als Nachfolger seines Bruders, Joseph II.; ADB, 18. Band, 1883. Da Leopold zu diesem Zeitpunkt die Regierungsgeschäfte für den verstorbenen König und Kaiser fortführte, handelte es sich um ein königliches Handbillet. Im übrigen war das Kaisertum seit Ernennung Maximillian zum „erwählten römischen Kaiser" im Jahre 1508 bis zum Reichsende ein Wahlkaisertum und damit losgelöst vom Papsttum; Hoke in HRG, Band 2: Kaiser, Kaisertum. Seit diesem endgültigen Verzicht auf die Kaiserkrönung geht das deutsche Königtum faktisch im Kaisertum auf; Kaufmann in HRG, Band 2: König. Es gab aber dennoch eine Reihe von Königstiteln, wie sie auch von Leopold II. im Jahre 1791 für Böhmen und Ungarn getragen wurden, der bis dahin Erzherzog von Österreich und Großherzog von der Toskana war; DBE, Band 6, 1997.

[255] Archenholtz, Johann Wilhelm von: a.a.O., Oktober 1790, Nr. V, S. 358f.

werden sollte oder nicht.[256] Sie wich damit eigenmächtig von dem ausdrücklichen königlichen Befehl ab.
Die Mehrzahl der Mitglieder war gegen die Abstellung des Nachdrucks. Für sie – das Wort führte für die Verteidiger des Nachdrucks u.a. Michael Ignaz Schmidt[257] – war der Nachdruck ein geeignetes Mittel, die Übermacht der sächsischen Buchhändler in Grenzen zu halten. Auch andere Mitglieder redeten für den Nachdruck und so wurde der Satz geprägt, daß „ohne den Büchernachdruck keine Bibliothek hätte entstehen, sich vermehren und erhalten können".[258] Die Gegner des Büchernachdrucks, unter ihnen befanden sich u.a. Birkenstock[259] und Greiner[260], zuckten anläßlich einer solchen Äußerung nur mit den Schultern und versuchten, die Schädlichkeit des Nachdrucks für das Bücherwesen, die Schriftstellerei sowie die Wissenschaften als Grund für dessen Abschaffung anzuführen. Außerdem mahnten sie, daß Österreich durch seine Nachdrucker in Verruf geraten sei. Eine Bemerkung, die Sonnenfels schon gegenüber Joseph II. gemacht hatte. Gegen die Phalanx der Befürworter des Nachdrucks wehrten sie sich letztendlich jedoch vergebens.
Joseph Freiherr von Sonnenfels (1733-1817)[261] war zum Leidwesen der Nachdruckgegner zu diesem Zeitpunkt nicht in Wien. Er hätte sicherlich gegen den

[256] KG, Band 3, 1909, S. 445.

[257] Michael Ignaz Schmidt (1736-1794) war zu diesem Zeitpunkt Direktor des Haus-, Hof- und Staatsarchiv in Wien. Er studierte Theologie in Würzburg. 1759 wurde er zum Priester geweiht und 1761 Hofmeister in Bamberg. 1771 wurde er Universitätsbibliothekar und 1773 Professor der deutschen Reichsgeschichte. 1774 wurde er geistlicher Rat und schließlich 1780 Direktor des Haus-, Hof- und Staatsarchivs in Wien. Er schrieb für das Werk „Geschichte der deutschen" die Bänder 1-12 (1778-1793). DBE, Band 9, 1998.

[258] Archenholtz, Johann Wilhelm von: „Neue Litteratur und Völkerkunde", 2. Band, Oktober 1790, Nr. V, S. 358f.

[259] Johann Melchior Edler von Birkenstock (1738-1809) war österreichischer Staatsmann. Er trat nach seinem Studium in Erfurt und Göttingen in den österreichischen Staatsdienst. 1771 wurde er Mitglied einer Kommission, die eine Reform des österreichischen Hochschulwesens ausarbeitete. Er unternahm in diesem Zusammenhang Studienreisen zu verschiedenen deutschen Bildungseinrichtungen. Nach seiner Rückkehr wurde er zum Hofrat und Zensor für politische Schriften ernannt. Maria Theresia und Joseph II. schenkten ihm ihr vollstes Vertrauen. Unter Leopold II. wurde er 1792 zum Direktor des Schul- und Erziehungsdepartements in Wien ernannt. In seinem Wiener Hause verkehrten zahlreiche Persönlichkeiten des kulturellen Lebens, u.a. Ludwig van Beethoven. Nach seinem Tod hinterließ er eine bedeutende Sammlung von Büchern, Gemälden und Kunstwerken. DBE, Band 1, 1995; ADB, Band 2, 1875.

[260] Franz Ritter von Greiner (1732-1798) wurde 1771 in den Ritterstand und 1773 zum Hofrat ernannt. Er war ein Vertrauter von Maria Theresia. Ihm wurden in erster Linie administrative Tätigkeiten übertragen. Biographisches Lexikon des Kaiserthums Oesterreich, Band 5, 1859.

[261] Joseph Freiherr von Sonnenfels war seit 1770 Mitglied der Zensurkommission und seit

(wird auf der folgenden Seite fortgesetzt)

Nachdruck geredet, denn er zog bereits schon einmal im Namen der Studien- und Zensurkommission[262] gegen den Nachdruck zu Felde.[263] In einem Vortrag an seine Majestät ließ er verlauten, daß „der Nachdruck fremder Werke, welche besonders Wien mehr als irgend einen Ort in übelsten Ruf[264] gebracht hat, unbillig gegen den Schriftsteller, oder gegen den Verleger, meistens aber gegen beyden zugleich“ sei. Weiter trägt er vor: „Das Werk eines Schriftstellers ist die Frucht seiner vieljährigen Verwendung, und wenigstens nicht minder sein wahres Eigentum, als dasjenige, was der Handelsmann, der Handwerker, der Landmann durch ihre Bemühungen hervorgebracht haben.“ In seinem Vortrag im Namen der Studien- und Zensurkommission sind eindeutig naturrechtliche Ansätze zur Begründung des geistigen Eigentums erkennbar. Er verwendete sich daher beim Wiener Hof dafür, daß dieser Sache nicht nur mittels eines Gesetzes innerhalb Österreichs, sondern auch mittels eines Reichsschlusses abgeholfen werden solle.[265] Dies war jedoch noch zu Josephs Zeiten und hatte folglich keinerlei Aussicht auf Erfolg und so blieb der Vortrag der Studienkommission ohne Wirkung.[266] Auf die Frage hin, was Joseph II. gegen den Nachdruck zu unternehmen gedenke, schrieb dieser in einer Randbemerkung, sobald alle Reichsfürsten sich übereinstimmend für eine Einschränkung des Nachdrucks aussprächen, werde er sich anschließen; „bis dahin aber möchte Ich auch nicht vielleicht der einzige sein, welcher, um von Journalisten gepriesen und Dichtern besungen zu werden, den geprellten Verbieter eines für meine Inwohner und Buchdrucker vorteilhaften Handels vorstellte.“[267] Nunmehr, da der neue österreichische Kö-

---

1780 Mitglied der Studienkommission. Er griff unter Joseph II. durch zahlreiche Referate, Entwürfe und Vorschläge in das österreichische Unterrichtswesen ein. 1779 wurde er Hofrat in der böhmisch-österreichischen Hofkanzlei und 1794 Rektor der Universität Wien; DBE, Band 9, 1998.

[262] Die zur Aufsicht des Bücherwesens in den k.k. Staaten verordnete Landesstelle.

[263] „Vortrag der Studien= und Censur=Hof=Commißion zu Wien über den Nachdruck fremder Bücher von Hrn. von Sonnenfels.“ Vollständig abgedruckt bei: Kayser, A.C.: „Die Abstellung des Büchernachdrucks...“, 1790, S. 45ff.

[264] Er bezieht sich dabei explizit auf die Taßlerische Buchhandlung.

[265] „Denn bey der einleuchtenden Billigkeit und Nutzen desselben läßt sich mit einiger Zuversicht vorhersehen, daß der preiswürdige Vorgang von Deutschlands Oberhaupte, bald von mehreren deutschen Fürsten, vielleicht auch in den übrigen Staaten nachgeahmet (Anm. d. Verf.: gemeint ist ein Gesetz gegen den Nachdruck fremder – also nichtösterreichischer – Werke), und der die Gelehrten unterdrückende Nachdruck in der Folge werde ganz ausgerottet werden. Vielleicht auch, daß Eure Majestät zum Besten der Wissenschaften, und derer, welche sich denselben widmen, bewogen werden, Sich zur Beschleunigung einer so glücklichen Epoche für einen allgemeinen Reichsschluß über diesen Gegenstand wirksam zu verwenden.“; vgl. Kayser, a.a.O., S. 56.

[266] KG, Band 3, 1909, S. 78ff.

[267] Zit. nach: Gieseke, Ludwig: „Vom Privileg zum Urheberrecht“, 1995, S. 187; KG Band 3,

(wird auf der folgenden Seite fortgesetzt)

nig, Leopold, sich gegen den Nachdruck wandte, hätte Sonnenfels' Wort um so mehr Gehör gefunden. Außerdem fehlte durch seine Abwesenheit ein stimmberechtigtes Mitglied der Studienkommission, welches sich sicher gegen den Nachdruck ausgesprochen hätte.
Die Verteidiger des Nachdrucks mit Schmidt an der Spitze nutzten jedenfalls die Gunst der Stunde und verfassten ein Gutachten, welches der König gar nicht in Auftrag gegeben hatte, in dem sie den Nachdruck befürworteten. Allerdings versuchten sie die Verantwortung für das Abweichen vom königlichen Befehl abzuschwächen, indem sie aus der ganzen Sache einen Kommerzgegenstand machten und den Gegenstand an die Hofkanzlei übersandten.[268]
Aber auch die nachdruckenden Buchhändler selbst versuchten diese günstige Gelegenheit zu nutzen und wandten sich mit einer eigenen Vorstellung an den König.[269] Sie wollten damit den Bemühungen der Nachdruckgegner und insbesondere der sächsischen Buchhändler entgegentreten. Sie verkannten jedoch den Wert des Gutachtens für ihre Sache. Leopold hörte sie nicht einmal an. Stattdessen befahl er der Hofkanzlei, durch eine neue Kabinettsorder die Sache zu beschleunigen.[270]
Nicht umsonst weckte der königliche Befehl bei einigen die Hoffnung, den gesamten Gegenstand in die Hände des zukünftigen Kaisers zu legen. Wilhelm Gottlieb Becker (1753-1813)[271] bot sich an, seine Beziehungen zu Leopold spielen zu lassen, wenn ihn die Leipziger Buchhändler mit einer entsprechenden Bittschrift ausstatteten.
So bat er Göschen am 5. August 1790, er solle eine kurze Petition aufsetzen. Diese wurde sogleich am 12. August aufgesetzt und von zwanzig Leipziger Buchhändlern unterzeichnet. Darin verteidigten die Leipziger sich gegen die Vorwürfe der Nachdrucker und derer, die ihnen das Wort führten.[272]
Leopold befahl also seiner Hofkanzlei die Beschleunigung der Sache. Diesmal nutzte man die Abwesenheit Leopolds und erließ am 23. August 1790 in Wien eine Verordnung,[273] die vom Erzherzog[274] Franz unterzeichnet wurde und den

---

1909, S. 80.

[268] KG, a.a.O., S. 80 und S. 445.

[269] KG: a.a.O., S. 446.

[270] Archenholtz, Johann Wilhelm von: „Neue Litteratur und Völkerkunde“, 2. Band, Oktober 1790, Nr. V, S. 359.

[271] Seit 1782 Professor der Moralphilosophie und Geschichte an der Ritterakademie zu Dresden; DBE, Band 1, 1995.

[272] KG, a.a.O., S. 445.

[273] Sie wurde von dem Erzherzog Franz abgezeichnet.

[274] Prinzentitel im Hause Habsburg.

Nachdruck mit keinem Wort erwähnte.[275] Es wurde nur angeordnet, daß, der literarische Wert des Werkes vorausgesetzt, ausländischen Schriftstellern auf ihr Ansuchen hin unentgeltlich Privilegien zu erteilen seien.[276]
Damit sah man seitens des Wiener Hofes das Leipziger Ansuchen als erledigt an. Dies wurde sodann am 16. Dezember 1790 den Buchhändlern mitgeteilt.
Das Dekret warf in der Folge viele Fragen auf. So fürchtete man, daß es nur einen unbestimmten Schutz, wie zu Josephs Zeiten, bieten würde. Außerdem war nur von den Schriftstellern die Rede, nicht aber von den Buchhändlern. Es stellte sich folglich die Frage, ob der Gnadenbrief von einem Schriftsteller an einen Buchhändler übertragen werden konnte und dann unbedingten Schutz bieten würde oder ob nur der Schriftsteller als Selbstverleger geschützt wurde, was dann so gut wie keine praktische Anwendung für das Dekret bedeuten würde.
Archenholtz ärgerte sich, weil es den Nachdruckern offensichtlich gelungen war, Leopold und seine sachunkundigen Räte zu überlisten und so bemerkt er: „Der weyland gewöhnliche Ausdruck in Frankreich bei parlamentarischen Vorstellungen: On a surpris la Religion de Votre Majesté, wird wahrscheinlich den Lesern noch erinnerlich seyn."[277]
Die Nachdrucker jedenfalls jubelten ob ihres gelungenen Coups. Und so brachten die Bemühungen Leopolds, den Nachdruck wirksam zu steuern, nur kurzzeitig die Wende zugunsten der Schriftsteller und Verleger.
Leopold starb im Jahr 1792. Schon zwei Jahre später, 1794, wurde von seinem Nachfolger, seinem Sohn Franz, das Hofdekret außer kraft gesetzt. An seine Stelle trat der alte Grundsatz der Nachdruckfreiheit für außerhalb von Österreich erschienene Werke.[278]

Diese erste Initiative bei dem Hof des späteren Kaisers brachte den Gegnern des Büchernachdrucks zwar noch nicht den erhofften Erfolg, aber auch anderenorts blieb man nicht untätig und ging gegen den Nachdruck vor. Archenholtz hoffte nun, wie seine Mitstreiter auch, auf eine Erörterung der Sache in Frankfurt. Am 12. September 1790 merkt er dazu an: „Die größten Churfürstlichen Höfe haben sich der gerechten Sache des litterarischen Eigenthums gegen die privilegirten Räuber angenommen, und beschlossen die Abstellung dieses Raubs zu einem Artikel der kaiserlichen Wahlkapitulation zu machen, wie denn auch von Seiten

[275] Archenholtz, Johann Wilhelm von: „Neue Litteratur und Völkerkunde", 2. Band, Oktober 1790, Nr. V, S. 360.
[276] KG: ebenda.
[277] Archenholtz, Johann Wilhelm von: a.a.O., Oktober 1790, Nr. V, S. 361.
[278] Gieseke, Ludwig: „Vom Privileg zum Urheberrecht", 1995, S. 187.

des preußischen Hofes am Ende des July deshalb die nöthigen Instruction an die königliche Wahlbotschaft nach Frankfurth gesandt worden ist."[279]
So versuchte man also nach der ersten Initiative am Habsburger Hof, den Gegenstand an die Kurfürsten heranzutragen und dadurch eine Behandlung der Nachdruckfrage auf dem Wahlkonvent zu erreichen.

3. Zusammenfassung

Diese erste Initiative brachte den Gegnern des Nachdrucks im Ergebnis keinen Erfolg. Die Nachdrucker konnten sich erfolgreich wehren. Die erste Runde in dem Bemühen bei der Obrigkeit ging an sie. Sicherlich kam ihnen zugute, daß Österreich sich in einer schwierigen innen- und außenpolitischen Situation befand. Dies deutete Kaunitz bereits in seinem Brief an Archenholtz an. Der Nachdruckfrage wurde von daher nicht die notwendige Aufmerksamkeit entgegengebracht und es kam nur zu dem besagten Hofdekret, welches den ausländischen Schriftstellern eine unentgeltliche Privilegienvergabe zusicherte.
Auf der anderen Seite zeigt diese Initiative, daß es den Gegnern des Nachdrucks durchaus gelang, von der Obrigkeit angehört zu werden und eine Behandlung der Frage durch diese zu erreichen. Leopold und sein Staatsminister Kaunitz zeigten sich in dieser Frage sehr interessiert. Letzten Endes reichte dieses Interesse aber nicht für ein allgemeines Gesetz gegen den Nachdruck in Österreich aus.
Es wurde aber auch deutlich, daß der Buchhandel bereit war, seinen Beitrag zu leisten. Wie die Petition der Leipziger Händler gezeigt hatte, war man bereit, sich für ein Nachdruckverbot bei den Herrschern zu verwenden.
Schlußendlich war für die Gegner des Nachdrucks noch nichts verloren. Sie konnten immer noch auf die Wahlkonferenzen zu Frankfurt hoffen.

---

[279] Archenholtz, Johann Wilhelm von: „Neue Litteratur und Völkerkunde", 2. Band, Oktober 1790, Nr. V, S. 363.

DRITTES KAPITEL: AUF DEM WEG ZUM WAHLKONVENT.

Zwar brachte die Initiative am Wiener Hof nicht den erhofften Erfolg, aber es blieb immer noch die Möglichkeit, bei den Kurfürsten eine Vorstellung einzureichen und so die Frage des Schutzes vor Nachdruck auf den künftigen Wahlkonvent zu bringen. Die Privilegien haben sich als unzureichend im Kampf gegen den Büchernachdruck erwiesen. Ein wirksamer Rechtsschutz konnte deshalb erst erwartet werden, wenn die Grundlagen des Urheberrechts besser erkannt waren und seine Ausübung nicht aufgrund einzelner Privilegien sondern durch allgemeine Gesetze geschützt wurde.[280]
Seit der Wahlkapitulation Karls V. gehörte es zu den Hauptpflichten eines jeden neuen Herrschers, „die Kommerzien zu Wasser und zu Lande nach Möglichkeit zu befördern, gegen alles was sie sperren oder hindern könnte Vorsehung zu thun und die Attentate, durch die ihnen Nachteile zuwachsen könnten, abzustellen."[281] Aus dieser Pflicht leiteten die Nachdruckgegner ihr Hauptargument ab: Sie stellten zunächst darauf ab, daß der Buchhandel ein „wahrer Kommerzgegenstand" sei. Die Beförderung der Kommerzien sei dem Kaiser aber als eine seiner ersten Pflichten auferlegt. Der Nachdruck behindere jedoch dieses Gewerbe und damit die Kommerzien nachhaltig und vor allem nachteilig. Die Abstellung des Büchernachdrucks wäre somit eine Beförderung des Buchhandels als Zweig der Kommerzien im Reich. Damit könne die Nachdruckfrage in der Wahlkapitulation geregelt werden.
Die Behandlung des Gegenstandes in Regensburg versprach dagegen geringere Erfolgsaussichten. Der Buchhandel sah sich selbst eher als eine privatrechtliche Betätigung. Dahingegen sah die Obrigkeit den Buchhandel mehr als einen Gegenstand des Polizeirechts. Dafür spricht insbesondere in der Wahlkapitulation die „Subsumtion" des Buchhandels und -gewerbes als einen zu den „Polizeisachen" gehörenden Gegenstand.

1. Die Initiative von J.F.F. Ganz

Die Nachdruckfrage beförderte sich natürlich nicht von alleine auf den Wahlkonvent und schon gar nicht in das Augenmerk der Kurfürsten. Hierzu bedurfte es eines Anstoßes von dritter Seite. Eine wesentliche Rolle dürfte hier wohl

---

[280] Bappert/Maunz/Schricker: „Verlagsrecht", Kommentar, 1984, Einleitung, Rn. 6.

[281] Wahlkapitulation Art. VII § 1, Art. VIII §§ 6, 7, 11; vgl. auch KG, Band 3, 1909, S. 443; Kayser, A.C.: „Die Abstellung des Büchernachdrucks [...]", 1790, S. 61.

Kurbrandenburg und dem geheimen preußischen Legationsrat Johann Friedrich Ferdinand Ganz zugekommen sein.

a. Das erste Schreiben an die Buchhändler

Bereits am 10. Mai 1790 verfaßte Ganz ein Schreiben an alle Buchhändler,[282] das er mit folgendem Satz einleitet: „Ich gebe mir die Ehre, Euer Hochedelgebohrenen einen Plan zu überreichen, wie dem Nachdruck durch ein allgemein verbindliches Reichsgesetz gesteuert werden kann." Damit entsprach er den Wünschen vieler deutscher Buchhändler. Dem Schreiben an die Buchhändler fügte er zusätzlich noch eine Beilage an, in der Ganz kurz noch einmal darstellte und begründete, wie dem Büchernachdruck zu Leibe zu rücken wäre:[283]
Ganz legt die Betonung dabei auf die Schwäche der kaiserlichen Privilegien; er führt dazu z.B. aus: „Der Satz, daß kaiserliche Bücherprivilegien für alle deutschen Provinzen verbindlich seyen, wird nicht allgemein anerkannt, und ist bisher selbst in Böhmen und Österreich nicht anerkannt worden, welche Staaten unstreitig in der deutschen reichsständischen Verbindung stehen. An vielen Orten hält man dafür, ein kaiserliches Privilegium könne die Ausflüsse der Landeshoheit nicht einschränken; und es habe damit die Bewandniß, wie mit vielen andern kaiserlichen Reservaten, welche die Fürsten nur in so weit gelten lassen, als ihre eigenen Territorialgewalt damit nicht in Collision kommt."[284]
Aber er zeigt noch weitere Schwächen des Privilegiensystems – wie vorliegend in der Einleitung schon beschrieben – auf: „Die Anforderung des Reichsfiscals, wenn kaiserliche Druckprivilegien verletzt wurden, ist kostspielig, weit ausgehend, und wenn der Nachdrucker unter dem Schutze eines mächtigen Fürsten lebt, der Erfolg unbedeutend." Damit spricht er das Problem an, daß die Polizei, welche die Einhaltung der Privilegien überwachen und ggf. einschreiten soll, in der Hand der Landesherren war. Der Reichshofrat hatte insofern keine eigene ausführende Gewalt. Wollte man seitens der kaiserlichen Verwaltung gegen Verstöße vorgehen, mußte man die jeweilige Territorialgewalt um polizeiliche Hilfe bitten.
Hingegen schützen die landesherrlichen Privilegien nur räumlich begrenzt in einem Teil des Reichs vor dem Nachdruck. Auch darauf weist Ganz hin:

---

[282] „Mißiv an die HH. Buchhändler"; vgl. Kayser, A.C.: „Die Abstellung des Büchernachdrucks [...]", 1790, S. 57ff; Archenholtz, Johann Wilhelm von: „Neue Litteratur und Völkerkunde", 2. Band, Juli 1790, Nr. III, S. 40f.

[283] „Vorschlag, wie dem Büchernachdrucke im Deutschen Reich durch eine in die zukünftige Wahlkapitulation einzurückende Stelle vorzubeugen seyn möchte."; Kayser, A.C.: a.a.O., S. 59ff; Archenholtz, Johann Wilhelm von: a.a.O., S. 41f.

[284] Kayser, A.C.: a.a.O., S. 60; Archenholtz, Johann Wilhelm von: a.a.O., S. 41.

„Reichsständische Privilegien schützen nur in solchen Staaten, welche mit jenem, wer das Privilegium ertheilt worden ist, in freundschaftlicher Verbindung stehen, oder wo eigene Verträge den Privilegien im Auslande Nachdruck (Anm. d. Verf.: Mit Nachdruck ist diesmal nicht der Büchernachdruck gemeint) gewähren."[285] In diesem Punkt bezieht er sich auf die Verbundenheit, wie sie zwischen Preußen und Kursachsen bestand.[286] Preußen und Sachsen gewährten den Buchhändlern des jeweiligen anderen Staates in den eigenen Landen Schutz vor Nachdruck, wenn der ordnungsgemäße Erwerb des Eigentums nachgewiesen wurde.

Ganz folgerte daraus, daß ein effektiver Schutz vor Nachdruck im ganzen Reich gewährleistet werden müsse, egal ob nun ein kaiserliches oder ein reichsständisches Privileg besteht. Die Voraussetzungen müßten einzig, so meint Ganz, darin bestehen, daß das Buch die Zensur zuvor passiert hat und der Verleger sich nennt.[287]

Da dies aber gerade nicht der Fall ist, zieht er folglich den Schluß, daß der Kaiser ohne Zutun der Reichsstände nicht gegen die Beeinträchtigung des Buchhandels durch den Büchernachdruck vorgehen könnte.[288] Eine Behandlung vor dem Reichstag verspräche nach seiner Ansicht nicht den erhofften Erfolg. Wegen der vielen Rücksichten, die man in den einzelnen Kollegien auf einzelne Fürsten und Reichsstädte nehmen müßte, wäre das Verfahren mühselig und die Chance, einen gemeinsamen Reichsschluß herbeizuführen, nur sehr gering. Bereits in wichtigeren Angelegenheiten, so führt Ganz aus, hätte man sich nicht zu einem gemeinsamen Handeln durchringen können.[289]

Da einem Nachdrucker, welcher „unter dem Schutze eines mächtigen Fürsten lebt", mit den kaiserlichen Druckprivilegien also nicht beizukommen wäre und wegen der unterschiedlichen Interessen der Fürsten am Reichstag zu Regensburg, die eine reichsrechtliche Regelung den Nachdruck betreffend verhindern könnten, schlägt er ein allgemein verbindliches Reichsgesetz vor, welches aus einer Verfügung innerhalb der künftigen Wahlkapitulation bestehen könnte. Er sieht in diesem Fall sogar nur die Möglichkeit, über die Kurfürsten durch eine geeignete Stelle in der Wahlkapitulation zu diesem Ziel zu kommen. Er bezieht sich zur Begründung auf Art. VII § 1[290] und Art. VIII §§ 6, 7, 11, welche gleichfalls eine Beförderung der Kommerzien sowie die Beseitigung von eventuellen Hindernissen vorsehen. Diese reichsoberhauptliche Vorsorge wird – nicht nur

[285] Kayser, A.C.: a.a.O., S. 59; Archenholtz, Johann Wilhelm von: a.a.O., S. 40.

[286] Vgl. Einleitung Punkt 1.d).

[287] Kayser, A.C.: a.a.O., S. 62; Archenholtz, Johann Wilhelm von: a.a.O., S. 43.

[288] Kayser, A.C.: a.a.O., S. 60; Archenholtz, Johann Wilhelm von: a.a.O., S. 41.

[289] Kayser, A.C.: a.a.O., S. 61; Archenholtz, Johann Wilhelm von: a.a.O., S. 42.

[290] Vgl. Anhang Nr. 3.

seiner Ansicht nach[291] – seit dem westfälischen Frieden[292] von den Fürsten respektiert. Folglich würde die geeignete Stelle Art. VII § 1 der künftigen Wahlkapitulation sein, um ein Verbot des Nachdrucks zu normieren.
Im folgenden erläuterte er dann seinen Plan, wie die Kurfürsten zur Annahme dieses Punktes in die Wahlkapitulation bewegt werden könnten. Er sah im einzelnen vor, daß sich alle zu Leipzig anwesenden Buchhändler, die sich gegen den Nachdruck wenden, zu einer gemeinsamen Initiative bei den Kurhöfen verbinden. Die Leipziger Jubilatemesse[293] des Jahres 1790 sollte genutzt werden, um die Buchhändler von der günstigen Gelegenheit zu überzeugen; die darin bestand, daß mittels einer Einfügung in die anstehende Wahlkapitulation der Nachdruck ausgerottet werden könnte.
Ganz bot den Buchhändlern an, eine entsprechende Vorstellung aufzusetzen und binnen acht Tagen an die Buchhändler zu übersenden. Ganz verfaßte die Vorstellung auch tatsächlich: bei dieser „Vorstellung an die höchsten Churfürsten" handelt es sich um einen Text auf den im folgenden unter Punkt 2.b. noch näher eingegangen werden muß.
Jedenfalls sollte diese Vorstellung, so sah es sein Plan vor, von den Buchhändlern bei den Kurhöfen eingereicht werden. Dazu schlug er vor, daß besonders angesehene Buchhändler als Bevollmächtigte des Buchhandels ausgesucht werden sollten, die sich sodann bei den jeweiligen Kurhöfen für eine Abstellung des Büchernachdrucks verwenden und die zitierte Vorstellung nebst der dazugehörigen Anlage unter entsprechender Abänderung der Anrede bei dem jeweiligen Kurhof vorlegen sollten.
Bei dieser Anlage handelt es sich wiederum um den von Ganz verfaßten Aufsatz „Kurze Übersicht der Gründe [...]"[294] Hierin beschreibt Ganz alle Gründe, die

---

[291] Auch sein Mitstreiter Kayser äußerte sich so; vgl. Kayser, A.C.: a.a.O., S. 26; aber auch Ploucquet, W.G.: „Unfehlbares Mittel, den Büchernachdruck zu verhindern.", 1790, S. 6

[292] Art. IX.

[293] Der Begriff „Buchmesse" aus dem 18. Jahrhundert ist nicht im heutigen Sinn zu verstehen. Vielmehr handelte es sich damals um religiöse Ereignisse, bei denen „nebenbei" auch gehandelt wurde (z.B. Ostermesse, Michaelismesse oder Jubilatemesse). Erst nach und nach entwickelten sich diese Messen zu reinen Handelsmessen. Die Leipziger Messen etwa fanden mehrmals im Jahr anläßlich religiöser Feiertage statt (Neujahr, Ostern, Michaelis). Bei der Jubilatemesse handelte es sich um den dritten Sonntag nach Ostern. Vgl. Kellenbenz in HRG: Messen, III. Band, 1984, Sp. 511.

[294] Siehe Anhang Nr. 5. Vgl. auch Ganz, J.F.F.: „Übersicht der Gründe [...]", 1790, S. 23ff; HHStA MEA WaKr. Fasz. 81, 1790, 5. Stück, S. 186 – 200; HHStA MEA WaKr. Fasz. 81, 1790, ad 7: Mutterprotokoll, fol. 68f; MEA WaKr. Fasz. 73, 1790, Stück 1, fol. 58; HHStA RK WaKr Fasz. 96c, ad 10; Journal von und für Deutschland. Siebter Jahrgang, Erstes bis Sechstes Stück, o.O. 1790, 5. Stück, Nr. XIV, S. 405 – 415; GStA PK I. HA Rep. 10 Nr. 87 d 1 - 8; Monita zu der künftigen Wahlkapitulation: Nr. 87 d 8, Monita wegen des Nachdrucks von Büchern, 1790, fol. 12ff.

für ein Verbot des Nachdrucks sprechen; angefangen von dem Schaden, der dem Buchhandel, den Wissenschaften, der Literatur und dem Publikum entsteht, bis hin zur der daraus resultierenden Überteuerung der Bücher.[295] Er weist, wie schon so oft, darauf hin, daß die Beförderung der Kommerzien, sowie ggf. eine Behinderung des Handels auszuräumen, zu den ersten Pflichten eines künftigen Kaisers gehören würde und daß das Verbot des Büchernachdrucks folglich seinen Platz in der Wahlkapitulation hätte.
Damit schließt sich der Kreis wieder zwischen der Vorstellung an die Buchhändler, dem von ihm verfaßten Aufsatz, der anstehenden Wahlkapitulation und der Beförderung der Kommerzien.

b. Das zweite Schreiben an die Buchhändler

In einem zweiten Schreiben an die Buchhändler,[296] welches auf den 27. Mai 1790 datiert ist, gibt er eine „Anleitung" – wir würden heute Argumentationshilfe sagen – mit 18 kurzen, stichwortartigen Sätzen, mit deren Hilfe die Nachteile des Büchernachdrucks und die Vorteile eines Reichsgesetzes durch die Buchhändler bei den Kurhöfen dargestellt werden sollten. Im wesentlichen wiederholt er die bereits in seinem ersten Schreiben, vom 10. Mai 1790, dargestellten Gründe.
Um die Kurfürsten davon zu überzeugen, stellt Ganz auch hier wieder darauf ab, daß es sich die Fürsten und anderen Stände, wenn auch laut murrend, haben gefallen gelassen und auch weiterhin gefallen ließen, wenn die Kurhöfe wegen der Kommerzien, so wie schon einmal wegen der Zollmißbräuche, in der Wahlkapitulation Vorsehung getroffen haben oder in Zukunft treffen würden.
Die Zollmißbräuche nennt Ganz gerne als Beispiel. Das Zollregal stand ursprünglich dem Kaiser zu, ging dann aber auf die Landesfürsten über.[297] Die Landesherren hatten so zwar die Zollhoheit, dem Kaiser stand es jedoch zu, neue Zollstellen und -tarife zu erlassen.[298] Wenn die Kurfürsten gegen die Zollmißbräuche mittels der Wahlkapitulation vorgegangen sind, haben sich die Landesfürsten und Reichsstädte dagegen nicht gesperrt. Gleiches gilt für das Münzregal. Auch dort kam es zu widerstreitenden Interessen zwischen dem Kaiser und der landesfürstlichen Hoheit. Dieses Vorrecht stand gleichfalls nicht mehr allein

---

[295] Vgl. Kapitel 1, Punkt 3.

[296] „Gründe zur mündlichen Einleitung und Vorbereitung, damit der Büchernachdruck durch eine zweckmäßige Stelle der künftigen Wahlkapitulation ausgerottet werde"; vgl. Kayser, A.C.: „Die Abstellung des Büchernachdrucks [...]", 1790, S. 64ff.

[297] Thieme in HRG: Regalien, IV. Band, 1990, Sp. 514.

[298] Schmoeckel in HRG: Zollregal, V. Band, 1998, Sp. 1765

dem Kaiser zu. So scheiterte etwa auch die Reichsmünzverordnung von 1737/38 an dem Übergewicht der großen Territorien.[299] Trotzdem ließen es die Fürsten zu, daß das kurfürstliche Kollegium zusammen mit der kaiserlichen Kommission bei Mißbräuchen vorbeugen konnte.[300] Insoweit wurden auch die Möglichkeiten des Einschreitens bei Behinderung des Handels von den Kurfürsten in die Wahlkapitulation bezüglich Zollsachen (Art. VIII, §§ 5, 6, 7, 8, 11)[301] und Münzangelegenheiten (Art. IX, §§ 5, 6, 7, 11)[302] aufgenommen.
Aus den durchaus erkennbaren Parallelen schließt Ganz, daß die Fürsten es auch bei Aufnahme eines Verbotes des Nachdrucks dulden würden, wenn die Kurfürsten einen entsprechenden Paragraphen in die Wahlkapitulation aufnehmen würden. Denn der Büchernachdruck sei, wie Ganz meint, eine Behinderung des Handels, wie es einst die Zollmißbräuche gewesen seien.[303]

c. Erste Reaktion des Buchhandels

Am 7. Juni 1790 erhielt Ganz von dem in Weimar tätigen Verleger und Legationsrat Bertuch Nachricht, in der er von der ersten Reaktion des Buchhandels in Kenntnis gesetzt wurde. Ihm wurde mitgeteilt, daß die Buchhändler sich zusammengeschlossen hätten.[304] Hieraus bildete sich eine Vereinigung von Buchhändlern, die sich „assoziierte Buchhändler“ nannten. Dieser Zusammenschluß wird unter Punkt 2 noch eingehend erläutert.

d. Der Brief von A.C. Kayser an J.F.F. Ganz

Am Tag darauf, dem 8. Juni 1790, erhielt Ganz einen Brief von seinem Mitstreiter A.C. Kayser: „Euer Hochwohlgeborenen nehme ich mir die Freiheit anliegende von mir verfaßten die Abstellung des Büchernachdrucks bezwekkende Abhandlung zu übersenden. Wie sehr alle teutschen Schriftsteller und die Wißenschaften – wie sehr insonderheit die königlich preußischen Gelehrten und Buchhändler bey der Vernichtung des Büchernachdrucks gewinnen würden, werden Eure Hochwohlgeborenen bey dem großen Umfange Ihrer Einsichten

---

[299] Wadle in HRG: Münzregal, III. Band, 1984, Sp. 776.

[300] Moser, Johann Jacob: „Neues teutsches Staatsrecht“, Band 5: „Von denen kayserlichen Regierungsrechten und Pflichten“, 1772, S. 759ff.

[301] Moser, Johann Jacob: a.a.O., S. 742ff.

[302] Moser, Johann Jacob: a.a.O., S. 713ff.

[303] Vgl. Einleitung Punkt 2.

[304] Ganz, J.F.F.: „Übersicht der Gründe [...]“, 1790, S. 52.

beßer einzustehen vermögen, als ich bey der Beschränktheit der meinigen zu sagen im Stande bin. Wenn ich in dieser Rücksicht Euer Hochwohlgeborenen gehorsamst bitte den Gegenstand von welchem mein Aufsatz handelt, zum Besten der dabey, so sehr intereßirten Buchhändler, Schriftsteller und Wißenschaften in Dero reife Erwägung zu ziehen und demselben Ihre wirksamte Verwendung bey den gegenwärtigen günstigen Zeitumständen nicht zu versagen, so darf ich wohl nicht fürchten eine Fehlbitte zu wagen. Ich kan mir im Gegentheile schmeicheln für meine Zudringlichkeit in ihrer Veranlaßung Entschuldigung zu finden – eine Zudringlichkeit, die mir nebenbey der Wunsch gewährt, Denselben die ehrerbiethige Hochachtung betheuern zu können, womit ich zu verharren, die Ehre habe."[305]
Ganz war, wie wir hieraus ersehen können, mit seiner Initiative nicht alleine. Er wurde bereits zu jenem Zeitpunkt von seinem Mitstreiter Kayser unterstützt. Dieser war fürstlich Thurn- und Taxischer Hofbibliothekar und Hofrat. Er selbst hatte zunächst keinen direkten Bezug zu einem Kurhof. Anders hingegen lag die Sache bei Ganz. Dieser war preußischer Legationsrat und konnte über Friedrich Wilhelm II. seinen Einfluß zumindest beim kurbrandenburgischen Hof geltend machen. Auffällig ist jedoch, daß Ganz in seinem dritten Schreiben noch auf den Fürsten Taxis eingeht. Seinerzeit war der Vertrieb von periodischen Schriftwerken und Büchern ein ganz entscheidender Faktor. Leistungsfähiger als reisende Händler erwies sich dabei die Post[306] und damit kommt dem Fürsten von Taxis eine gewisse Rolle zu.

e. *Das dritte Schreiben von Ganz an die Buchhändler*

Beflügelt von Bertuchs Nachricht[307] und dem Schreiben seines Freundes A.C. Kayser wandte sich Ganz am 17. Juni 1790 erneut mit einem Cirkelschreiben[308] an die Buchhändler. Diesmal jedoch hatte er konkrete Ansprechpartner. So schreibt er an die assoziierten Buchhändler[309]: „Den 13ten schickte ich diesen eine ins Reine geschriebene Vorstellung an die höchsten Churhöfe, begleitet von einem zweckdienlichen Promemoria, zu [....] Von einigen höchsten Churhöfen sind schon sehr günstige Nachrichten eingegangen." Ganz konnte zwar zu die-

---

[305] GStA PK I. HA Rep. 10 Nr. 87 d 1 - 8; Monita zu der künftigen Wahlkapitulation: Nr. 87 d 8, Monita wegen des Nachdrucks von Büchern, 1790, fol. 4f.

[306] Elsner, Friedrich: „Beiträge und Dokumente zur Geschichte des werbenden Buch- und Zeitschriftenhandels", 1. Band, 1961, S. 23.

[307] Vgl. hier Punkt c.

[308] „Cirkelschreiben an die zur Ausrottung des Nachdrucks associirten Herren Buchhändler"; vgl. Ganz, J.F.F.: „Übersicht der Gründe [...]", 1790, S. 52ff.

[309] Vgl. Punkt 2.c).

sem Zeitpunkt noch nicht wissen, daß die Kurhöfe sich dieser Sache auch tatsächlich annehmen würden, aber über seine Beziehungen zum Berliner Hof und seine Stellung als Mitglied der preußischen Gesandtschaft in Regensburg konnte er in Erfahrung bringen, daß sich die Kurhöfe tatsächlich Gedanken über ein Verbot des Nachdrucks machten. Dabei sind zuvorderst Kurbrandenburg und Kurmainz zu nennen.
Er verband dieses Schreiben mit der Bitte, daß wenn ein Verlagsartikel der Buchhändler von dem Nachdruck betroffen ist, der Buchhändler dem kurfürstlichen Wahlkonvent dies mit einer entsprechenden Vorstellung mitteilt. Auch dieser Aufruf wurde befolgt.[310]
Des weiteren rief er dazu auf: „Wenn Sie gegründete und erweisliche Beschwerden gegen die Reichspostanstalten haben, belieben Sie solche zusammen zu tragen, und Mir zuzuschicken. Der Durchlauchigste Fürst Taxis, ist ein gerechter und billiger Herr, der kein Unrecht verlangt, und alle Unterschleife, wodurch das Publikum in Schaden gesetzt wird, abgestellt wissen will, und sein erster Minister, der Freyherr von Schneidt, unterstüzt diese edlen Grundsäze durch Einsichten, Thätigkeit, und Strenge gegen die Postdienste." Und er empfiehlt den Buchhändlern weiter: „Aber dann schreibt auch sein gleich, und bittet den Fürst Taxis, daß Er zur Beförderung der Litteratur und des Buchhandels Euch wohlfeileres Porto auf dem Postwagen verwilligt."[311] Hintergrund dieses Hinweises von Ganz war einfach, daß Bücher- oder Journalsendungen durchaus das Mehrfache an Porto kosten konnten, als die Sendung selbst Wert war.
Viel interessanter als diese Tatsache ist jedoch, daß Ganz und Kayser sich wohl persönlich kannten und sich als hartnäckige Gegner des Nachdrucks in Regensburg betätigten. Sie scheinen auch von dem Fürsten Taxis unterstützt worden zu sein. Die Familie Taxis verfügte mittels der „Reichspost" über eine umfassende Zustellorganisation. Dies war für die einzelnen Verleger wichtig, denn mehr und mehr befaßten sich die Postmeister, die im Dienste der „Reichspost" oder der Posteinrichtungen der Territorialherren standen, mit dem Vertrieb von Zeitungen und Zeitschriften.[312] Die Schwierigkeit war allerdings auch hier, daß die Landesfürsten seit dem Westfälischen Frieden von 1648 ein eigenes Postregal innehatten. Die Taxische Reichspost wirkte aber immerhin dort weiter, wo es keine eigene Landespost gab.[313]

---

[310] Ebenda.

[311] „Cirkelschreiben an die zur Ausrottung des Nachdrucks associirten Herren Buchhändler"; vgl. Ganz, J.F.F.: a.a.O., s. S. 54 und 58.

[312] Elsner, Friedrich: „Beiträge und Dokumente zur Geschichte des werbenden Buch- und Zeitschriftenhandels", 1. Band, 1961, S. 22f.

[313] Erler in HRG: Post, III. Band, Sp. 1836f.

Im folgenden geht Ganz in seinem Schreiben an die Buchhändler noch auf den Netto-/Tauschbuchhandel und den Konflikt zwischen den aus Kursachsen stammenden Buchhändlern und den Reichsbuchhändlern ein.[314]
Ganz versuchte mit seinen Ausführungen, die Reichsbuchhändler zu beruhigen. Es war ihm offensichtlich sehr daran gelegen, auf breiter Front die Zustimmung der Buchhändler aus dem ganzen Reich zu erhalten. Dies ist auch verständlich. Schließlich wollte Ganz, daß der Nachdruck im ganzen Reich verboten wird. Um dies ordentlich begründen zu können, bedurfte es dann schon der Unterstützung von Buchhändlern aus dem ganzen Reich und nicht nur aus Kursachsen und Berlin. Zumal die norddeutschen Buchhändler, und unter ihnen insbesondere die Leipziger Buchhändler, in den Augen vieler ohnehin schon allzu übermächtig erschienen, als daß sie, wie vorgeschlagen wurde, durch ein allgemeines Gesetz gegen den Büchernachdruck noch weiter in ihrer Stellung gestärkt werden müßten. Nicht umsonst kamen also die lauten Klagen über die Bildung von Monopolen aus dem süddeutschen Raum. Um sich auch wirklich bei allen Kurfürsten Gehör zu verschaffen, war eine repräsentative Auswahl von Buchhändlern aus allen Teilen des Reiches vonnöten, die sich gegen den Nachdruck verwandten. Es mußte dargestellt werden können, daß das ganze Reich von dem Schaden, den der Büchernachdruck verursachte, betroffen war. Andernfalls konnte man keineswegs mit der Unterstützung aller Kurhöfe rechnen.
Insgesamt hatte Ganz mit seinem Aufruf an die Buchhändler erhebliche Vorarbeit geleistet. Er hat neben einem Entwurf für eine Vorstellung bei der Obrigkeit nebst einer Begründung[315] für ein sofortiges Verbot, auch Überzeugungsarbeit unter den Buchhändlern übernommen. Jetzt bedurfte es nur noch einer Reaktion einer größeren Anzahl von Buchhändlern, um der ganzen Sache Nachdruck zu verleihen.
Die bisherige Forschung war eher geneigt, eine Beteiligung der Buchhändler zu verneinen.[316] Dies kann im folgenden widerlegt werden, denn der Buchhandel wurde auf dieses Vorgehen hin doch aktiv und verließ damit seine zurückhaltende Position.

2. *Die Reaktion des Buchhandels*

Ab dem 13. Juni 1790 ging, wofür im folgenden einige Belege angeführt werden, an alle Kurhöfe ein Schreiben nebst einer Beilage, welches jedoch nicht

314 „Cirkelschreiben an die zur Ausrottung des Nachdrucks associirten Herren Buchhändler"; vgl. Ganz, J.F.F.: a.a.O., S. 52ff.

315 Vgl. Anhang Nr. 5.

316 Vgl. Einleitung, Punkt 3.

von Ganz bei den Kurhöfen eingereicht wurde, obwohl er daran nicht ganz unbeteiligt war.
An dieser Stelle muß noch einmal in Erinnerung gerufen werden, daß Ganz bereits am 7. Juni 1790 von dem aus Weimar stammenden Legationsrat Bertuch eine Nachricht erhalten hatte, in der dieser über das Zustandekommen einer Vereinigung zwischen den Buchhändlern berichtete.[317] Somit stand bereits zu diesem Zeitpunkt fest, daß die Bemühungen von Ganz bei den Buchhändlern nicht ohne Wirkung geblieben waren.
Sicher spielte es auch eine Rolle, daß sich die Leipziger Buchhändler bereits zuvor an Leopolds Hof engagiert und somit schon einen gewissen Verbund gegen den Büchernachdruck gebildet hatten.[318]
Nunmehr hatte sich aber eine breite Phalanx deutscher Buchhändler und Verleger gegen den Büchernachdruck gebildet, die von der Anzahl her den „Reichsbuchhändlern" weit überlegen war.

a. Die assoziierten Buchhändler

So schreibt bereits Archenholtz im Juli 1790 in seiner Zeitschrift: „Die Leipziger Ostermesse war zur Vereinigung der Buchhändler gegen so schändlichen Unfug sehr gewünscht. Ein Patriot in Regensburg, der Preußische Leagtions-Rath Herr Ganz, durch eine vielfältige Erfahrung mit den Reichsangelegenheiten, Reichsgesetzen und Formalitäten bekannt, schickte seinen damals in Leipzig anwesenden Freunden und den vornehmsten Buchhändlern folgende Schrift zu: Vorschlag, wie dem Büchernachdruck im deutschen Reich durch eine in die zukünftige Wahlkapitulation einzurückende Stelle vorzubeugen seyn möchte."[319]
Bei dem von Archenholtz angesprochenen Brief handelt es sich um den ersten Brief, den Ganz am 10. Mai 1790 an die Buchhändler geschickt hat.
Hieran zeigt sich zum einen, daß beide Initiativen – diejenige von Archenholtz beim Wiener Hof und diejenige von Ganz bei den Kurhöfen sowie dem Wahlkonvent – gemeinsame Berührungspunkte hatten und miteinander in Korrespondenz standen. Ein ursächlicher Zusammenhang zwischen den beiden Initiativen läßt sich zwar nicht herstellen, jedoch dürfte der ein oder andere Buchhändler sowohl die eine wie auch die andere Initiative unterstützt haben. Auch dürfte

---

[317] Vgl. hier Punkt 1.c).

[318] Zu den Reformbestrebungen im deutschen Buchhandel im 18. Jahrhundert, vgl. Meyer, Franz Hermann: „Reformbestrebungen im 18. Jahrhundert", AGDB XII, S. 201ff.

[319] Archenholtz, Johann Wilhelm von: „Neue Litteratur und Völkerkunde", 2. Band, Juli 1790, Nr. III, S. 40ff. Vgl. auch zweites Kapitel.

dies den Plan, den Ganz für ein gemeinsames Vorgehen der Buchhändler erarbeitet hatte, eher gefördert als behindert haben.
Zum anderen läßt dies den eindeutigen Schluß zu, daß sich die Buchhändler bereits während der anläßlich der Osterfeiertage im Jahr 1790 stattfindenden Leipziger Messe getroffen und beraten hatten. Bei diesen ersten Beratungen war auch Ganz anwesend gewesen.

Für den Zusammenschluß der Buchhändler, die sich dann in der Folge als „assoziierte Buchhändler“ bezeichneten, gibt es neben dem Schreiben, welches Ganz in seinem Buch veröffentlicht hat,[320] noch eine Reihe weiterer Belege in den Akten der Wiener und Berliner Archive.
So findet sich etwa im Geheimen Staatsarchiv Preußischer Kulturbesitz folgende an Ganz gerichtete Druckschrift: „Der Büchernachdruck ist im teutschen Reich aufs höchste gestiegen, die Zeiten des litterarischen Faustrechts sind bereits eingetreten, der gänzliche Verfall der teutschen Litteratur, des teutschen Buchhandels, die Verderbung des Geschmacks des lesenden Publikums, wird davon eine unvermeidliche Folge seyn. In den critischen Augenblicken der größten Gefahr haben sich über hundert der angesehensten Buchhändler des nördlichen und südlichen Teutschlands in den lezten Tagen der zurückgelegten Leipziger Jubilatemesse vereinigt, durch erwählte Bevollmächtigte bey allen höchsten Churhöfen ehrerbithigste Vorstellung einreichen, und dahin den Antrag richten zu lassen: ‚daß durch eine bündige Stelle der künftigen Wahlkapitulation das Uebel des Büchernachdrucks mit der Wurzel möge ausgerottet und das Eigenthum einer grosen Anzahl Reichmittelbarer[321] Bürger in den Schutz der Gesetze genommen werden.‘ Dieser Schritt ist geschehen, und die erhabene patriotische Gesinnung unserer höchsten Reichschurfürsten, und die hellen Einsichten Ihrer Ministerien versprechen für die Wünsche des teutschen Publikums Erhörung, und den guten Absichten der Verbundenen den besten Erfolg.“ Es läßt sich nur vermuten, daß es sich bei diesem Schreiben um die oben genannte Nachricht des Legationsrates Bertuch an J. F. F. Ganz handelt, da diese Druckschrift leider keinen Absender erkennen läßt. Andererseits spricht die Wahrscheinlichkeit dafür, denn in den Berliner Akten befindet sich fast die gesamte Korrespondenz, die seit Juni 1790 in dieser Angelegenheit geführt wurde. Auch chronologisch paßt dies zusammen. Die Mitteilung befindet sich unter der Korrespondenz des Monats Juni 1790. Außerdem stimmt der Inhalt der Mitteilung mit einer anderen

[320] Ganz, J.F.F.: „Übersicht der Gründe [...]“, 1790, S. 52.

[321] Reichsunmittelbarkeit bedeutet, daß Güter und Personen nach dem Staatsrecht Kaiser und Reich „ohne Mittel“ unterworfen waren, d.h. ohne einen Landesherrn anerkennen zu müssen. Die reichsmittelbaren Bürger waren dagegen einem Landesherrn unterstellt und nur mittelbar dem Reich. Vgl. Willoweit in HRG: Reichsunmittelbarkeit, IV. Band, 1990, Sp. 799.

Quelle überein.[322] Auch dort heißt es: „Den 7ten diese erhielt ich durch Herrn Leagtionsrath Bertuch in Weimar die Nachricht, von dem glücklich zu Stande gekommenen Conföderation, und von der Wahl der Herren Mandarien.“ Es kann somit gut begründet davon ausgegangen werden, daß es sich um den Brief von Bertuch an Ganz handelt, der als Kopie an den Berliner Hof übersandt wurde.
In einem Schreiben[323] des Grafen von Goerz an den preußischen König Friedrich Wilhelm II. vom 10. Juni 1790 schreibt dieser: „Auch weis ich von guter Hand, daß 95 der angesehensten Buchhändler aus dem nördlichen und südlichen Teutschland, besonders aus Sachsen und den königlich preußischen Staaten den Plan unterzeichnet und auch zur Erreichung des gemeinschaftlichen Zieles begehrlich verbunden haben.“
Aber auch andere Hinweise deuten auf den Zusammenschluß mehrerer Buchhändler auf der Leipziger Jubilatemesse hin. Der Buchhändler Georg Adam Kayser etwa beginnt sein „allerunterthänigstes Pro Memoria“[324] vom 19. Juli 1790 an den kurfürstlichen Wahlkonvent mit den Worten: „Wiewohl ich schon durch meine Unterschrift zur Vollmacht in Betreff einer gegen den Büchernachdruck an die höchsten Kurhöfe im Namen mehr als 100 verbündeter deutschen Buchhändler einzureichenden unterthänigsten Vorstellung eine höchst nöthige Hülfe gegen dieses, den deutschen Buchhandel völlig niederschlagende räuberische Gewerbe, durch die neue Wahlkapitulation, mit zu bewirken, mich unterwunden habe.“
Diese und andere Quellen, die noch im Einzelnen benannt werde, besagen im übrigen alle das Gleiche: Bereits zur Ostermesse 1790 hatten sich ca. 125 Buchhändler, darunter auch der preußische Legationsrat J. F. F. Ganz, darüber beraten, ob und wie gegen den Büchernachdruck vorzugehen sei. Im Anschluß an die Ostermesse verfaßte Ganz seine Briefe und Vorstellungen und versandte sie an die Buchhändler, damit sich diese, weitere Buchhändler und schließlich die Kurfürsten von dem Plan überzeugen sowie ihn weiterverbreiten konnten. Er lieferte diesen damit nicht nur die Begründung für ein sofortiges Verbot des Büchernachdrucks, sondern auch das dazugehörige juristische Rüstzeug. Ganz verfügte in seiner Stellung als Legationsrat am Reichstag zu Regensburg – im Gegensatz zu den meisten Buchhändlern über das nötige Wissen in Reichsangelegenheiten. Gepaart mit dem politischen Einfluß, den einige Buchhändler zweifelsohne geltend machen konnten, kann man insofern von einer perfekten Symbiose sprechen.

---

[322] Ganz, J.F.F.: „Übersicht der Gründe [...]“, 1790, S. 52.

[323] Vgl. Anhang Nr. 6.

[324] HHStA MEA WaKr., Fasz. 81, 1790, 5. Stück, S. 200-202. Vgl. besser auch das Original: HHStA MEA WaKr., Fasz. 73, 1790, 2. Stück unfoliiert.

Im Anschluß haben sich dann anläßlich der Leipziger Jubilatemesse[325] im Jahre 1790 eine größere Anzahl von Buchhändlern erneut getroffen, um über ein gemeinsames Vorgehen bei den Kurhöfen zu beraten. Ergebnis dieser Beratungen war, daß sich mehr als hundert Buchhändler zusammenschlossen, um gemeinsam gegen den Nachdruck vorzugehen. Sie nannten sich in der Folge „associirte Buchhändler". Zur Einreichung einer gemeinsamen Vorstellung und zur Verfolgung ihrer Ziele wählten sie Vertreter, die namens und in Vollmacht für die Buchhändler bei den Kurhöfen handeln sollten. Unter den assoziierten Buchhändlern befinden sich so bekannte Namen wie etwa Bertuch aus Weimar, Kummer aus Leipzig, Nicolai aus Berlin, Horvath aus Potsdam, Göschen aus Leipzig, Bohn aus Hamburg und Grässer aus Wien.[326] Die Mehrzahl dieser assoziierten Buchhändler stammt aus Leipzig und den preußischen Staaten. Aber auch Buchhändler aus Wien, München, Frankfurt und vielen anderen Städten schlossen sich den assoziierten Buchhändlern an. Damit hatte man die beabsichtigte Breite der Unterstützung erreicht. Dies zeigt zudem, daß es auch im süddeutschen Raum eine Reihe von Buchhändlern und Verlegern gab, die den Nachdruck ablehnten und auch bereit waren, sich für eine Abschaffung des Nachdrucks einzusetzen.

b. *Die erste Vorstellung des Buchhandels bei den Kurhöfen*

Die Bevollmächtigten der assoziierten Buchhändler reichten dann jeweils einen Brief nebst einem Aufsatz bei den Kurhöfen ein. Beide gehen in ihrer Formulierung auf den beschriebenen Vorschlag von Ganz zurück, wie er ihn den Buchhändlern im Vorfeld mitgeteilt hatte.[327] Der Brief enthielt sozusagen die Petition und die Beilage und sollte die Kurfürsten von der Schädlichkeit des Büchernachdrucks und von der Notwendigkeit eines sofortigen Verbots überzeugen. Dieser Aufsatz ist im wesentlichen, aber eben nicht vollends, mit dem entsprechenden Aufsatz identisch, der bereits im „Journal von und für Deutschland" veröffentlicht wurde.[328] In der Flugschrift wurden nur zwei Fußnoten

---

[325] Der dritte Sonntag nach Ostern. Vgl. auch Fn. 293.

[326] Eine komplette Liste befindet sich im Anhang Nr. 10.

[327] Vgl. Anhang Nr. 5. Siehe auch: Ganz, J.F.F.: „Übersicht der Gründe [...]", 1790, S. 23ff; HHStA MEA WaKr. Fasz. 81, 1790, 5. Stück, S. 186 – 200; HHStA MEA WaKr. Fasz. 81, 1790, ad 7: Mutterprotokoll, fol. 68f; MEA WaKr. Fasz. 73, 1790, Stück 1, fol. 58; HHStA RK WaKr Fasz. 96c, ad 10; Journal von und für Deutschland. Siebter Jahrgang, Erstes bis Sechstes Stück, o.O. 1790, 5. Stück, Nr. XIV, S. 405 – 415; GStA PK I. HA Rep. 10 Nr. 87 d 1 - 8; Monita zu der künftigen Wahlkapitulation: Nr. 87 d 8, Monita wegen des Nachdrucks von Büchern, 1790, fol. 12ff.

[328] Ganz, Johann Friedrich Ferdinand: „Kurze Übersicht der Gründe wegen der Schädlichkeit

(wird auf der folgenden Seite fortgesetzt)

weggelassen, worunter sich insbesondere diejenigen Fußnoten befanden, die sich zum einem kritisch mit dem Geschehen zu Regensburg und zum anderen mit der Teuerung der Büchersendungen aufgrund der Postgebühren auseinandersetzten.[329] Diese Fußnoten hatte Ganz wohl weggelassen, um nicht unnötig Bedenken gegen das geplante Vorgehen zu erwecken.

In dem Aufsatz finden sich alle Argumente zusammengefaßt wieder, die Ganz bereits in seiner Korrespondenz mit den Buchhändlern vorgetragen hatte:

- Zunächst stellt Ganz darauf ab, daß es sich bei dem Büchernachdruck um eine strafbare Handlung handelt.[330]
- Sodann versucht er, den Schaden für den Buchhandel, die Literatur und das lesende Publikum darzustellen, um schließlich hier auf die Teuerungsrate der Bücher einzugehen. Wie alle Gegner des Nachdrucks macht er hauptsächlich den Büchernachdruck für die stark ansteigenden Bücherpreise verantwortlich.[331] Der redliche Verleger ist seiner Meinung nach gezwungen, den Schaden, den er durch den Büchernachdruck erleidet, über höhere Bücherpreise auszugleichen.
- Als Konsequenz zieht er daraus, daß alle ehrlichen Buchhändler durch die Nachdrucke zugrunde gehen werden. Dazu verweist Ganz auf Zeiten, in denen aufgrund von Zöllen und Auflagen der verschiedenen Landesfürsten der Handel im Reich behindert wurde. So ruft er die südlichen Fürsten dazu auf, sich klarzumachen, daß der Buchhandel auch in den Staaten der Reichsbuchhändler nur im Verbund mit den nördlichen Staaten bestehen kann.[332]
- Da von der kaiserlichen Seite kein effektiver Schutz zu erlangen ist, stellt er Grundsätze auf, die nach seiner Meinung mit der Reichsverfassung im Einklang stehen. Sie sehen vor, daß das Druckwesen als Kommerzial- und Polizeisache weiterhin der landesherrlichen Oberaufsicht untersteht, daß aber der Landesherr verpflichtet ist, das Eigentum der Schriftsteller und Buchhändler zu schützen; sowohl das der eigenen Untertanen wie auch das der ausländischen. Auch hier verweist er darauf, daß die Reichsstände immer darum bemüht gewesen seien, die Kommerzien vor Hindernissen zu schützen und die völlige Freiheit herzustellen. Als praktisches Beispiel weist er auf das Vorgehen bei Zollsachen hin.[333]

---

des Büchernachdrucks [...]". In: Journal von und für Deutschland. Siebter Jahrgang. Erstes bis sechstes Stück. o.O. 1790. 5. Stück, Nr. XIV, S. 405 bis 415.

[329] Vgl. Anhang Nr. 5.

[330] Vgl. ebenda § 1 der Anlage.

[331] Vgl. ebenda §§ 2 und 3 der Anlage.

[332] Vgl. ebenda §§ 3, 4 und 5 der Anlage.

[333] Vgl. ebenda §§ 6, 7 und 8 der Anlage.

- Die Sache sollte nach seiner Ansicht zwar beim Reichstag zur Sprache kommen, Hilfe sollte von dieser Seite allerdings nicht zu erwarten sein. Zu groß seien die Schwierigkeiten, solche Angelegenheiten beim Reichstag durchzusetzen. Alleine das kurfürstliche Kollegium könnte hier Abhilfe schaffen. Sie sollten gemäß Art. VII § 1 der neuesten Wahlkapitulation (Anm. des Verf.: Josephs II.) das zu erwählende Oberhaupt in der Wahlkapitulation dazu verpflichten, den Büchernachdruck zu verbieten. Art. VII § 1 sieht vor, daß der Kaiser den Handel zu Wasser und zu Lande nach Möglichkeit befördert. Wiederum stellt Ganz auf die Zollmißbräuche ab. Auch hier haben die Kurfürsten in der Wahlkapitulation durch entsprechende Paragraphen den Kaiser zur Abstellung derselben ermächtigt und verpflichtet. „Was die Zollbedrükkungen dem Commerz überhaupt sind, das ist der Nachdruck der Litteratur und dem Buchhandel", schreibt Ganz.[334]
- Dazu macht er Vorschläge, wie dies auf der Grundlage der deutschen Verfassung durchgeführt werden könnte. Als erstes dürfte ein Buch, welches unter der Aufsicht und Zensur eines Reichsstandes gedruckt wird, in keinem Teil des Reiches nachgedruckt werden. Ebenso sei der Verkauf von Nachdrucken an jedem Ort zu verbieten. Die Reichskreise hätten hierüber zu wachen. Sollte sich ein Verstoß ergeben, müßte der Nachdruck beschlagnahmt und vernichtet werden und der Nachdrucker mit einer Geld- und Leibesstrafe belegt werden. Der Geschädigte müßte benachrichtigt werden, damit er entscheiden kann, ob er eine Entschädigung einklagt. Es bleibt aber den Reichsständen überlassen, entsprechende Verordnungen zu erlassen. Bei Versagung der landesherrlichen Hilfe sollte eine Anrufung der höchsten Reichsgerichte zulässig sein. Der Reichsfiscal sollte dann die Möglichkeit haben, gegen den säumigen Reichsstand vorzugehen. Alle übrigen Verordnungen zur Förderung des Buchhandels verbleiben in der Gesetzgebungsgewalt der Landesherren. Schließlich sollten die Reichskreise damit beauftragt werden, gutachterlich dem Kaiser Bericht zu erstatten, wie der Teuerung der Bücher vorzubeugen sei.[335]
- Durch den Schutz des geistigen Eigentums würden sodann alle schädlichen Folgen wegfallen.[336]

In seinen Vorschlägen war Ganz aus wohlweislichen Gründen bemüht, den Eingriff in die landesherrliche Gewalt so gering wie nur möglich zu halten. Vor allem sollte die Polizeihoheit und die Vorzensur durch die jeweiligen Landesstellen nicht tangiert werden.

---

[334] Vgl. ebenda §§ 9, 10 und 11 der Anlage.

[335] Vgl. ebenda § 12 der Anlage.

[336] Vgl. ebenda § 13 der Anlage.

Soweit nach der Recherche beurteilt kann werden, wurden diese Anlage wie auch das dazugehörige Anschreiben durch die Frankfurter Buchhändler Varrentrapp und Wenner als Bevollmächtigte für den Kurmainzer Hof und den Wahlkonvent sowie durch den Berliner Buchhändler Himburg als Bevollmächtigter für den preußischen bzw. kurbrandenburgischen Hof eingereicht:

(1) Das oben genannte Anschreiben nebst der Beilage wurde von Varrentrapp und Wenner unterzeichnet „als eigends Bevollmächtigte des deutschen Buchhandels" und am 18. Juni 1790 der Kurmainzer[337] Direktorialbotschaft übersandt.[338]

(2) Eben der gleiche Brief nebst der dazugehörigen Anlage wurde von dem Buchhändler Himburg unterzeichnet und bei dem kurbrandenburgischen[339] Hof am 8. Juli 1790 eingereicht.[340]

In den Briefen gaben sich die jeweiligen Unterzeichner als „von mehr als hundert der ansehnlichsten Buchhandlungen des nördlichen und südlichen Deutschlands bevollmächtigt" zu erkennen. In deren Namen wurde sodann an die Kurfürsten die Bitte gerichtet, ihre Wahlbotschaften dahin zu instruieren, „daß der Büchernachdruck durch eine bündige Stelle der künftigen Wahlkapitulation ausgerottet werde."[341]

c. *Einzelne Reaktionen der Buchhändler*

Daneben konnten auch Hinweise gefunden werden, anhand derer sich belegen läßt, daß Teile der Buchhändler auch dem Aufruf von Ganz in seinem zweiten

---

337 Dieses Schreiben war insbesondere aber an den Kurfürsten von Mainz, Friedrich Karl Joseph von Erthal (1719-1802, Kurfürst seit 1774), gerichtet; vgl. ADB, Band 56: Generalregister. Er galt als Förderer des Handels.

Das Kurfürstenkollegium bestand seinerzeit aus acht Kurfürsten, den drei geistlichen (Mainz, Trier, Köln) und den fünf weltlichen (Böhmen, Pfalz, Sachsen, Brandenburg, Hannover). Die wichtigste Person war jedoch der Erzbischof von Mainz, denn er hatte das Amt des Ersten Kurfürsten inne und war Erzkanzler des Reichs. Die Kurfürsten waren die zur Königswahl berechtigten Fürsten.

338 HHStA MEA WaKr. Fasz. 81, 1790, 5. Stück, S. 184f, 7. Stück (Mutterprotokoll), fol. 68f (Beilage 13 und 14); HHStA MEA WaKr. Fasz. 73, 1790, 1. Stück, fol. 58 (Übersicht), 2. Stück unfoliiert; HHStA RK WaKr., Fasz. 96c, 1790, ad 10, unfoliiert.

339 In Kurbrandenburg/Preußen regierte anno 1790 Friedrich Wilhelm II. Er selbst nahm sich der Sache an. Darauf wird an anderer Stelle noch eingegangen.

340 GStA PK I. HA Rep. 10 Nr. 87 d 1 - 8; Monita zu der künftigen Wahlkapitulation: Nr. 87 d 8, Monita wegen des Nachdrucks von Büchern, 1790, fol. 10ff.

341 HHStA MEA WaKr. Fasz. 81, Fasz. 73, 1790, ebenda; HHStA RK WaKr., Fasz. 96c, 1790, ebenda; GStA PK I. HA Rep. 10 Nr. 87 d 8, 1790, ebenda.

Cirkelschreiben gefolgt sind.[342] So fand sich in den Wiener Akten ein vom Verleger Georg Adam Kayser am 19. Juni 1790 eingereichtes „Allerunterthänigstes Pro Memoria" an den kurfürstlichen Wahlkonvent. Dieses wurde der Kurmainzer Direktorialbotschaft übergeben und dann – wie schon bei der Vorstellung der Buchhändler Varrentrapp und Wenner – von dem Kurmainzer Wahlbotschafter Freiherr Deel von Deelsburg[343] an den Wahlkonvent weitergeleitet. Kayser schreibt darin: „Wiewohl ich schon durch meine Unterschrift zur Vollmacht in Betreff einer gegen den Büchernachdruck an die höchsten Kurhöfe im Namen von mehr als 100 verbündeter deutschen Buchhändler einzureichenden unterthänigsten Vorstellung eine höchst nöthige Hülfe gegen dieses, den deutschen Buchhandel völlig niederschlagende räuberische Gewerbe, durch die neue Wahlkapitulation, mit zu bewirken, mich unterwunden habe: so sehe ich mich doch aus noch besonderen Umständen bewogen, ein höchstpreisliches kurf. Wahlkonvent auf eines der mehrern, mir in verschiedenen deutschen Landen nachgedruckten, Verlagsbücher aufmerksam zu machen".[344] Kayser beklagt weiter, daß sein Buch „nicht nur in Wien, und im Reiche, sondern auch in Neuwied, oder der Gegend, von einem Hofe nachgedruckt worden ist, welcher laut eines bey mir niederliegenden Briefes ein gleiches Schicksal auch meinem übrigen Verlag angedrohet hat."[345]

Es geht dabei zwar nur um einen einzelnen Fall des Nachdrucks. Aber gerade hier wird die Misere deutlich. Es läßt sich daran aufzeigen, wie eifrige Nachdrucker – z. B. Trattner oder Taßler in Wien – den Verlegern in anderen Landen zu schaffen machten, und wie einige Höfe den Nachdruck gezielt als Wirtschaftspolitik einsetzten. Die Obrigkeit scheute sich auch nicht, den Nachdruck als Druckmittel gegen sich beschwerende Verleger einzusetzen.

Daher bedauert Kayser auch, daß das „so höchstwichtige litterarisch merkantilische Gewerbe von allen Ansprüchen auf obrigkeitliche Hilfe ausgeschlossen bleibt, und ferner durch öffentliche Begünstigung der Nachdrucker, niederge-

---

[342] In diesem Cirkelschreiben ruft Ganz die Buchhändler dazu auf, daß wenn ein Verleger durch den Nachdruck beeinträchtigt wurde, dieser das Werk und die erforderlichen Kosten angeben, den Nachdrucker und den zugefügten Schaden benennen, sowie alles zusammen dem kurfürstlichen Wahlkonvent mit einer von Ganz beigelegten Vorstellung zusenden soll. Vgl. Ganz, J.F.F.: „Übersicht der Gründe [...]", 1790, S. 52ff.

[343] Er war der dritte Wahlbotschafter. Zugleich war er kurmainzer „geheimer Staatsrath" und „Direktor der geheimen Hofkanzlei", vgl. HHStA MEA WaKr., Fasz. 82, 1790, unfoliiert, „Sessio Prima".

[344] HHStA MEA WaKr., Fasz. 81, 1790, 5. Stück, S. 200-202. Dem Schreiben lag noch das beschriebene Buch bei, welches sich zwar nicht im Protokoll befindet, jedoch an anderer Stelle in den Akten zu finden ist, vgl. HHStA MEA WaKr., Fasz. 73, 1790, 2. Stück unfoliiert.

[345] Ebenda.

schlagen bleiben sollte, wie sich einige Zeit durch mißgeläuterte Grundsätze und irrige Begriffe, sogar erhabene, sonst edle Fürsten erlaubet;" wohingegen jeder Handwerker Zuflucht unter dem Schutz des Gesetzes suchen kann.[346]
Dies wird nicht nur von Kayser als ungerecht empfunden, sondern gleichfalls von vielen anderen Verlegern und Autoren bemängelt,[347] wie es sich anhand der literarischen Diskussion und den Eingaben der Buchhändler Varrentrapp, Wenner und Himburg gezeigt hat.
Es liegt also die Vermutung nahe, daß bei einer weiterer Recherche in den Archiven und entsprechenden Akten der anderen Kurhöfe sich die gleichen Vorgehensweisen, sowohl bzgl. des Aufrufs im ersten und als auch im zweiten Cirkelschreiben, von weiteren Bevollmächtigten der assoziierten Buchhändler nebst deren entsprechenden Schriften finden ließen.

3. Das Vorgehen seitens Kurbrandenburg/Preußen

Nicht nur der Buchhandel wurde am kurbrandenburgischen Hof aktiv. Ganz selbst wandte sich, sicher auch in seiner Eigenschaft als preußischer Legationsrat, mit einem Schreiben vom 14. Juni 1790 an den preußischen König Friedrich Wilhelm II. In diesem Schreiben trägt er die Bitte vor, daß sich der preußische König seinem Aufsatz, der sich gleichfalls in den Berliner Akten findet, einige Augenblicke widmen sollte, um sich von der Schädlichkeit des Büchernachdrucks zu überzeugen.[348] Außerdem äußert er das Anliegen, der preußische König möge sich bei der Ausführung des Plans dahin verwenden, daß eventuell auftretende Hindernisse, vom ihm, dem preußischen König, aus dem Weg geräumt werden sollten. Er bezieht sich darin auch darauf, daß dieser Aufsatz bei allen Kurhöfen eingereicht wurde.
Interessanter ist jedoch an dieser Stelle das Schreiben[349] von Goerz[350] an den Berliner Hof. Goerz war preußischer Wahlbotschafter und nahm höchstpersön-

---

[346] Ebenda.

[347] Vgl. z.B. Pütter, Johann Stephan: „Der Büchernachdruck nach ächten Grundsätzen des Rechts geprüft". 1774. § 40, S. 40f; § 41, S. 41f.

[348] GStA PK I. HA Rep. 10 Nr. 87 d 1 - 8; Monita zu der künftigen Wahlkapitulation: Nr. 87 d 8, Monita wegen des Nachdrucks von Büchern, 1790, fol. 3.

[349] Vgl. Anhang Nr. 6. Unter GStA PK, a.a.O., fol. 2 findet sich auch das weiter oben erwähnte Buch.

[350] Goerz, Johann Eustach, Graf von Schlitz, genannt Goerz (5.4.1737 – 7.8.1821): Goerz studierte 1752 deutsches Staatsrecht, wurde danach sogleich zum Regierungsrath in Weimar unter Minister Graf Brünau und im Dezember 1787 von Friedrich Wilhelm zum brandenburgisch-preußischen Comitialgesandten zu Regensburg ernannt. Er war zudem preußischer Wahlbotschafter und nahm an den letzten beiden Wahlkonferenzen des Heiligen

(wird auf der folgenden Seite fortgesetzt)

lich an den Wahlkonferenzen teil. Er übersandte das Buch von A.C. Kayser,[351] welches auch zu den Akten genommen und von der preußischen Regierung beachtet wurde, dem preußischen Hof zur Kenntnisnahme. Außerdem berichtete er dem Berliner Hof, daß sich 95 Buchhändler, insbesondere aus Sachsen und den königlich preußischen Staaten, zusammengeschlossen hätten und demnächst ihre Vorstellung bei den Kurhöfen einreichen würden. Auch er stützt sich ganz gemäß der Vorlage auf die Beförderung der Kommerzien durch das Reichsoberhaupt und bittet daher, daß seitens des preußischen Königs und Kurfürsten diese Initiative Unterstützung findet. Er beruft sich darauf, daß die anderen Fürsten es geschehen lassen würden, wenn eine entsprechende Vorsorge in der Kapitulation getroffen würde. Eine Reichsberatschlagung und der Erlaß eines Gesetzes könne, wenn dies aus Formalitätsgründen notwendig sein sollte, noch nachträglich erfolgen.

Am 18. Juni 1790 erging in Berlin daraufhin die Anweisung von Friedrich Wilhelm II. an den Comitialgesandten[352] und Staatsminister den Grafen von Goerz: „Wir haben die von Euch vermittelst Erster Befehl vom 10. Juni 1790 eingereichte Schrift des Hofraths Kaiser wegen der Abstellung des Büchernachdrucks nebst unseren gutachtlichen Äußerungen unserer Wahlbotschaft mitgetheilet war, wenn sich die Buchhändler mittels einer Bittschrift an das Churfürstliche Collegium wenden oder sonsten monenda bei den Wahlkonferenzen wegen dieses sehr erheblichen Gegenstandes gemacht werden sollten, solche nachdrücklich zu unterstützen."[353] Damit sagte der preußische König und brandenburgische Kurfürst seine Unterstützung zu, falls der Buchhandel eine Bittschrift einreicht oder die anderen Kurfürsten ein entsprechendes Monitum einreichen sollten. Man selbst wollte in dieser Angelegenheit nicht aktiv werden, bevor von anderer Seite ein Vorstoß gewagt wurde.

Hieraus kann aber auch gefolgert werden, daß das Engagement Preußens nicht auf die Bemühungen von Ganz zurückgeht, sondern in Bezug auf Preußen von dem preußischen Staatsminister, dem Grafen von Goerz, angeregt wurde. Die Initiative von Ganz und den Buchhändlern lief vielmehr parallel dazu und deren Erfolge an dem preußischen Hof stellten sich erst später ein.

Römischen Reiches deutscher Nation teil. Für seine Verdienste bei der preußischen Wahlbotschaft wurde er vom König Friedrich Wilhelm II. auf Antrag Hertzbergs` hin mit dem schwarzen Adlerorden ausgezeichnet (11.11.1790). ADB, 9. Band, Leipzig 1879.

[351] Vgl. erstes Kapitel, Punkt 3.

[352] Ein Comitialgesandter ist eine Person, die von einem Reichsstand an den Reichsconvent abgeordnet wurde und den Reichsstand dort vertritt. Vgl. Moser, Johann Jacob: „Neues teutsches Staatsrecht", Band 6.1: „Von den teutschen Reichs=Taegen, erster Theil.", 1774.

[353] GStA PK I. HA Rep. 10 Nr. 87 d 1 - 8; Monita zu der künftigen Wahlkapitulation: Nr. 87 d 8, Monita wegen des Nachdrucks von Büchern, 1790, fol. 6.

In einer zweiten Anweisung[354] vom gleichen Tag an die kurfürstliche Wahlbotschaft, den Fürsten von Sacken und den Grafen von Goerz, wird diesen der Bericht der Comitialgesandtschaft nebst der Druckschrift von A.C. Kayser übersandt. Dort verurteilte der Berliner Hof den Nachdruck mit den Worten: „Dem Buchhandel unserer Grafen lieget unendlich viel Schaden, daß dem eingerißenem Frevel und Unfug von Reichs wegen geduldet wird." Daher wurde die erste Anweisung an die Wahlbotschaft wiederholt, daß wenn in dieser Hinsicht Bittschriften an das kurfürstliche Kollegium eingehen und auch Monita von anderen Kurfürsten gemacht werden, diese von Kurbrandenburg unterstützt werden sollen.
Günstig war für die Gegner des Nachdrucks, daß es der Graf von Goerz war, der den Gegenstand für die Wahlkapitulation bei der preußischen Regierung vorschlug. Dieser war nicht nur preußischer Staatsminister, sondern – wie gesagt – auch kurbrandenburgischer Wahlbotschafter bei den Wahlkonferenzen. Mit ihm hatten die Nachdruckgegner einen Verbündeten an vorderster Stelle.
Zu diesem Zeitpunkt war man in Preußen/Kurbrandenburg fest entschlossen, die Initiative des Buchhandels zu unterstützen, sobald die angekündigte Vorstellung von den Buchhändlern bei dem Wahlkonvent eingeht. An diesem Punkt sieht man, wie wichtig dem Kurhof die Unterstützung von Seiten des Buchhandels war. Allerdings war man trotz alledem noch nicht bereit, eine eigene Initiative zu ergreifen. Man wollte lieber auf ein Monitum seitens eines anderen Kurhofes warten und – sofern dieses dann eine entsprechende Regelung vorsah – auch unbedingt unterstützen. Man wies daher bereits jetzt die Wahlbotschafter an, entsprechend zu verfahren.

Am 22. Juni 1790 erging ein neuerlicher Befehl[355] an die Wahlbotschafter von Sacken und Goerz. Dort heißt es: „In Beziehung auf dasjenige, was wir Euere Liebden und Euch bereits in Absicht des vermittels einer Verfügung in der Capitulation gänzlich abzustellenden Nachdrucks zu erkennen gegeben haben, laßen wir noch eine von Regensburg eingegangene sehr bündige Druckschrift nachsenden, welche die Materie erforscht und ins volle Licht sezet. Die günstigste Stelle der Capitulation wäre wohl der VII. Artikel § 1 und die Commerzien. Wir könnten das Monitum dahin machen, wäre einzutheilen: Auch der Buchhandel im Reich durch gänzliche Abstellung des schädlichen und verderblichen Nachdrucks u.s.w. Wir haben Ursache zu glauben, es werde Beifall und Unterstützung finden, überlaßen daher Euer Liebden und Euch nach verfügtem Einverständiße zu verfahren." Der Art. VII § 1 erschien deshalb als besonders geeignet, da er dem Kaiser aufgab, für die Beförderung des Handels überhaupt zu

[354] GStA, a.a.O., fol. 7

[355] GStA, a.a.O., 1790, fol. 8; vgl. auch Übersicht in Anhang Nr. 1.

sorgen.[356] Nur wenige Tage später war der Berliner Hof also bereit, eine eigene Vorstellung bei dem Wahlkonvent anzubringen und die zunächst passive Haltung aufzugeben. Offenbar war man überzeugt, daß die Sache bei den anderen Kurfürsten Unterstützung finden werde. Wie man aus dem Bezug auf die Ganzschen Druckschrift „Kurze Übersicht der Gründe etc. pp.“ ersehen kann,[357] folgte man auch seitens der preußischen Obrigkeit der Auffassung, daß man über den Art. VII § 1, welcher sich auf die Beförderung der Kommerzien bezieht, zum Erfolg gelangt. Man war überzeugt davon, daß diese Sichtweise auch bei den anderen Kurhöfen auf Zustimmung trifft. Die Sicherung und Erhaltung des Handels war seit jeher ein Gegenstand der Wahlkapitulation zwischen den Kurfürsten und dem zu wählenden Kaiser, was auch die Fürsten anerkannten. Das Projekt einer ständigen Wahlkapitulation aus dem Jahre 1711, welches vor allem von den Fürsten betrieben wurde, enthielt genau diesen Punkt, wie er schon seit jeher in jeder Wahlkapitulation und in der Folge auch in der Vorlage zu der Wahlkapitulation Leopolds II. enthalten war.[358] Daraus zog man die Schlußfolgerung, daß die Fürsten auch in dem Fall der Abstellung des Nach-

---

[356] Von Berg, Günther Heinrich: „Die Wahlkapitulation Kaiser Franz II.“, 1794, S. 104, § 177.

[357] Ganz schreibt dort im § 10: „Unter diesen traurigen Aussichten kann die teutsche Litteratur, und der mit ihr zu Boden gedrückten teutsche Buchhandel nirgends Zuflucht suchen, als in dem Schoße des höchsten Churfürstlichen Collegiums. Seit der Wahlkapitulation Carls V, glorwürdigsten Andenkens, befinden sich des heiligen römischen Reichs höchste Churfürsten im Besitz, das zu erwählende Reichsoberhaupt zu einer besondern Obsorge für den teutschen Handel zu verpflichten. In der neuesten Wahlkapitulation Art. VII. §. 1. ist dieses wörtlich enthalten: „Ferner sollen uns wollen wir die Commercien des Reichs zu Wasser und zu Lande nach Möglichkeit befördern.“ Ganz vollkommen stimmt hiermit das Project der 1711 zwischen bey den höhern Reichscollegien verglichenen beständigen Wahlkapitulation überein: Art. VII. „Ferner soll und will der regierende römische Kaiser – die Commercia des Reichs befördern.“ Diese Stelle ist ein Inbegriff dessen, was in allen vorhergehenden Reichsgesetzen zur Beförderung des teutschen Handels anzutreffen ist, und was der westphälische Friede Art. IX. §. 1., u. 2. Allen Reichsständen zur heiligen Pflicht macht. Beförderung der Commercien läßt sich ohne Hinwegräumung der Hindernisse nicht denken: die Vorsorge kann also nicht beym allgemeinen stehen bleiben, sondern, wenn sie wirksam seyn soll, so muß sie alle Wurzeln des Uebels umfassen. Geruhten ja die höchsten Churfürsten des teutschen Reichs in den bisherigen Wahlkapitulationen, in alleiniger Rücksicht auf das Bedürfniß des Augenblicks, durch Ausrottung der Zollmisbräuche, durch Wachsamkeit und Bestimmung der Fälle, wenn und wie neue Zölle verwilligt und erhöht werde können, dem Untergange des Handels vorzubeugen, und nicht bey der allgemeinen Empfehlung zu Beförderung der Commercien stehen zu bleiben; sollten diesen erhabenen Vorsteher der teutschen Wohlfahrt, und der teutschen Comstitution in gegenwärtigem Falle, wo die Gefahr des Verfalls der Litteratur und des Buchhandels so evident ist, sich minder patriotisch, als ihre durchlauchtigsten Vorgänger, bezeigen wollen?“

[358] Vgl. Anhang Nr. 3.

drucks die Kapitulation respektieren würden, weil es sich eben um einen Kommerzgegenstand handelt. Dies stimmt auch mit der eingangs dargestellten Sichtweise der Wiener Kommission überein. Die Befürchtung, daß es zur Bildung von Monopolen kommen könnte, sah man als nicht gegeben. Ganz hatte damit in der Argumentation einen wichtigen Punkt angesprochen und seinem Ermessen nach ausgeräumt. Preußen hielt seine Begründung offensichtlich für stichhaltig und machte sie sich durch die Übersendung an die eigene Wahlbotschaft zu eigen.

Am 8. Juli 1790 erreichte Friedrich Wilhelm II. die Vorstellung der Buchhändler nebst der Beilage, welche durch den Buchhändler Himburg bei dem kurbrandenburgischen Hof eingereicht wurde.[359]

Der preußische König verfügte nach dem Eingang der Vorstellung der assoziierten Buchhändler am 18. Juli 1790,[360] daß dem Buchhändler Himburg mitgeteilt werde, dem Antrag und der Bitte der Buchhändler sei der kurbrandenburgische Hof bereits durch gleichlautende Befehle an die eigene Wahlbotschaft zuvorgekommen und man werde eine eigene Erinnerung „wegen des so schädlichen als verderblichen Unfugs des Nachdrucks“ zur künftigen Wahlkapitulation machen.[361] Allerdings erwarte man, daß sich die Buchhändler, deren Bevollmächtigter er sei, sich alsbald mit einer Vorstellung und gemeinsamen Bitte an die Wahlbotschafter wenden würden. Dies teilte man dem Bevollmächtigten der assoziierten Buchhändler am 24. Juli 1790 mit. Die Preußen erachteten es nach wie vor für außerordentlich wichtig, daß die Buchhändler sich selbst mit einer eigenen Vorstellung an alle Kurhöfe und den Wahlkonvent wenden und in der Angelegenheit die Bestrebungen von Kurbrandenburg unterstützten. Von Seiten Preußens konnte man zu diesem Zeitpunkt noch nicht ahnen, daß dies längstens geplant war.

Den Buchhändlern in Halle, die seit Jahren am Berliner Hof über den Nachdruck klagten, teilte man am 24. Juli 1790 mit, daß sich jetzt anläßlich der künftigen Kaiserwahl eine günstige Gelegenheit biete, die von ihnen geforderte Steuerung des Büchernachdrucks durch eine Klausel in der künftigen Wahlkapitulation zu bewirken.[362] Man gehe davon aus, daß in der Wahlkapitulation mit dem Einverständnis der deutschen Reichsstände wirksame Maßregeln getroffen werden

---

[359] Vgl. hier Punkt 2.c).

[360] GStA PK I. HA Rep. 10 Nr. 87 d 1 - 8; Monita zu der künftigen Wahlkapitulation: Nr. 87 d 8, Monita wegen des Nachdrucks von Büchern, 1790, fol. 9.

[361] GStA PK: a.a.O., fol. 16.

[362] Ebenda.

könnten. Den Buchhändlern wurde weiterhin angetragen, daß sie wohl daran täten, sich mit einer entsprechenden Bittschrift mit der königlich preußischen Wahlbotschaft alsbald zu vereinigen.

Ab dem 24. Juli 1790 übernahm Preußen/Kurbrandenburg die führende Rolle und erteilte weitere Instruktionen, wie nun in der Folge zu verfahren sei. Die zögerliche Haltung zu Beginn des Prozesses verflog nun endgültig und man versuchte mit allen zur Verfügung stehenden Mitteln, die Sache bei den Wahlkonferenzen durchzubringen – ein Unterfangen, das sich als recht schwierig herausstellen sollte.

Am 19. Juli wandte sich Ganz mit einer weiteren Eingabe an den Berliner Hof.[363] Nunmehr beruft sich Ganz selbst darauf, von 125 deutschen Buchhändlern beauftragt worden zu sein, die Vorstellung nebst den Erläuterungsgründen geltend zu machen. Er erstattete Bericht darüber, daß das Hannoverische Ministerium Unterstützung zugesagt habe. Weiter berichtet er: „Der Dresdner Hof hat nicht weniger gute Zusicherungen gegeben. Der kurmainzische hat sich zwar von der Nothwendigkeit überzeugt, das Übel des Nachdrucks auszurotten, scheint aber mehr geneigt zu seyn die Sache auf Verlangen an den Reichstag zu bringen, als in die Capitulation eine diesfallige Vorkehrung zu befördern. Der Wienerhof soll ganz entgegen seyn. Die Höfe von München, Bonn und Coblenz haben überstimmte Äuserungen gethan." Wegen dieser nicht allzu günstigen Lage bittet Ganz um Hilfe von Seiten des preußischen Königs und schlägt vor:[364]

(1) „daß – jedoch ohne Bemerkung der Veranlassung – dem Freiherrn vom Stein möge aufgegeben werden, bei dem Churmainzischen Hofe sich dahin zu verwenden, daß derselbe in Ansehung des gegen den Büchernachdruck vorgeschlagenen Mittels mit Euer königlichen Majestät und dem Churbraunschweigischen Ministerium gleichförmige Maasregeln ergreifen möge;"

(2) „daß zu gleicher Zeit den königlichen Gesandten im Reiche, dem von Böhmer und von Madeweis möge allergnädigst – jedoch unter Verheimlichung des von mir gewagten unterthänigsten Antrags – aufgegeben werden, an den fürstlichen Höfen, wo Sie Sich aufhalten und wohin Sie wirken können, Sich dahin zu verwenden, daß auch von den Fürsten eine solche gemeinnützige Kapitulation Vorsehung möge mit Beifall aufgenommen, und auf keinerlei Weise gehindert werden."

---

[363] GStA PK, a.a.O., fol. 18.

[364] Ebenda.

(3) „daß von den allergnädigst zu beschliesenden Vorschriften und deren Erfolg der so wohlgesinnten und für die Ausrottung des Büchernachdrucks so eifrig besorgten königlichen Wahlbotschaft möge Nachricht gegeben werden."
Damit enden die Bemühungen von Ganz beim preußischen König.

Friedrich Wilhelm II. zeigte sich nicht unbeeindruckt und instruiert am 26. Juli 1790,[365] daß dem Freiherrn vom Stein folgender Befehl mitgeteilt wird: „Wir wünschen, daß dem im teutschen Reiche so sehr eingerissenen Büchernachdruck durch eine zweckmäßige Stelle der künftigen Wahlkapitulation gesteuert werden möge, wozu sowohl der Chur-Braunschweigische als der Sächsische Hof bereits die kräftigste Unterstützung versichert habe. Nach der allhier eingegangenen Anzeige, soll der Chur-Mainzische Hof sich auf zuvor von der Notwendigkeit, das Übel des Nachdrucks auszurotten, überzeugt haben, aber doch mehr geneigt seyn scheinen, die Sache auf Verlangen an den Reichstag zu bringen, als in die Capitulation eine diesfalsige Vorkehrung zu befördern. Ihr habt Euch also bey dem dortigen Hofe dahin möglichst zu verwenden, das derselbe, in Ansehung des gegen den Büchernachdruck vorgeschlagenen Mittels mit dem Chur-Braunschweigischen und Sächsischen Ministern und aus gleichförmige Maasregeln nehmen, welches denn auch bey den übrigen fürstlichen Höfen von gutem Erfolg seyn dürfte."[366] Der Brief selbst ist datiert auf den 30. Juli 1790.
Von Seiten Preußens war man gewillt, alle zur Verfügung stehenden diplomatischen Mittel auszuschöpfen, um bei den Wahlkonferenzen ein sofortiges Verbot des Nachdrucks zu erreichen. Da Kurmainz offensichtlich noch nicht ganz davon überzeugt war, wollte man, daß sich der Freiherr vom Stein, welcher zu diesem Zeitpunkt in Mainz weilte, der Sache annimmt. Er sollte die Kurmainzer davon überzeugen, daß die Kurfürsten den Nachdruck mittels einer Verfügung in der Wahlkapitulation verbieten könnten. Kurmainz war dagegen der Auffassung, daß man die Frage eines Nachdruckverbotes auf Verlangen eines Reichskurfürsten hin lieber an den Reichstag verweist. Von den Höfen in Dresden und in Hannover erwartete man hingegen, daß sie den preußischen Vorschlag unterstützen und dem kurbrandenburgischen Monitum zustimmen werden.

Den preußischen Legationsrat Ganz benachrichtigte man von dem Vorgehen am 30. Juli 1790: „Wir machen Euch hierdurch bekannt, daß auf dem in Eurem Berichte vom 19. d.M. ad. 1. Enthaltenen Antrag, wegen des zu steuernden Büchernachdrucks durch eine zweckmäßige Stelle der künftigen Wahl-Capitulation, der Freyherr von Stein dato instruiert wurde, sich deshalb bey den Chur-Mainzischen Hofe zu verwenden. Was aber Euer 2ter Antrag, in Ansehung der

[365] GStA PK, a.a.O., 1790, fol. 17.
[366] GStA PK: a.a.O., fol. 19.

dem v. Böhmer und v. Madeweis über diesen Gegenstand zu thuende Aufträge betrifft; so kann dies erst Statt finden, wenn in der Capitulation Vorsehung darüber geschehen. Ad. 3. Dienet Euch zur Nachricht, daß Unsern Wahlbotschaftern wegen dieser Sache gemeßenst instruirt sind und daher eine weitere Verfügung von jetzt unnöthig ist."[367]
Damit endet die Korrespondenz zwischen Ganz und seinem Hof in Berlin. Der preußische Hof teilte nicht die Befürchtung, daß die Fürsten eine Vorkehrung gegen den Nachdruck in der Wahlkapitulation behindern könnten. Eine derartige Intervention hielt man erst dann für notwendig, wenn die Sache auch tatsächlich beim Reichstag liegt, also jedenfalls erst zu einem späteren Zeitpunkt.

Am 2. August 1790 traten die Buchhändler zu Halle, wie verlangt, mit dem Berliner Hof in Korrespondenz: „Euer Königl. Majestät erlaubten uns nicht so bald mittelst Rescripti Clement.d.d. Berlin.. den 24ten July a.c. unsern gerechte Beschwerden über den schädlichen Büchernachdruck zur Reichsremedur an E. hohen Churfürstl. Wahlkonvent gelangen zu laßen; als wir auch schon den Allergnädigst anbefohlenen Weg eingeschlagen haben. Durchdrungen von dem reinsten Dankgefühl legen wir in tiefster Submißion vor Euer königl. Majestät Thron unseren allerunterthänigsten Dank nieder, wagen aber zugleich die allerunterthänigste Bitte: Euer Königl. Majestät geruhen ferner allerhöchstdero Augenmerk und Unterstützung einer Sache zu gönnen, von deren glücklichen Ausgang die Erhaltung so vieler getreuen Unterthanen Euer königlichen Majestät einzig und allein abhängt."[368]
Damit folgten die Buchhändler in Halle der königlichen Aufforderung, sich mit einer Bittschrift an die kurbrandenburgische Wahlbotschaft zu wenden. Die Hallenser Buchhändler waren schon über einen längeren Zeitraum am preußischen Hof aktiv und hatten sich anscheinend bereits organisiert, um gemeinsam gegen den Büchernachdruck vorzugehen. Aber auch unter den assoziierten Buchhändlern finden sich einige Buchhändler aus Halle. Zusammen gesehen mit der Initiative der Leipziger Buchhändler am Wiener Hof,[369] kann man sagen, daß die assoziierten Buchhändler die Kräfte verschiedener, örtlich organisierter Buchhändler gebündelt hatten.

Am 10. August 1790 setzte sich der Berliner Hof mit der Universität zu Halle in Verbindung und erteilte den folgenden Auftrag: „So wir unserer Wahlbotschaft zu Frankfurt am Main aufgetragen haben. Zur Hemmung und Abstellung des vom Buchhandel so verderblichen Nachdrucks eine eigene Erinnerung zur

---

[367] Ebenda.

[368] GStA PK, a.a.O., fol. 20.

[369] Vgl. zweites Kapitel und Anhang Nr.10.

künftigen Wahlkapitulation zu machen; wir auch von anderen unserer Herren Mitchurfürsten gleicher Gesinnung versichert sind, so können die dortigen Buchhändler, welche die beyliegende Bittschrift zu unterschreiben eingereicht haben. Sich eines günstigen Erfolgs, es sey darauf eine Verfügung in der Capitulation oder durch einen Schluß der Reichsversammlung, versichert hatten, welches ihr zu erahnen habt."[370]
Man war sich also sicher, daß einige Kurfürsten den Kurs, den man von Berlin aus eingeschlagen hatte, unterstützen würden. Man war sich aber nicht sicher, ob man den Nachdruck mittels einer Verfügung in der Wahlkapitulation verbieten könne oder nicht. Genauso wenig war man sich sicher, ob ein Schluß der Reichsversammlung von Erfolg gekrönt sein würde.

4. *Zusammenfassung*

Als Ergebnis aus dem vorstehenden Kapitel kann festgehalten werden, daß sich Ganz der Unterstützung des deutschen Buchhandels gewiß sein konnte. Mehr als 100 Buchhändler unterstützten seine Initiative, den Nachdruck mittels einer Verfügung in der Wahlkapitulation zu verbieten. Dabei unterstützten die Buchhändler ihn nicht nur passiv durch ihre Unterschrift und Zusage zur Unterstützung, sondern auch aktiv, indem sie Bevollmächtigte wählten, die die assoziierten Buchhändler nach außen hin vertraten und sich bei den Kurhöfen und auf den Wahlkonferenzen einsetzten. Insbesondere reichten sie die von Ganz verfaßte Vorstellung bei den Kurhöfen und dem Wahlkonvent ein. Sie nahmen den von Ganz gemachten Vorschlag auf und setzten ihn in die Tat um. Wie hier gezeigt wurde, gab es auch im west- und süddeutschen Raum einige Stimmen unter den Buchhändlern, die den Nachdruck verurteilten.
Praktisch als Nebenprodukt dieser Erkenntnis konnte nachgewiesen werden, daß sich der Buchhandel bereits 1790 reichsübergreifend organisierte und eine Vereinigung bildete, die sich für ein Verbot des Nachdrucks einsetzte und nach außen hin durch Bevollmächtigte auftrat. Die Buchhändler standen seit der Ostermesse 1790 mit dem preußischen Legationsrat Ganz in Verbindung und führten eine rege Korrespondenz.
Ganz und die assoziierten Buchhändler konnten alsbald erste Erfolge erzielen. Sie erreichten ziemlich schnell, daß sich der kurbrandenburgische Hof für ein Verbot des Nachdrucks in der Wahlkapitulation einsetzte, wenngleich es der Graf von Goerz war, der den Gegenstand als erster bei dem preußischen Hof anbrachte.

[370] GStA PK, a.a.O., fol. 21.

Jedenfalls instruierte der preußische König seine Wahlbotschaft dahingehend, die Abschaffung des Nachdrucks in Art. VII § 1 der Wahlkapitulation auf den Wahlkonferenzen vorzuschlagen. Dabei wurde zwischen dem Bücherregal und dem Zollregal eine Parallele gezogen und davon ausgegangen, daß sich die Fürsten genau so wenig gegen ein Verbot des Büchernachdrucks sperren würden, wie gegen die Abschaffung der Zollmißbräuche, obwohl beide Gegenstände zumindest teilweise der Landeshoheit unterstanden. Zudem wurde der Freiherr vom Stein angewiesen, bei dem Mainzer Erzkanzler um dessen Unterstützung zu werben.

Da man sich aber von Seiten Kurbrandenburgs nicht sicher war, ob man die Mehrheit der Kurfürsten für diesen Vorschlag gewinnen konnte, beauftragte man die Universität Halle zu prüfen, ob in diesem Falle nicht wenigstens ein Erfolg auf der Reichsversammlung erwartet werden konnte.

Jetzt kam es ganz auf den Fortgang bei den Wahlkonferenzen an.

VIERTES KAPITEL: NEUFASSUNG DES ART. VII § 1 DER WAHLKAPITULATION IM JAHRE 1790

Neben der Behandlung der im vorherigen Kapitel genannten Frage auf dem Wahlkonvent setzte man auch eine Abänderung in der Wahlkapitulation Leopolds II. gegenüber der vorherigen von Joseph II durch.[371] Anläßlich der Neufassung[372] des Art. VII § 1 wurde die Nachdruckfrage in die Wahlkapitulation aufgenommen. Es kam im Ergebnis zu folgender Formulierung:[373]
„Ferner sollen und wollen Wir ein ausführliches Reichsgutachten darüber erfordern, wie die vorhandenen inmittelst kräftigst aufrecht zu erhaltenden Reichspolizeiordnungen zu verbessern, und den jetzigen Zeitumständen näher anzupassen, auch wie zur möglichen Verbesserung der zu Wasser und Land zum Wohl des Reichs, der Stände und Unterthanen Besten zu befördernden Kommerzien des Reichs durch gemeinsame den Verhältnissen Deutschlands allenthalben angemessene Maaßregeln zu gelangen sey. Insonderheit wollen Wir den für Deutschland wichtigen Buchhandel nicht außer acht lassen, sondern das obgedachte Reichsgutachten auch darüber erstatten lassen, wie fern dieser Handlungszweig durch die völlige Unterdrückung des Nachdrucks, und durch die Herstellung billiger Druckpreise vor dem jetzigen Verfalle zu retten sey."
Hierbei ist besonders hervorzuheben, daß dieser Punkt offenbar von den Wahlbotschaftern für so wichtig gehalten wurde, daß man zwei Beilagen nebst einer Anlage bei der Wahlkonferenz zu Protokoll nahm; ein nicht unerheblicher Aufwand, der bei weitem nicht bei allen Kapitulationspunkten betrieben wurde.[374]

---

371 Leopoldus II, Imperator Romanorum: „Abänderung und Zusätze zu der Wahlkapitulation Josephs II. bei Gelegenheit der Wahl Leopolds II.", o.O. 1790, S. 14f..

372 Die ursprüngliche Fassung des Art. VII § 1 in der Wahlkpitulation Josephs II. lautete: „Ferner sollen und wollen Wir über die Polizey=Ordnungen, wie sie seynd, und noch ferners auf dem Reichs=Tage geschlossen werden, halten, und die Commercia des Reichs zu Wasser und zu Lande nach Möglichkeit beförderen.", vgl. HHStA MEA WaKr. 77, 1790, fol. 92.

373 HHStA MEA WaKr. Fasz. 81, 1790, 5. Stück: Aechtes vollständiges Protokoll des kurfürstlichen hohen Wahlkonventes zu Frankfurt, Sessio Nona, Montag den 30. August 1790, S. 468 bis 472; HHStA MEA WaKr. Fasz. 77, 1790, 3. Stück, fol. 202f.

374 Vgl. hierzu: Die Vorstellungen den Nachdruck betreffend von Varrentrapp und Wenner nebst einer gedruckten Beilage und von Kayser nebst einer gedruckten Beilage, HHStA MEA WaKr. Fasz. 81, 1790, ad 5, S. 184 – 202; sowie unter § 19 Dictanda von dem Direktorium zur Ansehung gebracht und zu Protokoll diktiert am Freitag, den 13. August 1790, auf der Sessio Secunda als Beilage 13 und 14, HHStA MEA WaKr. Fasz. 73, 1790, fol. 58 – Übersicht und Stück 2; s.a. HHStA WaKr. Fasz. 81, 1790, ad 7, Mutterprotokoll, fol. 68f; sowie Beilage 13 und 14, HHStA RK WaKr. Fasz. 96c, ad 10.

Bei den Beilagen handelt es sich um die zuvor beschriebene von Ganz verfaßte Vorstellung und das unter Punkt 2.c. im vorangehenden Kapitel erwähnte Pro Memoria des Buchhändlers Georg Adam Kayser. Letzteres geht wiederum auf einen Aufruf zurück, den Ganz den Buchhändlern hat zukommen lassen.[375]
Man kann dabei eindeutig einen Zusammenhang zwischen der Vorlage seitens des Buchhandels bzw. des preußischen Legationsrates J. F. F. Ganz sowie seines Mitstreiters A.C. Kayser und der späteren Aufnahme sowie der Behandlung dieses Punktes durch die Kurhöfe herstellen.
Im vorangehenden Kapitel wurde dargestellt, daß der Ausgangspunkt der Initiative die Ostermesse in Leipzig war. Sodann befaßte sich Ganz, der neben einer Vielzahl von Buchhändlern auch auf der Ostermesse anwesend war, intensiver mit dem Gegenstand und verfaßte mehrere Briefe und Aufsätze zu den Möglichkeiten eines sofortigen Verbots des Nachdrucks. Außerdem gaben Ganz und Kayser jeweils ein Buch heraus, in denen sie sich ausführlich mit der Materie befaßten.[376] Auf der Jubilatemesse 1790 waren die Buchhändler wiederum am Zug und griffen die Vorlage von Ganz auf.[377] Sie wendeten sich nunmehr an die Kurhöfe, um die von Ganz verfaßte Vorstellung bei der Obrigkeit anzubringen.[378]
Fast zeitgleich wurde die Sache von Preußen/Kurbrandenburg aufgenommen und durch die Wahlbotschaft vorangetrieben.[379] Nur die Kurhöfe hatten die Möglichkeit, ein entsprechendes Monitum beim Wahlkonvent einzureichen.

1. Die Monita der Kurhöfe

Seit 1764 reichten die Kurhöfe ihre Monita schriftlich bei dem Direktorium ein. Aufgrund dieser Vorgehensweise konnten die Gesandten der Kurhöfe überlegen, ob sie für oder gegen einen gemachten Vorschlag stimmten oder ob man sich lieber Instruktionen vom eigenen Kurhof einholen sollte. Die Beratung erfolgte dann im Rahmen des Wahlkonventes. Dementsprechend wurde auch die Frage

---

[375] Vgl. drittes Kapitel, Punkt 1.e).

[376] Zit. nach den Originalausgaben:

Die Abstellung des Büchernachdrucks als eine in der neuesten kaiserlichen Wahlkapitulation der Reichsoberhauptlichen Abhilfe eben so nöthig als unbedenklich zu übertragender Gegenstand betrachtet; von A. C. Kayser. Regensburg, 1790.

Übersicht der Gründe wegen des Strafbaren des Büchernachdrucks, und Vorschläge wie diesem Uebel durch ein allgemein verbindliches Reichsgesez vorgebeuget werden könne; herausgegeben mit einem Vorberichte von Joh. Fried. Ferd. Ganz. Regensburg, 1790.

[377] Vgl. drittes Kapitel, Punkt 2.

[378] Vgl. Anhang Nr. 5.

[379] Vgl. drittes Kapitel, Punkt 3.

eines Nachdruckverbotes in der Wahlkapitulation zunächst schriftlich behandelt, bevor sie auf dem Wahlkonvent beraten wurde. Dabei nahm sich Kurmainz ebenfalls der Frage eines Verbots des Büchernachdrucks an.

a. *Die Aufnahme des Nachdruckverbotes in die Wahlkonferenzen durch die Direktorialwahlbotschaft*

Am 28. Juli 1790, also zwei Tage bevor der preußische Hof den Freiherrn von Stein beauftragte, sich für ein sofortiges Verbot des Büchernachdrucks am Mainzer Kurhof zu verwenden, wurden die von Ganz verfaßte Vorstellung und das Schreiben von Georg Adam Kayser durch den kurmainzischen Wahlbotschafter Freiherr Deel von Deelsburg der kurmainzischen Wahlbotschaft überbracht.[380]
Von da an schaltete sich der Mainzer Hof, der auch den Vorsitz bei den Wahlkonferenzen führte, aktiv in den Prozeß ein. Bereits Ganz hat darauf hingewiesen, daß man seitens Kurmainz über die Nachdruckfrage nachdenkt, allerdings mit einem etwas anderen Ansatz, als er von Seiten der Buchhändler und Preußens gewünscht wurde.[381] Kurmainz wollte ursprünglich den Punkt „Nachdruck“ nicht in die Wahlkapitulation aufnehmen, sondern auf Verlangen ein Nachdruckverbot vor den Reichstag bringen.

Bis zum Beginn der Hauptkonferenz, am 9. August 1790, unternahmen die Wahlbotschafter (erster Wahlbotschafter war der Freiherr von Sechenbach;[382] zweiter Wahlbotschafter der Freiherr von Westphal zu Fürstenberg;[383] dritter Wahlbotschafter der Freiherr Deel von Deelsburg;[384] vierter Wahlbotschafter der Herr von Keller[385]) des Mainzer Hofes nichts mehr.[386]

---

380 Unter § 19 von dem Direktorium am 28. Juli 1790 zur Ansehung gebracht und zu Protokoll diktiert am Freitag den 13. August 1790 auf der Sessio II als Beilage 13 und 14; HHStA MEA WaKr. Fasz. 73, 1790, Stück 1, fol. 58 (Übersicht) sowie Stück 2, unfoliiert; HHStA RK WaKr. Fasz. 96c, 1790, ad 10, unfoliiert; HHStA MEA WaKr. Fasz. 81, 1790, ad 7 (Mutterprotokoll), fol. 68f, Beilage 13 und 14. Vgl. auch Anhang Nr. 2.

381 Vgl. drittes Kapitel, Punkt 2 und 3.

382 „des hohen Erzstifts Mainz Domdechanten und Statthalter“, vgl. HHStA MEA WaKr., Fasz. 82, 1790, unfoliiert, „Sessio Prima“.

383 „kurmainzer geheimer Staats- und Konferenzminister“, HHStA MEA, a.a.O.

384 Siehe drittes Kapitel, Punkt 2.c.).

385 „kurmainzer geheimer Staatsrath und Regierungs- sowie Revisionsgerichtsdirektor“, HHStA MEA, a.a.O.

386 HHStA MEA, WaKr, Fasz. 73, 1790, unfoliiert, Sessio Prima.

Am Tage der Eröffnung der Hauptkonferenz sowie am Folgetag halten die Mainzer Gesandten in einem Bericht an den Kurmainzer Kurfürsten fest:[387] Man sei mit dem kurmainzischen Monitum, „daß über die Beförderung des Buchhandels durch billigere Preise und Unterdrückung des Nachdrucks vom Kaiser ein Reichsgutachten eingefordert werde, insofern andere Kurhöfe geneigt sind, dieses Monitum zu unterstützen“ einverstanden. Daraus kann man schließen, daß die Vorgehensweise der Kurmainzer Wahlbotschaft vom Mainzer Hof angeregt wurde und die Wahlbotschafter des Kurmainzer Hofes sich damit einverstanden erklärten und unterstützten. Kurmainz war nunmehr bereit, ein entsprechendes Monitum in die Wahlkapitulation aufzunehmen.
Dies dürfte wohl auf die Intervention[388] des Freiherrn vom Stein zurückgehen. Der Einschaltung von Steins war jedoch kein voller Erfolg beschieden, denn der Kurmainzer Hof änderte seine Ansicht nur insoweit, als daß der Nachdruck über ein noch zu erstattendes Reichsgutachten in die künftige Wahlkapitulation aufgenommen werden sollte. Wie sich bereits aus dem Bericht vom 19. Juli 1790 von Ganz an den preußischen Hof ergibt,[389] war Mainz von Anfang an nicht mit einem sofortigen Verbot des Nachdrucks in der Wahlkapitulation einverstanden. Vielmehr befürwortete man schon zu Beginn einen gänzlich anderen Weg. Mainz war eher geneigt, die Sache auf Verlangen an den Reichstag zu bringen. Dieses Verlangen wurde bereits durch Kurbrandenburg und seinen Vertreter den Freiherrn vom Stein, recht bald als Mindestziel ausgesprochen. Kurbrandenburg wollte für den Fall, daß das Nachdruckverbot nicht in der Wahlkapitulation seinen Niederschlag findet, die Angelegenheit zumindest vor dem Reichstag beraten sehen.
Ein sofortiges Verbot des Büchernachdrucks in der künftigen Wahlkapitulation wurde von Kurmainz nicht in Betracht gezogen. Jedoch war man bereit, die Sache nicht sofort an den Reichstag zu verweisen und stattdessen auf den Wahlkonferenzen zu beraten. Die Mainzer Wahlbotschaft machte ihr Vorgehen aber von der gleichen Bedingung abhängig wie zuvor Preußen. Sie will die Sache auf den Wahlkonferenzen nur vorantreiben, wenn die anderen Kurfürsten bereit seien das Mainzer Monitum zu unterstützen, und sich gleichfalls für die Erstattung eines Reichsgutachtens verwendeten.

---

[387] Unterthänigster Bericht der kurmainzischen Wahlbotschaft ddo. Frankfurt den 9ten August 1790; Fortsetzung des unterthänigsten Berichts der k. Wahlbotschaft, die Monita ad Capt.: Art: IV. V. VI. VII. VIII. ddo. Frankfurt den 10ten Ausgust 1790. HHStA MEA WaKr. Fasz. 78b, 1790, fol. 157f; HHStA MEA WaKr. Fasz. 75a, 1790, unfoliiert.

[388] Vgl. drittes Kapitel, Punkt 3; GStA PK I. HA Rep. 10 Nr. 87 d 1 - 8; Monita zu der künftigen Wahlkapitulation: Nr. 87 d 8, Monita wegen des Nachdrucks von Büchern, 1790, fol. 19. Vgl. auch Anhang Nr. 9.

[389] Vgl. drittes Kapitel, Punkt 3.

Kurbrandenburg beauftragte zwischenzeitlich die Universität Halle damit herauszufinden, ob die ganze Sache mittels einer Verfügung oder zumindest durch einen entsprechenden Schluß der Reichsversammlung erfolgreich zu Ende gebracht werden könnte.[390]

b. Erstes Kurmainzer Monitum

Am 11. August 1790 entwarf die Mainzer Wahlbotschaft ein Monitum, welches folgenden Zusatz in Art. VII § 1 vorsah: „Und die Commercia des Reichs zu Wasser und zu Lande nach Möglichkeit befördern, dabey den für Deutschland wichtigen Buchhandel nicht außer Acht lassen, sondern ehestens ein Reichsgutachten darüber erfordern wie diesen Handlungszweig durch die völlige Unterdrückung des Nachdruckes, und durch die Herstellung billiger Druckpreise von dem itzigen Verfalle zu retten sey."[391] Damit hatte man vorgeschlagen, den bisherigen Wortlaut des Artikels „und die Commercia des Reichs zu Wasser und zu Lande nach Möglichkeit befördern" um ein Reichsgutachten über ein Verbot des Büchernachdrucks zu erweitern. Außerdem subsumierte man den Buchhandel unter die „Kommerzien".
Mit diesem Monitum gibt Kurmainz weiterhin zu erkennen, daß man den Büchernachdruck für den Verfall des Buchhandels verantwortlich macht. Allerdings sieht man die steigenden Bücherpreise gleichfalls als ein Problem an, insbesondere für die nicht aus Sachsen stammenden Buchhändler. Bücherpreise und Nachdruckverbot müßten folglich in einem Zug geregelt werden. Daher stellte man in dem Monitum auch die Verbindung dieser beiden Elemente mittels eines Reichsgutachtens her, wohingegen man seitens Preußens nicht von der Notwendigkeit einer Verbindung dieser beiden Punkte ausging. Für Preußen erledigt sich dieses Problem mit dem Verbot des Nachdrucks. Diese Sichtweise kam dann später auch im ALR zum Ausdruck.
Kurmainz sah das Reichsgutachten nach diesem Monitum – anders als in der letztlich beschlossenen Fassung – zunächst nur für den Buchhandel und damit zusammenhängend die Bücherpreise vor. Mit diesem Monitum war jedenfalls die Frage eines Verbots des Büchernachdrucks endgültig auf dem Wahlkonvent anhängig.

Am 13. August 1790 merkt dazu die kursächsische Wahlbotschaft an: „Kann man geschehen lassen, daß der Kaiser zur Erforderung eines Reichsgutachtens

---

[390] GStA PK I. HA Rep. 10 Nr. 87 d 1 - 8; Monita zu der künftigen Wahlkapitulation: Nr. 87 d 8, Monita wegen des Nachdrucks von Büchern, 1790, fol. 21.
[391] HHStA MEA WaKr. Fasz. 75b, 1790, ad 10, unfoliiert.

über die Abstellung der in dem Buchhandel eingerißenen Mißbräuche im Allgemeinen und ohne auf dergleichen besonderen Gegenstände, wie unter anderem eine Verfügung wegen der Druckpreise seyen würde, veranlaßet werde."[392] Auch wenn Kursachsens Einverständnis zu der Kurmainzer Erinnerung beinahe wie eine Frage formuliert war, ließ es keinen Zweifel daran, daß der Dresdner Hof auf dem Wahlkonvent zustimmen werde.

Aber Sachsen wehrte sich gegen eine Verbindung von dem Verbot des Büchernachdrucks mit den steigenden Druckpreisen und wollte diesen Gegenstand nicht in einem Reichsgutachten geregelt wissen. Ob man um die Vormachtstellung der sächsischen und besonders der Leipziger Buchhändler fürchtete oder ob man eine solche Regelung nicht für notwendig erachtete, weil man annahm, daß sich das Problem mit dem Verbot des Nachdrucks erledigen würde, kann anhand der zur Verfügung stehenden Quellen nur vermutet werden. Beides mag wohl aus der Sicht des Dresdner Hofes eine Rolle gespielt haben. Die herausragende Stellung der Leipziger Büchermessen und der sächsischen Verleger entsprach im großen und ganzen der kursächsischen Vorstellung einer merkantilen Wirtschaftspolitik. Eine reichsrechtliche Regelung, die dies zum Gegenstand hatte, wenn auch nur bzgl. der Bücherpreise, konnte nicht im Interesse des Dresdner Hofes sein.

Im übrigen stimmte man dem Vorschlag von Kurmainz zu, daß der Nachdruck mittels eines von dem Kaiser zu ratifizierenden Reichsgutachtens geregelt werden sollte, ein Standpunkt, mit dem Kurbrandenburg nicht gerechnet hatte. Preußen ging zuvor davon aus, daß sich Sachsen einem sofortigen Verbot des Nachdrucks, wie es von Berlin favorisiert wurde, anschließen würde.[393] Kursachsen versuchte schließlich schon im Jahre 1741 in die Wahlkapitulation einzubringen, daß auch die Druckfreiheiten der einzelnen Reichsstände im ganzen Reich akzeptiert und respektiert werden. Dazu sollte in Art. I § 8 der Wahlkapitulation eingefügt werden:[394] „Wie dann auch Niemanden ein Privilegium in praejudicium Tertii, mithin auch keine Privilegia impressoria zum Nachtheil derjenigen, so an einem Buch das Eigenthum rechtmäßig erlangt; ertheilen, vil weniger denen Ständen das Recht, eben dergleichen Privilegia impressoria auf ihre Lande zu geben, noch ihnen, die Impetranten gegen alle und jede Contravenienten in ihren Landen, oder aber, wann einer von Uns der andere aber von einem Stand ein solch Privilegium über ein Niemand eigenthümlich gehöriges Buch erhalten, beyde gegen die Contravenienten rechtlich zu schützen, verweigern wollen.

[392] HHStA MEA WaKr. Fasz. 75b, 1790, ad 11, unfoliiert.

[393] GStA PK I. HA Rep. 10 Nr. 87 d 1 - 8; Monita zu der künftigen Wahlkapitulation: Nr. 87 d 8, Monita wegen des Nachdrucks von Büchern, 1790, fol. 16 und insbesondere fol. 19.

[394] Moser, Johann Jacob: „Neues teutsches Staatsrecht", Band 5: „Von denen kayserlichen Regierungsrechten und Pflichten", 1772, S. 588.

Auch wollen Wir diejenigen, welche in vorbemeldten Sachen Klagen bey denen Reichs=Gerichten wider Unterthanen eines Reichs=Standes erheben, damit ab= und an der Beklagten ordentliche Obrigkeiten verweisen." Kursachsen konnte sich jedoch 1741 nicht auf dem Wahlkonvent durchsetzen und die vorgeschlagene Erinnerung wurde abgelehnt.[395]
Kursachsen verhielt sich 1790 im Vergleich zu Kurmainz und Preußen bedeutend passiver. Nach der vorliegenden Recherche hat Kursachsens Gesandtschaft nur eine Äußerung abgegeben und keine weitere Einschaltung gemacht.

Gleichfalls am 13. August 1790 wurden die eingangs erwähnten Schreiben von den Buchhändlern Varrentrapp und Wenner sowie von dem Buchhändler Kayser auf der Sessio Secunda dem Wahlkonvent zugeführt.[396]
Da man mittlerweile von Seiten der Kurfürsten die Regelung des Verbots von Nachdrucken für einen wichtigen Gegenstand erachtete, wurde zudem auf der Sessio Secunda beschlossen, diese Briefe nebst der jeweils dazugehörigen Anlage zur Diktatur zu bringen und als Beilage dem Protokoll hinzuzufügen und in die Umfrage einfließen zu lassen.[397] Am 16. August wurden sie sodann zu Protokoll genommen und als 15. und 16. Beilage beziffert.[398]

Am 25. August 1790 folgte die kurbrandenburgische Rückäußerung auf das Kurmainzer Monitum: „Art. VII. §.1.: Wäre sofort aller Nachdruck zu verbieten, den Landesherren aber die Polizeyobsorge in Ansehung des Buchhandels und Druckwesens zu überlaßen, allenfalls die Sache an die Reichsversammlung zu verweisen."[399]
Die preußischen Gesandten befolgten ihre Instruktionen aus Berlin und schlugen ein sofortiges Verbot des Nachdrucks vor.[400] Dabei sollte jedoch die Aufsicht über das Bücherwesen wie auch die polizeiliche Überwachung des Nachdruckverbots bei den Landesherren verbleiben. Eine notwendige Einschränkung, da ansonsten wegen der Landeshoheit eine Bekämpfung des Nachdrucks nicht wirksam hätte erfolgen können und man den Landesfürsten nicht vollends vor den Kopf stoßen wollte. Damit warf man zugleich die Frage auf, inwieweit der

[395] Moser, Johann Jacob: „Neues teutsches Staatsrecht", 1773, Band 16.7: „Von der Landeshoheit in Gnaden=Sachen", S. 55, § 10.

[396] HHStA MEA WaKr. Fasz. 73, 1790, 1. Stück, fol. 58 (Übersicht), 2. Stück unfoliiert; HHStA RK WaKr., Fasz. 96c, 1790, ad 10, unfoliiert.

[397] Vgl. auch Häberlin: „Pragmatische Geschichte der neuesten kaiserlichen Wahlkapitulation und der an kaiserliche Majestät erlassenen kurfürstlichen Collegialschreiben.", 1792, S. 19.

[398] HHStA MEA WaKr. Fasz. 81, 1790, 5. Stück, S. 184ff.

[399] HHStA MEA WaKr. Fasz. 75b, 1790, ad 12, unfoliiert.

[400] Vgl. drittes Kapitel, Punkt 3.

Buchhandel nicht nur als reiner „Kommerzgegenstand“, sondern auch als Teil der „Polizeiobsorge“ zu betrachten sei.
Der letzte Satz der preußischen Anmerkung geht auf eine bereits von Goerz gemachte Äußerung zurück, daß die angesprochene Vorkehrung in der Wahlkapitulation erfolgen könne, wobei eine evtl. notwendige Reichstagsberatung auch zu einem späteren Zeitpunkt nachgeholt werden könnte.[401]
Damit hat sich Preußen drei Wege offengehalten:

(1) das Verbot des Nachdrucks direkt in der Wahlkapitulation;
(2) das sofortige Verbot des Nachdrucks in der Wahlkapitulation und spätere Reichtagsberatschlagungen;
(3) die sofortige Verweisung der Nachdruckfrage an den Reichstag.

So kam es am Ende dazu, daß am 27. August 1790 folgende Monita von Kurmainz, Kurbrandenburg und Kurbraunschweig eingeteilt und auf dem Wahlkonvent behandelt wurden.[402]

c. *„Monitum Moguntinum ad Capitulat. Art. VII.“*

Von Seiten der Kurmainzer Wahlbotschaft ließ man sich jedoch nicht von den Äußerungen Kursachsens und Kurbrandenburgs verleiten, das ursprünglich angedachte Monitum abzuändern und ein sofortiges Verbot des Nachdrucks vorzuschlagen oder die Erwähnung der Druckpreise zu streichen. Stattdessen fuhr man wie geplant fort und teilte am 27. August 1790 folgendes Monitum ein:

> „Der §.1. wäre so zu fassen: Ferner sollen und wollen Wir ein ausführliches Reichsgutachten darüber erfordern, wie die vorhandenen Reichspolizeiordnungen zu verbessern, und den jetzigen Zeitumständen näher anzupassen, auch wie zur möglichsten Verbesserung der Commerzien des Reichs durch gemeinsame den Verhältnissen Deutschlands allenthalben angemessene Maßregeln zu gelangen sei; insonderheit wollen Wir den für Deutschland wichtigen Buchhandel nicht außer acht lassen, sondern das obgedachte Reichsgutachten auch darüber erstatten lassen, wiefern dieser Handlungszweig, durch die völlige Unterdrückung des Nachdrucks, und durch die Herstellung billiger Druckpreise, von dem jetzigen Verfalle zu retten sey.“[403]

Nunmehr erstreckt sich das Reichsgutachten nicht mehr alleine auf den Nachdruck, sondern auf die gesamte Reichspolizeiordnung. Dies dürfte zum einen auf

---

[401] Vgl. Anhang Nr. 6.

[402] HHStA MEA WaKr. Fasz. 75a, 1790, unfoliiert; HHStA MEA WaKr. Fasz. 73, 1790, fol. 243 (245 – Kurmainz) bis (250 – Kurbrandenburg) 267.

[403] HHStA MEA WaKr. Fasz. 75a, 1790, unfoliiert; HHStA MEA WaKr. Fasz. 73, 1790, fol. 243 (245 – Kurmainz) bis 267.

die von Preußen aufgeworfene Frage der Überwachung des Buchhandels durch die Polizei der Länder zurückzuführen sein, also den Zusammenhang von Polizeiwesen und Buchhandel als Teil dessen. Zum anderen war eine Reform des Polizeiwesens im Reich längst überfällig. Die Reichspolizeiordnungen stammten aus dem Jahr 1577 und konnten den veränderten Verhältnissen im Reich längst nicht mehr gerecht werden.

d. „Chur Brandenburgisches Monitum ad Art. VII. §.1.“

Aber auch der Berliner Hof ließ sich nicht von dem einmal eingeschlagenen Weg abbringen. Preußens Vorgehen entspricht das am 27. August 1790 eingeteilte Monitum:

> „Monit: unio. Post verba: zu Land: „auch den Buchhandel im Reich durch gänzliche Abstellung des verderblichen und nachtheiligen Nachdrucks – nach Möglichkeit zu befördern.“

Damit entsprach Preußen seinem Ansinnen, ein sofortiges Verbot des Büchernachdrucks zu erreichen. Zudem wollte man vermeiden, den Buchhandel im Zusammenhang mit einem Gutachten über die Reichspolizeiordnungen zu regeln. Der Artikel sollte diesbezüglich unverändert bleiben und die Erweiterung sollte sich nur auf das Verbot des Nachdrucks erstrecken. Preußen war klar, daß ein Reichsgutachten über die Reichspolizeiordnungen und den Büchernachdruck mit größten Schwierigkeiten verbunden war.

e. „Legeb. Monit. Bruns. unicum ad eund. §.“

Auch Kurbraunschweig reichte zu Art. VII § 1 noch ein Monitum ein.[404] Dieses soll gleichfalls hier erwähnt werden, da es den Zustand des Reichs widerspiegelt:

> „Nach den Worten >>Kommerzien des Reichs<< könnte beigefügt werden >>auch der Stände und ihrer Unterthanen.<<“[405]

Kurbraunschweig bezieht damit in den Artikel ausdrücklich die Landesfürsten sowie ihre Untertanen mit ein und betont so deren Stellung und Rechte gegenüber dem Reich.

---

[404] HHStA MEA WaKr. Fasz. 75a, 1790, unfoliiert; HHStA MEA WaKr. Fasz. 73, 1790, fol. 243 (250 – Kurbrandenburg) bis 267.

[405] Ebenda.

f. Zweite Vorstellung der Buchhändler

Am 30. August 1790 wurde durch die Buchhändler Varrentrapp und Wenner ein weiteres „Unterthänigstes Pro Memoria" bei dem Wahlkonvent eingereicht. Dieses war wiederum im Namen der „aßoziierten Buchhändler" verfaßt.[406]
Diese schreiben zu Beginn ihres „Unterthänigsten Pro Memoria", welches erst an dem Tag der Behandlung der Nachdruckfrage beim Wahlkonvent einging: „Die aßoziirten Buchhändler haben mit dankbahrster Rührung vernommen, daß Ihre bei den höchsten Churfürsten unterthänigst eingereichte Vorstellung und Bitte: dem verderblichen Büchernachdruck durch eine eigene Stelle der zu errichtenden kayserlichen Wahlcapitulation zu steuern und das zu erwählende allerhöchste Reichs=Oberhaupt in den Stand zu sezen redliche Bücherverleger bei ihrem rechtmäßig erworbenen Verlags=Eigenthum zu schüzen, immer besonderen Aufmerksamkeit gewürdiget worden ist."[407] Diese neuerliche Eingabe der Buchhändler geht wohl auf das Drängen Preußens zurück, das verlangte, die Buchhändler sollten sich mit einer eigenen Vorstellung an den Wahlkonvent wenden.[408]
In der hier erwähnten Vorstellung und Bitte wird ausdrücklich zur Begründung auf die Flugschrift von Ganz verwiesen: „Um von der Schädlichkeit des Büchernachdrucks Sich vollkommen zu überzeugen, geruhen Euer kurfürstl. Gnaden den fub. Lit. A. unterthänigst angegebenen Aufsatz einige Augenblicke Ihrer landesväterlichen und reichspatriotischen Aufmerksamkeit zu würdigen. Höchst Dero eigenes Gefühl von Recht und Unrecht entscheide hernach, ob ein allgemein im deutschen Reiche eingerissenes Verbrechen unter irgend einem Vorwande länger Nachsicht verdient, wodurch die Litteratur und der redliche Buchhandel zu Grunde gerichtet, und der Geschmack des Publikums verdorben wird."[409]
Allerdings muß zwischen der von Ganz verfaßten Begründung und der neuerlichen Vorstellung durch die Buchhändler unterschieden werden. Dort wo Ganz noch von dem „Eigenthümer, mag er nun Schriftsteller oder Verleger heißen",[410] spricht, geht es den Buchhändlern nur um den Schutz „ihres Verlagseigentums", welches dann aber schon von dem Schriftsteller rechtmäßig erworben werden müßte.[411]

---

[406] HHStA MEA WaKr. Fasz. 76, 1790, unfoliiert.

[407] Ebenda.

[408] Vgl. drittes Kapitel, Punkt 3.

[409] HHStA MEA WaKr. Fasz. 81, 1790, 5. Stück, S. 184f, 7. Stück (Mutterprotokoll), fol. 68f (Beilage 13 und 14); HHStA MEA WaKr. Fasz. 73, 1790, 1. Stück, fol. 58 (Übersicht), 2. Stück unfoliiert; HHStA RK WaKr., Fasz. 96c, 1790, ad 10, unfoliiert.

[410] Vgl. Anhang Nr. 5.

[411] HHStA MEA WaKr. Fasz. 76, 1790, unfoliiert, S. 1 des Schreibens.

Die Lehre vom geistigen Eigentum, wie sie von Ganz und Kayser vertreten wurde, und die Lehre vom Verlagseigentum dienten trotz ihrer unterschiedlichen Akzentuierung den gleichen Zielen: der staatlichen Anerkennung des Schutzes des Eigentums vor Nachdruck und dem Erlaß eines entsprechenden Gesetzes. Für die assoziierten Buchhändler war – wie für Ganz auch – der Büchernachdruck ein Verbrechen, welches durch eine positive gesetzliche Regelung „ausgerottet" werden müßte. Die Buchhändler führten dazu aus, daß es zwar weder nach römischen Recht noch nach dem geltenden Reichsrecht eine gesetzliche oder gewohnheitsrechtliche Regelung gebe, aber aus dem „Geist" vorhandener Rechtsquellen eine solche gewonnen werden könne.

Die Buchhändler tragen in der folgenden Begründung drei Umständen besonders Rechnung:
(1) den fehlenden gesetzlichen Normen im Reichsrecht, soweit es das Verlagseigentum und den Nachdruck betrifft;
(2) den politischen Gründe für den Nachdruck;
(3) und den gemeinhin steigenden Bücherpreisen.

In ihrer erneuten Vorstellung bei den Kurfürsten haben sie diese Umstände so ausgelegt, daß man an einem sofortigen Verbot des Nachdrucks nicht vorbeikommt, sei es auch nur vorläufig, bis im Reichstag die entsprechenden Beratungen durchgeführt sind.
Sie beginnen ihre Argumentation mit dem Hinweis, daß es weder im römischen Recht noch nach Reichsrecht eine gesetzliche Regelung gäbe, die die Buchhändler in ihrem rechtmäßigen Verlagseigentum und vor Nachdruck schützt.[412] Im ersten Fall liegt dies an der Tatsache, daß es zu jener Zeit noch gar keinen Nachdruck gab. Im zweiten Fall müsse unbedingt Abhilfe geschaffen werden, denn schon aus dem „Geist" des römischen Rechts würde sich ergeben, daß der Nachdruck ein Verbrechen sei. Die Buchhändler führen dazu im Einzelnen folgende Rechtssätze an:[413]

- Damnum facit, qui id fecit, quod facere ius non habuit.[414]
- Hac natura aequm est, neminem alterius detrimento fieri locupletiorem.[415]
- Secundam naturam est, commoda cuiusque rei eum sequi, quem sequnutur incommoda.[416]

[412] Ebenda, S. 2.
[413] Ebenda, S. 3.
[414] Einen Schaden verursacht, wer das tut, was zu tun das Gesetz nicht erlaubt.
[415] Diesem Wesen gleichgesetzt ist, niemand darf sich zum Nachteil eines andern bereichern.
[416] Naturgesetzlich folgt, daß Vorteile jenem zugute kommen, dem Nachteile entstehen.

- Qui aliena re invito domino usus fit, furtum facit.[417]
- Quae ex relicto nascuntur: Si is, qui rem utendam accepit, in alium usum transfert, quam cuius gratia ea data est, furtum committit; si se intelligat id invito domino facere, eumque, si intellexisset, non permissurum.[418]

Außerdem zitieren sie die Peinliche Halsgerichtsordnung Karls V. (Constitutio Criminalis Carolina aus dem Jahre 1532), Art. CLXX: „Welcher mit eines anderen Gütern die ihm in gutem Glauben zu behalten und zu verwahren gegeben seyn, williger und gefährlicher Weiße dem Gläubiger zu schaden handelt, solche Missethat ist einem Diebstahl gleich zu strafen."[419]
Anhand der aus der Vorstellung der assoziierten Buchhändler zitierten Rechtssätze läßt sich deutlich aufzuzeigen, wie schwierig das Privilegienwesen, der Nachdruck und der Buchhandel in Rechtssätzen zu fassen war, oder wie solche Rechtssätze aus den bekannten Rechtsregeln abzuleiten bzw. in einem rechtlichen Rahmen zu erfassen waren. Die Diskussion um den Büchernachdruck bewegte sich aus diesen Gründen ihrem Schwerpunkt nach auf den tatsächlichen Umständen und moralischen Erwägungen.
Daraus leiten die assoziierten Buchhändler ab, daß mit dem Verkauf eines Buches der Buchhändler an den Käufer jedes Recht überträgt, nur nicht das Recht des Verlagseigentums. Dieses Recht, das der Buchhändler von dem Schriftsteller in redlicher Weise erworben hat, verbleibt bei ihm, damit er das Werk vervielfältigen kann und zu einem den Auslagen sowie dem Risiko angemessenen Preis verkaufen kann. Derjenige Käufer, der sich das Verlagsrecht des gekauften Exemplars anmaßt, verletzt nach Auffassung der Buchhändler die kaufrechtliche Vereinbarung (eine „heimliche Übereinkunft") und begeht „Nutznießung fremden Eigenthums".[420] Dies gelte auch, wenn der Gegenstand wie bei der Nutzung des Verlagseigentums keine „res corporalis", sondern eine „res incorporalis" ist. Der Nachdrucker, der hiergegen verstößt, begeht quasi einen Diebstahl. Der bestohlene Buchhändler kann dann zwar nicht auf Herausgabe der gestohlenen Sache klagen, aber doch auf sein verletztes Interesse.
Die Buchhändler stützen ihre rechtliche Begründung mangels einer reichsrechtlichen Regelung auf das Naturrecht,[421] welches den Buchhändler in seinem Verlagseigentum schützt. Der Nachdrucker begeht somit einen Diebstahl am

[417] Wer von einer fremden Sache gegen den Willen des Eigentümers Gebrauch macht, begeht Diebstahl.

[418] Was sich hieraus ergibt: Wenn derjenige, der eine Sache zum Gebrauch annimmt, sie einem anderen Gebrauch zuführt, als zu dem sie gegeben wurde, begeht Diebstahl.

[419] Ebenda, S. 4.

[420] Ebenda, S. 5.

[421] Ebenda, S. 6.

Eigentum des Buchhändlers. Daß trotz dieser Beweiskette der Nachdruck nicht verboten ist, ist nach Meinung der Buchhändler auf politische Gründe[422] und die steigenden Bücherpreise zurückzuführen.
In ihrer weiteren Argumentation versuchen sie, diese Gründe im einzelnen zu widerlegen. Nach Ansicht der assoziierten Buchhändler sind die überhöhten Bücherpreise auf den Nachdruck selbst zurückzuführen.[423] Denn der Verleger eines neuen Werkes sei gezwungen, auf die Erstauflage eine „Taxe der Neuheit" zu legen, um so das Risiko der Anfangskosten mit dem zu erwartenden Absatz der ersten Auflage abzuschätzen. Dabei müsse er seine Kosten auf eine kleinere Auflage verteilen, da das neue Werk sogleich dem „Raub durch die Nachdrucker zum Opfer" falle. Außerdem würde die rechtmäßige Auflage durch die steigenden Papierpreise, die der Nachdrucker durch seine übereilte Nachfrage erzeugt, verteuert. Ende die Gefahr des Nachdrucks, so würden die Bücherpreise fallen, da der vor dem Nachdruck geschützte Verleger seine Kosten auf eine größere Auflage verteilen könne. Dies würde sodann auch die Industrie in den Ländern des Reichs fördern. Außerdem schade der Nachdruck der Wohlfahrt des Reichs. Wenn in einer Provinz des Reichs die Bilanz positiv wegen des ein- und ausgehenden Geldes für den Nachdrucker sei, so sei die Bilanz in drei anderen Provinzen des Reichs dagegen entsprechend negativ.
Die ausschließliche Nutzung des Verlagseigentums sei auch kein Monopol, da ansonsten jede ausschließliche Nutzung von Eigentum Monopol wäre. Ein Monopol sei nur dann denkbar, wenn ein Buchhändler in einer Provinz das ausschließliche Recht erhielte, mit Bücher zu handeln. Aber selbst in diesem Fall könne er seine Bücher nicht verteuern, da ansonsten die Nachfrage aus dem Ausland gedeckt werden würde.
Auch die Überschwemmung des Büchermarktes mit „seichten und gefährlichen Schriften" sei ebenso auf den Büchernachdruck zurückzuführen.[424] Der Nachdrucker drucke nur dasjenige, was sich bereits als gut absetzbar erwiesen habe. Damit raube er dem rechtmäßigen Verleger die Perlen aus seinem Verlag. Dieser müsse nun wiederum seinen Verlust durch Spekulation auf viele kleine Gewinne wettmachen. Daher drucke er nicht nur „solide Schriften, deren reichhaltiger Abgang über Jahrzehnte anhält, sondern auch litterarische Schütterlinge oder gar giftige Insekten, deren Gefährlichkeit er nicht kennt." Der rechtmäßige Verleger werde durch den Nachdruck gezwungen, jedes Manuskript zu drucken, das er in die Finger bekomme und das die öffentliche „Neugierde zu reizen scheint". Auch wenn sich die „Schreibseeligkeit elender und gefährlicher Autoren" nicht unterdrücken lasse, so befördere der Nachdruck diese mehr, als

[422] Ebenda, S. 7.
[423] Ebenda, S. 7, 8 und 11.
[424] Ebenda, S. 8 und 9.

er sie hemme. Damit legen die Buchhändler eine der Schwächen des Privilegiensystems offen. Wenn für ein Werk kein Privileg beantragt wird, kommt es auch nicht zu einer Vorzensur. Die Vorzensur war Voraussetzung für die Erteilung eines Privilegs. Die Obrigkeit fürchtete Werke, besonders politische Schriften, die unzensiert auf den Markt kommen und nur im Nachgang zensiert oder verboten werden können.
Die Buchhändler machen den Sortimentsbuchhandel für die Verbreitung des Nachdrucks verantwortlich. Nach ihrer Ansicht braucht der Nachdrucker, der mit seiner Ware Nettobuchhändler ist, Abnehmer von größeren Mengen.[425] Dies können nur die Sortimentsbuchhändler sein. Die eigentlichen Verleger hätten sodann den Schaden aus dieser Entwicklung.
Nach Ansicht der Buchhändler ergibt sich der Schutz ihrer Rechte bereits aus der Pflicht des Kaisers, alle Glieder des Reichs zu schützen.[426] Auch wenn die reichsmittelbaren Untertanen keinen Teil an der gesetzgebenden Gewalt haben, so haben doch die Kurfürsten in vorangegangenen Wahlkapitulationen Vorsorge zum Schutz des Eigentums der mittelbaren Reichsuntertanen getroffen.[427] Die Erhaltung und Emporbringung der Kommerzien sei schon immer ein Hauptgegenstand der „churfürstlichen höchsten Vorsorge" gewesen. Dabei sei die Abstellung des Nachdrucks in der Wahlkapitulation ein „Rettungsmittel des Augenblicks". Die älteren Wahlkapitulationen hätten schon immer unterschieden, was zu der allgemeinen reichstäglichen Gesetzgebung gehört und was Rettungsmittel des Augenblicks war. Auch die Buchhändler ziehen hier eine Parallele zu den Zollmißbräuchen. Bis die reichstägliche Gesetzgebung erfolgte, hatten sich die Kurfürsten für berechtigt gehalten, durch Beschränkungen und Bestimmungen der Zollerteilung den Händlern zu Hilfe zu kommen. Dies sei auch hier der Fall. Bis die reichstägliche Beratschlagung Regelungen nach den Grundsätzen der Polizei- und Finanzgrundsätzen getroffen haben, sollte der Buchhandel vor den Nachdrucken durch eine vorläufige Vorsorge in der Wahlkapitulation geschützt werden.
Die Berechtigung der Kurfürsten hierzu ergibt sich nach Auffassung des Buchhandels aus den Reichsgesetzen, die die Emporbringung der Kommerzien und die Beseitigung all desjenigen, was den Handel und Wandel hindern kann, vorsehen (Art. VII § 1).[428] Was für die allgemeinen Kommerzien gilt, gilt auch im besonderen für den Buchhandel. Es kommt insofern nur auf eine spezielle Erwähnung des Buchhandels an. Daher schlagen sie vor, daß der kaiserlichen Majestät durch die Kurfürsten an den geeigneten Stellen in der Wahlkapitulation

[425] Ebenda, S. 10.
[426] Ebenda, S. 12.
[427] Ebenda, S. 13ff.
[428] Ebenda, S. 16f.

empfohlen wird, „daß der Buchhandel im Reich, so wie die Commerzien im Reiche überhaupt in besondere kayßerliche Obsorge möge genommen, und der verderbliche Büchernachdruck mittels Einbettung kayserl. Autorität und Ansehens auf eine reichsverfassungsmäßige Weiße ganz abgestellt werden.“[429]
Die Buchhändler ziehen letztlich den Schluß, daß wenn sie durch einen Vertrag mit dem Autor das rechtmäßige Verlagseigentum erworben haben, dann müßten sie auch vor dem Nachdruck geschützt werden. Sie schließen ihre Vorstellung folglich damit, daß sie den Kurfürsten anheim stellen, daß wenn nicht mittels einer Regelung in der Wahlkapitulation ihr Verlagseigentum gegen den Nachdruck geschützt wird, so doch die kaiserliche Majestät mittels eines kurfürstlichen Kollegialschreibens zur Empfehlung in der Sache angehalten wird. Zudem verleihen die Buchhändler ihrer Befürchtung Ausdruck, daß bei einer Verweisung der Sache an die Reichsversammlung die Nachdruckfrage erst in ferner Zukunft entschieden werden würde. Bis dahin aber werde der Schaden unersetzlich sein.[430]
Die Buchhändler bemühten sich, ein möglichst düsteres Bild des Schadens zu malen, den der Nachdruck ihrer Meinung nach anrichtet. In der Vorstellung der Buchhändler begegnen uns diejenigen Argumente wieder, wie sie im Verlauf dieser Darstellung schon verschiedentlich dargestellt wurden – nur mit einer etwas abweichenden Zielsetzung.
Außerdem ist auffällig, daß dort, wo Ganz noch urheberrechtliche Ansätze zeigt, die Buchhändler nur noch vom Verlagseigentum sprechen. Außerdem machen die Buchhändler den Nachdruck für das gehäufte Erscheinen von gefährlichen Schriften verantwortlich. Damit heben sie ganz im Sinne der damaligen Zeit die Diskussion auf eine gewerbe- und kulturpolitische Ebene.

2. *Sessio Nona: Behandlung der Nachdruckfrage*

Am gleichen Tag, dem 30. August 1790, wurde die Nachdruckfrage dann schließlich auf dem Wahlkonvent – genauer der Sessio Nona – unter § 36, Monita ad Art. VII § 1 behandelt.[431]
Als erstes befaßte sich der Wahlkonvent mit dem Kurmainzer Monitum:

---

[429] Ebenda, S. 18.

[430] Ebenda, S. 19.

[431] Vgl. Anhang Nr.11.

a. Behandlung des Kurmainzer Monitums

In der folgenden Umfrage[432] waren sich die Wahlbotschaften der Kurhöfe im wesentlichen einig.

(1) Kurtrier, Kurköln, Kurböhmen und Kurpfalz stimmten dem Monitum sogleich zu.[433]
Von Kurpfalz, Kurtrier und Kurköln hatte man erwartet, daß sie sich der Mehrheit anschließen würden.[434] Wegen der strengen Reihenfolge in der Abgabe der Stimmen mußten diese Kurhöfe vor Kursachsen, Kurbrandenburg, Kurbraunschweig und Kurmainz abstimmen. Da aber seit 1764 das schriftliche „Vorverfahren" durchgeführt wurde, war die Haltung von Kurmainz, Kursachsen, Kurbraunschweig und Kurbrandenburg bekannt. Bereits danach zeichnete sich eine Mehrheit für das Kurmainzer Monitum ab. Auch der Bonner, Münchner und Koblenzer Hof stimmten folglich für das Mainzer Monitum.
Überraschender ist hingegen, daß Kurböhmen sich ebenfalls für das Mainzer Monitum aussprach. Der Wiener Hof war nach der Einschätzung Preußens ganz gegen eine Regelung der Nachdruckfrage im Reich.[435] Die Verbindung zwischen Kurböhmen und Österreich ist dabei evident.
Nunmehr stimmte Kurböhmen dem Mainzer Vorschlag zu und damit der Regelung des Nachdrucks in einem Reichsgutachten. In diesem Zusammenhang hatte wohl eine Rolle gespielt, daß der Habsburger Leopold als künftiger Kaiser dem Nachdruck die Stirn bieten wollte.[436] Konnte dies im Frühjahr in seinen österreichischen Landen noch verhindert werden, so war nunmehr die Zeit für eine reichsrechtliche Regelung mit Österreichs Zustimmung gekommen.[437]

(2) Kursachsen merkte jedoch noch an, daß es „sich den Antrag gefallen lasse, jedoch dürfte in so viel insbesondere die Abstellung, der in dem Buchhandel eingerissene Missbräuche betrift, derselben ohne auf dergleichen besondere Gegenstände, wie unter anderen eine Verfügung wegen der Druckpreise ist,

---

[432] Zum Verfahren vgl. Einleitung, Punkt 2.c).

[433] HHStA RK, a.a.O.; HHStA MEA, a.a.O.

[434] GStA PK I. HA Rep. 10 Nr. 87 d 1 - 8; Monita zu der künftigen Wahlkapitulation: Nr. 87 d 8, Monita wegen des Nachdrucks von Büchern, 1790, fol. 16.

[435] GStA PK, a.a.O., fol. 18.

[436] Vgl. zweites Kapitel.

[437] So glaubte man es jedenfalls am Berliner Hof; vgl. drittes Kapitel, Punkt 3.

einzugehen, nur im allgemeinen zu erwähnen.“[438] Dies deckt sich mit der Nota, die Kursachsen bereits im Vorfeld aus den bekannten Gründen gemacht hatte.[439]
Kursachsen war mit dem Monitum grundsätzlich einverstanden, wollte jedoch den Gegenstand ganz allgemein gefaßt wissen. Daher sollten weder die Druckpreise noch dergleichen besonders erwähnt werden. Damit setzte sich Kursachsen dafür ein, daß der letzte Halbsatz gestrichen wird.
Allerdings konnte sich Kursachsen in diesem Punkt nicht durchsetzen und wurde insofern überstimmt.

(3) Kurbrandenburg hingegen „erachtet, daß zu wünschen wäre, daß sofort aller Nachdruck verboten, den Landesherrn aber die Polizeiobsorge in Ansehung des Buchhandels und Druckwesens überlassen, auch allenfalls die ganze Sache an die Reichsversammlung zu verweisen sei.“[440]
Kurbrandenburgs Haltung blieb damit unverändert. Man wollte den Nachdruck sofort per Wahlkapitulation verbieten oder die Sache gleich an die Reichsversammlung verweisen. Damit läge in diesem Fall die Sache nach der Vorstellung Kurbrandenburgs gleichfalls beim Reichstag,[441] jedoch ohne vorherigen Antrag des Kaisers und ohne Verbindung mit der Reichspolizeiordnung. Allerdings ist die von Kurbrandenburg gemachte Äußerung auch dahingehend zu verstehen, daß der Nachdruck in der Wahlkapitulation verboten werden sollte und, falls es erforderlich werden sollte, die ganze Sache später im Reichstag beraten werden sollte.[442] Auch Preußen war zwischenzeitlich klar geworden, daß bei der desolaten Reichsgewalt ein allgemeines Gesetz nur unter Mitwirkung aller Beteiligten, insbesondere der anderen Reichsstände, erzielt werden konnte. Trotzdem plädierte es unter Hinweis auf die Dringlichkeit für ein sofortiges Verbot des Nachdrucks im Wege der Wahlkapitulation.
Diesen Bedenken wollte man dadurch Rechnung tragen, daß die polizeiliche Aufsicht bei den Landesherren verbleiben und nicht etwa an das Reich übertragen werden sollte. Die Durchsetzung des Nachdruckverbots wäre damit

---

[438] HHStA RK WaKr. Fasz. 96c, 1790, unfoliiert (Diktat unmittelbar vor Bündel No. 22); HHStA MEA WaKr. Fasz. 82, 1790, Protokollduplikat: Sessio Prima, Sessio Nona; HHStA MEA WaKr. Fasz. 81, 1790, Mutterprotokoll (gebunden, 7. Stück, fol. 180ff); HHStA MEA WaKr. Fasz. 81, 1790, Vollständiges Wahlprotokoll (gebunden, 5. Stück, S. 469ff.)

[439] Vgl. zuvor Punkt 1.b.) in diesem Kapitel.

[440] HHStA MEA WaKr., a.a.O.

[441] Vgl. Wagner, Wolfgang: „Das Staatsrecht des heiligen römischen Reichs deutscher Nation.“, 1968, S. 67, siehe dort § 93.

[442] Vgl. Anhang Nr. 11.

bei den Landesherren verblieben, deren Hoheitsgewalt in diesem Punkt nicht tangiert würde. Zwar war es bei den Privilegien so, daß sich der Kreis der Begünstigten auch auf solche Personen erstreckte, die nicht Untertanen des jeweiligen Reichsstandes waren (also Ausländer). Jedoch richtete sich das in dem Privileg enthaltenen Nachdruckverbot jeweils nur an die Untertanen, die der Hoheitsgewalt des Privilegierenden unterworfen waren (also Inländer);[443] und konnte auch nur gegen diese durchgesetzt werden.
Zum anderen sollten vor allem die Reichsfürsten durch spätere Reichstagsverhandlungen in die gesetzliche Regelung den Nachdruck betreffend eingebunden werden, um so keinen Widerstand der Fürsten gegen die Regelung in der Wahlkapitulation zu erzeugen.
Diese Einsichten gehen u.a. auf eine alte Diskussion zurück. Bereits unter Friedrich dem Großen suchte Preußen am 6. November 1780 mit Kursachsen einen Konsens gegen den Nachdruck. Preußen schlug damals als wirksamstes Mittel gegen den Nachdruck eine Verfügung in den Reichspolizeiordnungen vor. Kursachsen antwortete am 6. Juli 1782, daß Preußen gegen den Nachdruck, wie Sachsen auch, ein spezielles Gesetz erlassen sollte. Dies tat Preußen in seinem ALR von 1794. Dem preußischen Vorschlag bzgl. der Reichspolizeiordnungen stand man seitens Kursachsens hingegen sehr skeptisch gegenüber. Man erwiderte dem preußischen Hof, daß der Nachdruck von zu vielen Reichsständen, dem Reichshofrat und dem kaiserlichen Hof begünstigt werde, als daß zur Aufnahme in die Reichspolizeiordnungen eine Mehrheit erwartet werden könnte. Außerdem sei Kurmainz nicht gewöhnt, eine dem kaiserlichen Hof zuwiderlaufende Sache zu unterstützen. Man glaubte seinerzeit nicht einmal, daß eine Mehrheit gegen den Nachdruck zustande kommen würde.[444]

(4) Kurbraunschweig machte noch den Einwurf, daß es der „Majoribus[445] beitrete, und sich die vorgeschlagene Umfassung des §. gefallen lassen könne, nur gebe man anheim, ob nicht etwa nach dem Worte: Vorhandene und in mittels kräftigst aufrecht zu erhaltenden Polizeiverordnungen, und so auch zwischen den Worten Verbesserung der Kommerzien eingeschalten werden möge, Verbesserung der zu Wasser und zu Lande nach Möglichkeit zu befördrenden Kommerzien, damit die gegenwärtig in dem §. liegende Disposition in voller Maße beibehalten werde.“[446]

---

[443] Wadle, Elmar: „Zur Geschichte des Urheberrechts in Europa“, in: Entwicklung des Europäischen Urheberrechts, S. 12.

[444] KG, Band 3, 1909, S. 440f.

[445] Bedeutet Mehrheit.

[446] HHStA MEA WaKr. Fasz. 82, 1790, Protokollduplikat: Sessio Nona; HHStA MEA WaKr. Fasz. 81, 1790, Mutterprotokoll (gebunden, 7. Stück, fol. 180ff); HHStA MEA WaKr.

(wird auf der folgenden Seite fortgesetzt)

Damit verhält sich Kurbraunschweig wie bereits schriftlich angekündigt und verleiht seiner Sorge Ausdruck, daß mit der angedachten Formulierung eine Disposition getroffen wird, die später bei der Abstattung eines Reichsgutachtens so nicht mehr zu revidieren ist, obschon diese Einschaltung nur indirekt die Nachdruckfrage betrifft.
Der Berliner Hof war dagegen davon ausgegangen, daß der Hannoveraner Hof sich dem sofortigen Verbot des Nachdrucks in der Wahlkapitulation anschließen würde.[447] Die kurbraunschweigische Wahlbotschaft handelt zwar nicht entgegen dieser Vermutung, schließt sich jedoch der Mehrheit an. Man unterwirft sich, wie auch später Kurbrandenburg, dem von Kurmainz unterbreiteten Vorschlag, daß der Nachdruck durch ein Reichsgutachten geregelt werden solle.

(5) Kurmainz „bezieht sich auf den Inhalt des Monitums, und läßt sich die von Kurbraunschweig angeregten Einschaltungen ebenfalls ohne Anstand gefallen."[448]
Daß Kurmainz seinem eigenen Monitum zustimmen wird, war klar. Das Bücherregal, soweit es die Erteilung von Druckprivilegien umfaßte, war den Reichsständen praktisch ganz zugewachsen.[449] Diese machten davon eifrig Gebrauch, nicht zuletzt auch um ihre jeweiligen gewerbe- und kulturpolitischen Vorstellungen zu verwirklichen. Außerdem hätte eine reichsrechtliche Regelung in die Hoheitsrechte der Reichsstände eingegriffen. Dieser Umstand war Mainz sicherlich bewußt, da es das Nachdruckverbot ursprünglich von vorneherein an die Reichsversammlung verweisen wollte.

Mit der Zustimmung zu der von Kurbraunschweig gemachten Einschaltung wurde eine zweite Umfrage notwendig:

(1) Kurtrier „tritt gleichfalls den von der fürtreflichen Kurbraunschweigischen Botschaft monirten Einschaltungen bei, da alle bestehenden Reichsgesetze bis zu ihrer Verbesserung von dem Reichsoberhaupt aufrecht zu erhalten seien." Kurköln, Kurböhmen und Kurpfalz schlossen sich dem an.[450]

Fasz. 81, 1790, Vollständiges Wahlprotokoll (gebunden, 5. Stück, S. 469ff.).

447 Vgl. Anhang Nr. 9.

448 HHStA MEA WaKr. Fasz. 82, 1790, Protokollduplikat: Sessio Nona; HHStA MEA WaKr. Fasz. 81, 1790, Mutterprotokoll (gebunden, 7. Stück, fol. 180ff); HHStA MEA WaKr. Fasz. 81, 1790, Vollständiges Wahlprotokoll (gebunden, 5. Stück, S. 469ff.).

449 Gieseke, Ludwig: „Beiträge zu zwei Kapiteln der Urheberrechtsentwicklung in Deutschland bis 1800", UFITA Band 130 (1996), S. 22.

450 HHStA MEA WaKr., a.a.O.

(2) Nunmehr war auch Kursachsen „mit dem vorgeschlagenen Zusatz wohl einverstanden.“[451]

(3) Kurbrandenburg „lasse sich gleichfalls die wohlmonirte Einschaltung gefallen.“[452]

Damit war das Conclusum mit dem Inhalt geschlossen, daß das vorgenannte Monitum samt den kurbraunschweigischen weiteren Einschaltungen in die entsprechende Stelle dieses § 1 eingerückt wird.[453]
Schon die neue Formulierung des Paragraphen und die Zustimmung aller Kurhöfe zeigen, daß man seitens aller Kurhöfe den Nachdruck als Problem erfaßt hat und für den „Verfall“ des Buchhandels verantwortlich gemacht hat. Auch die Formulierung „durch die völlige Unterdrückung des Nachdrucks“ demonstriert den Willen zumindest der Kurhöfe, den Nachdruck allgemein zu untersagen. Jedenfalls stellte keiner der Kurhöfe ein Verbot des Nachdrucks in Frage. Allerdings zeigt der Weg über ein Reichsgutachten, daß man nicht gewillt war, den Nachdruck mittels einer allgemeinen Verfügung in der Wahlkapitulation zu regeln, sondern nur nach vorherigen Beratschlagungen der Reichskollegien. Also sollte das Problem des Nachdrucks in der Art behandelt werden, wie es von Kurbrandenburg 1780 schon einmal vorgeschlagen wurde: eine Regelung des Büchernachdrucks innerhalb der Reichspolizeiverordnung.
Gleiches gilt auch für die Einschaltung Kurbraunschweigs, die jedoch den gesamten Gegenstand des Paragraphen meint. Auch hier wollte man die Rechte der Stände in vollem Umfang aufrecht erhalten, zumindest bis zur Ratifizierung des Reichsgutachtens durch den Kaiser. Dies verdeutlicht sich sodann auch in der kurzen Behandlung des kurbrandenburgischen Monitums. Dieses wurde erst nach dem Mainzer Monitum abgehandelt, obwohl der kurbrandenburgische Vorschlag einen weitergehenden Antrag auf Änderung der Wahlkapitulation beinhaltete.

b. Behandlung des kurbrandenburgischen Monitums

(1) Auch hierzu wird die Umfrage[454] mit Kurtrier eröffnet, welches sich „auf das zu dem vorherigen kurmainzischen Monitum eben abgegebene Votum be-

[451] Ebenda.

[452] Ebenda.

[453] HHStA MEA WaKr. Fasz. 81, 1790, Mutterprotokoll (gebunden, 7. Stück, fol. 186); HHStA MEA WaKr. Fasz. 81, 1790, Vollständiges Wahlprotokoll (gebunden, 5. Stück, S. 470).

[454] HHStA RK WaKr. Fasz. 96c, 1790, unfoliiert (Diktat unmittelbar vor Bündel No. 22);
(wird auf der folgenden Seite fortgesetzt)

ziehet, und erachtet, daß bei dem darauf gefaßten Kollegialschluß das jetzt in Umfrage gestellte Monitum bereits erledigt sei." Kurköln, Kurböhmen und Kurpfalz treten der kurtrierischen Ansicht erneut bei.

(2) Aber auch Kursachsen „bezieht sich auf seine ad Monitum Mogunt. geschehene Abstimmung."[455]
Kursachsen spricht sich somit endgültig gegen den von Preußen gemachten Vorschlag aus.

(3) Kurbrandenburg äußert nur noch, daß es „sich diese Majora gefallen lassen müße, stelle jedoch anheim, ob nicht durch ein Kollegialschreiben die baldige Beförderung dieses Gegenstandes noch zu empfehlen sein mögte."[456]
Es war ein durchaus übliches Verfahren, Kurkollegialschreiben schon während der Wahlkonferenzen zu fertigen, sie aber erst nach der Wahl dem Kaiser zuzustellen. Sie wurden verfaßt, wenn die Kurhöfe der Ansicht waren, daß eine bestimmte Materie in der Wahlkapitulation zu kurz abgehandelt wurde. Sie dienten gleichfalls als Aufforderung, wenn der Kaiser dazu angehalten werden sollte, eine bestimmten Handlung vorzunehmen oder ein bestimmtes Verhalten empfohlen werden sollte. Durch sie wurden dem Kaiser gegenüber auch Beschwerden geäußert.[457]
Preußen wollte mit dem vorgeschlagenen Kollegialschreiben erreichen, daß das Reichsgutachten zumindest alsbald erstattet wird. Man wollte verhindern, daß die Sache im Sande verläuft, weil die kaiserliche Regierung den Gegenstand nicht bei dem Reichstag anbringt und so den Reichskollegien die Abfassung eines Reichsgutachtens vorenthält.
Die Buchhändler merkten ebenfalls in ihrem zweiten Schreiben an die Kurfürsten an:[458] „Von dem zu erwählenden Reichs=Oberhaupt versprechen sich die associirten Buchhändler mit vollster Zuversicht, daß durch Berathung jener gerechten und einsichtsvollen Männer, denen in Reichsangelegenheiten der Vortrag zugeeignet ist, zweckmäßige, reichsverfassungsmäßige, allgemein anwendbare Mittel werden beliebt werden, um durch Ausrottung des Nachdrucks dem Verfall des Buchhandels vorzubeugen. Sie halten sich für

---

HHStA MEA WaKr. Fasz. 82, 1790, Protokollduplikat: Sessio Prima, Sessio Nona; HHStA MEA WaKr. Fasz. 81, 1790, Mutterprotokoll (gebunden, 7. Stück, fol. 181f); HHStA MEA WaKr. Fasz. 81, 1790, Vollständiges Wahlprotokoll (gebunden, 5. Stück, S. 470f.)

455 Ebenda.

456 Ebenda.

457 Vgl. Moser, Johann Jacob: „Neues teutsches Staatsrecht", Band 2: „Von dem Römischen Kayser, Römischen König und denen Reichs=Vicarien", 1767, S. 193f, § 186.

458 HHStA MEA WaKr., Fasz. 76, 1790, unfoliiert.

überzeugt, daß fürs künftige Sicherheit des Verlags=Eigenthums nach allgemeinen Regeln anerkannt und von den höchsten Reichsgerichten darnach gesprochen werden wird; sie fürchten nicht, daß Fälle eintreten können, wo erwiesenes Eigenthum durch erschlichene Privilegien beeinträchtiget werden mag, sie hoffen, daß Rechte des Eigenthums in allen deutschen Staaten, welche in der Reichs=Verbindung stehen, heilig seyn werden; sie schmeicheln sich, dereinstens wagen zu dürfen, ihre ehrerbietigste Bemerkungen, wie die höchste Ansicht über das Bücherweßen im Reiche von einigen eingeschlichenen Mißbräuchen gereinigt werden könne, für den kayserlichen Thron zu bringen und in billigen Gesuchen nicht erhört zu werden, und unter diesen zuversichtlichen Voraussezungen bitten sie das zur Kayserwahl versammelte höchste Churfürstliche Collegium, bei Durchgehung der Wahlcapitulation an jener Stelle, wo der Commerzien Erwähnung geschiehet, auch kayßerl. Majestät zu empfehlen,

> ‚daß der Buchhandel im Reiche, so wie die Commerzien im Reiche überhaupt in besondere kayßerliche Obsorge möge genommen, und der verderbliche Büchernachdruck mittels Eintrettung kayserl. Authorität und Ansehens auf eine reichsverfassungsmäßge Weiße ganz abgestellt werden.‘

Ob dieser gewagte Vorschlag und Bitte gnädigst beliebt, oder an dessen Stelle die Auskunft eines churfürstl. Collegial=Schreibens an kayserliche Majestät vorgezogen werden solle? Erwarten sie mit ehrfurchtvollster Resignation, nur dürfen Sie ihre Furcht nicht unterdrücken, daß durch Verweißung der Sache an die allgemeine Reichsversammlung, bis die Hülfe erscheint, der schaden unersezlich seyn werde.“[459]

Damit geben sie sowohl der Befürchtung Ausdruck, daß bei einer Verweisung der Sache an die Reichskonvente ein zu langer Zeitraum ins Land streicht, bevor ein Nachdruckverbot verabschiedet würde. Daher empfehlen sie die Sache in der Wahlkapitulation zu erwähnen oder zumindest mittels eines Kollegialschreibens an den Kaiser voranzutreiben. Die Vorschläge Preußens und des Buchhandels scheinen in diesen Punkten geradezu im Gleichklang zu stehen.

Schlußendlich unterwarf man sich also von Seiten Kurbrandenburgs der Mehrheit. Auch das Kurkollegialschreiben wurde nie verfaßt.

(4) Kurbraunschweig akzeptiert die Majorität, wie zuvor Kurbrandenburg sich auch der Mehrheit gebeugt hat. Kurmainz bezieht sich lediglich noch auf seine obige Äußerung.[460]

---

[459] S.a. Punkt 1.f).

[460] HHStA MEA WaKr. Fasz. 82, 1790, Protokollduplikat: Sessio Nona; HHStA MEA WaKr. Fasz. 81, 1790, Mutterprotokoll (gebunden, 7. Stück, fol. 180ff); HHStA MEA WaKr.

(wird auf der folgenden Seite fortgesetzt)

Damit war beschlossen, daß es bei dem ad Monitum praecedens abgefaßten Conclusum belassen wird.[461] Ein sofortiges Verbot, wie es von Kurbrandenburg favorisiert wurde, konnte sich bei den Kurhöfen nicht durchsetzen. Kurbrandenburg konnte sich mit seinem Vorschlag 1790 genauso wenig Gehör verschaffen wie 1780 und wurde auf dem Wahlkonvent genauso überstimmt wie Jahre zuvor Kursachsen.
Zumindest erreichte man, daß Mainz, wenn auch nur geringfügig, einlenkte und einer Erwähnung des Nachdruckverbotes in der Wahlkapitulation zustimmte und die erstrebte reichsrechtliche Regelung als Kapitulationspunkt aufnahm.
Dies stellte allerdings die ungünstigste Variante aus der Sicht Preußens dar. Nunmehr war man auf den Antrag des Kaisers angewiesen. Eine direkte Verweisung an die Reichsversammlung oder zumindest ein Kurkollegialschreiben wäre zur Beschleunigung des Verfahrens die bessere Alternative gewesen. Obwohl man auf Seiten Preußens wußte, daß der Mainzer Weg sehr viel Zeit und Überzeugungsarbeit bei den Ständen erfordern würde, gab man sich letztendlich damit zufrieden.
Jetzt war auch endgültig klar, daß sich lediglich Kurbrandenburg bis zuletzt für ein sofortiges Verbot von Nachdrucken mittels der Wahlkapitulation einsetzte. Die anderen Kurhöfe hingegen waren zwar prinzipiell bereit, den Nachdruck gänzlich zu verbieten, wollten dieses Ziel jedoch über den weitaus schwierigeren und langwierigeren Weg, nämlich der Erstattung eines Reichsgutachtens, erreichen. Daß sich die Kurfürsten nicht zu mehr haben durchringen können, hing wohl weniger an verfassungsrechtlichen Bedenken, sondern mehr an der Befürchtung, daß ein entsprechendes Verbot von den Fürsten kaum strenger gehandhabt worden wäre, als es ohnehin bei der Durchsetzung der kaiserlichen Privilegien der Fall war. So merkte schon 1782 das sächsische Geheimconsilium an, daß selbst wenn ein Gesetz gegen den Nachdruck zustande käme, es „wegen derer dagegen eintretenden Rechte der Landeshoheit wohl an der Vollstreckung fehlen würde.“[462]
Anhand des Ergebnisses und den verschiedenen Einschaltungen der Kurhöfe läßt sich außerdem erahnen, daß man sich auch nicht ganz sicher darüber war, ob man ohne die Reichskollegien ein Nachdruckverbot beschließen sollte und ob sich ein allgemeines Nachdruckverbot nicht negativ auf die Preispolitik auswirken würde. Es war Kurmainz nicht entgangen, daß nicht nur die Bücherpreise gestiegen waren, sondern auch ein Gefälle zwischen dem Buchhandel im Norden und dem Süden Deutschlands entstanden war.

Fasz. 81, 1790, Vollständiges Wahlprotokoll (gebunden, 5. Stück, S. 469ff.).
[461] Ebenda.
[462] Zit. nach KG, Band 3, 1909, S. 441.

c. *„Kurbraunschweig interloquendo"*

Schlußendlich schlug Kurbraunschweig noch eine zusätzlich Formulierung mit der Betonung auf Reich, Stände und deren Untertanen vor:
„da der vorliegende §. in hodierno eine Einreichung des gegenwärtigen Moniti noch nicht abzusehen gewesene gänzliche Umfassung erhalten habe: so wolle man nunmehro dieses Monitum demselben dahin adaptiren, daß man darauf antrage, daß dem jetzt verbesserten §. post verba >>zu Wasser und Land<< beigesetzt werde >>zum Wohl des Reichs, der Stände und Unterthanen bestens zu befördernden Kommerzien durch gemeinsame<<."[463]
Das Monitum von Kurbraunschweig wurde einstimmig in einem entsprechenden Conclusum angenommen:
Kurtrier „könne geschehen lassen, daß das nach Inhalt des §. vor erst einzufordernde Reichsgutachten in der jetzt angegebenen Maaße anverlangt würde." Kurköln, Kurböhmen und Kurpfalz schlossen sich dem an. Kursachsen „finde bei der angetragenen Fassung kein Bedenken", Kurbrandenburg gleichfalls nicht. Kurbraunschweig bezieht sich auf sein soeben geäußertes Monitum. Kurmainz „ist mit der weiters vorgeschlagenen Fassung einverstanden."[464]
Mit dieser Formulierung akzentuierte man die herausragende Stellung der Stände und ihrer Länder, indem man ausdrücklich neben dem Reich die Förderung der Wirtschaft in allen Ländern benennt. Damit wollte man klarstellen, daß die in den neu zu fassenden Reichspolizeiordnungen angestrebten Verfügungen insbesondere auch den Ländern zugute kommen sollten, da ihnen schließlich die „Polizeiobsorge" und die Bücheraufsicht unterlag.[465]
Dieses Monitum wurde von Kurbraunschweig in seiner ursprünglichen Fassung abgeändert, weil man wohl einsah, daß das Reichsgutachten bei dem Umfang, den es mittlerweile angenommen hatte, die Stellung der Stände stärker tangiert und aus diesem Grund so bald nicht zustande kommen würde.[466]

---

[463] HHStA RK WaKr. Fasz. 96c, 1790, unfoliiert (Diktat unmittelbar vor Bündel No. 22); HHStA MEA WaKr. Fasz. 82, 1790, Protokollduplikat: Sessio Prima, Sessio Nona; HHStA MEA WaKr. Fasz. 81, 1790, Mutterprotokoll (gebunden, 7. Stück, fol. 182f); HHStA MEA WaKr. Fasz. 81, 1790, Vollständiges Wahlprotokoll (gebunden, 5. Stück, S. 471f.)

[464] Ebenda.

[465] Wagner, Wolfgang: „Das Staatsrecht des heiligen römischen Reichs deutscher Nation.", 1968, S. 78, siehe dort § 127.

[466] Vgl. auch Häberlin: „Pragmatische Geschichte der neuesten kaiserlichen Wahlkapitulation und der an kaiserliche Majestät erlassenen kurfürstlichen Collegialschreiben.", 1792, S. 128f.

Kurmainz hatte sich insgesamt mit seinem Monitum durchgesetzt. Der Kapitulationspunkt wurde im beschlossenen Sinne geändert und erlangte mit der Beschwörung durch Leopold II. schließlich Rechtskraft.[467]

Bis zum Ende des Wahlkonventes am 14. Oktober 1790[468] wurde die Nachdruckfrage nicht mehr aufgegriffen, und auch das von Kurbrandenburg angeregte Kurkollegialschreiben wurde, wie bereits erwähnt, nicht angefertigt.[469] Dafür wurde aber ein anderes Kurkollegialschreiben verfaßt, welches eine weitere Sorge der Kurfürsten zum Ausdruck brachte. Es handelte sich dabei um die Zensur politischer Schriften und die Einhaltung derselben:
„Euer kaiserl. Majestät allererlauchtesten Einsicht und Beherzigung können die äußert bedenklichen Folgen keineswegs entgehen, welche sich in unseren Tagen durch eine grenzenlose Preß- und Druckfreiheit über das ganze deutsche Reich zum Nachtheil der allgemeinen Wohlfahrt verbreiten dürfte. Da nun diesem Übel und den weiteren verderblichen Fortschreiten desselben auf keine andere Weise als durch ein allgemeines und auf die gegenwärtigen Zeitumstände passendes Reichsgesetz das erforderliche Ziel gesteckt werden mag; so ersuchen und bitten Wir Euer k. Majestät ehrerbietigst, daß Allerhöchst dieselben über diesen für die gegenwärtige Zeitumstände so wichtigen Gegenstand eine reichstägliche Berathung allergnädigst zu veranlassen geruhen wollten."[470]
Es geht dabei um die Befürchtung, die Untertanen könnten vom rechten Glauben abkommen. Den Kurfürsten war es nicht gelungen, diesen Gegenstand zu dem damaligen Zeitpunkt zu regeln.[471] Das Kollegium scheiterte bei den Beratungen vom 3. August daran, ein Verbot revolutionärer Werke, die Konfiszierung der Schriften und Bestrafung der Autoren herbeizuführen.[472]

---

467 HHStA, a.a.O.

468 HHStA MEA, WaKr, Fasz. 73, 1790, unfoliiert, Sessio Vigesima Quarta.

469 Vgl. HHStA MEA WaKr. Fasz. 77, 1790, 2. Stück „Kurkollegialschreiben", fol. 25: Einzig das kurfürstliche Kurkollegialschreiben vom 10. Oktober 1790 wegen „Bedenken hinsichtlich der grenzenlosen Preß- und Druckfreiheit für die Allgemeine Wohlfahrt" wurde verfaßt. Siehe aber auch: Crome, August Friedrich Wilhelm: "Die Wahl-Capitulation der Römischen Kayser Leopold II. ... und Franz II. ...", Lemgo 1794, S. 127ff; sowie: Leopoldus II., Imperator Romanorum: „Fortsetzung der Abänderung und Zusätze zu der Wahlkapitulation Josephs II. mittels der Darlegung der Kaiserlichen Majestät Leopolds II. erlassenen kurfürstlichen Collegialschreiben", den 23. Oktober 1790, S. 33.

470 Kurfürstliches Collegialschreiben „Das Bücherwesen im Reich betreffend" vom 28. August 1790; vgl. ebenda.

471 Eisenhardt, Ulrich: "Die kaiserliche Aufsicht über Buchdruck, Buchhandel und Presse im Heiligen Römischen Reich Deutscher Nation (1496-1806)", 1970, S. 44.

472 Eisenhardt, Ulrich, a.a.O., S. 45.

Das Kurkollegialschreiben betraf den Gegenstand des Art. II[473] § 6[474] der Wahlkapitulation. Dort heißt es: „Zumal auch diejenigen, so sich gegen jetzt ermeldeten Friedenschluß und darinn bestätigten Religionsfrieden, als ein immerwährendes Band zwischen Haupt und Gliedern, und diesen unter sich selbst zu schreiben, oder etwas in öffentlichen Druck herauszugeben (als dadurch nur Aufruhr, Zwietracht, Misstrauen und Zank im Reich angerichtet wird) unternehmen würden oder sollten, gebührend abstrafen, die Schriften und Abdruck kassieren, und gegen die Authores sowohl Complias, wie erst gemeldet, mit Ernste verfahren, auch alle wider dem Friedensschluß eingewendete Prorestauriones und Contradictiones, sie haben Namen wie sie wollen, und rühren, woher sie wollen, nach besag erstgedachten Friedensschlusses verwerfen und vernichten, wie sie dann auch längst verworfen und vernichtet sind.“ [475]
Doch auch hier bestand das maßgebliche Problem, daß dem Kaiser nicht die notwendigen Möglichkeiten zur Durchsetzung dieses Kapitulationspunktes gegeben waren. Die Polizeihoheit und die Aufsicht über das Bücherwesen standen den Landesherren zu. So bat man den Kaiser, auch in dieser Angelegenheit, den Reichstag anzurufen und mittels eines Reichsgesetzes eine Regelung herbeizuführen. Denn nur unter Mitwirkung der Landeshoheit konnte in dieser Sache der erhoffte Erfolg erzielt werden.
Aber noch eine andere Verbindung kann hier heraus gelesen werden. Durch den Wegfall der Privilegien entfiele auch die Verbindung von Nachdruckschutz und Vorzensur. Vor der völligen „Preßfreiheit“ fürchteten sich die Kurfürsten gerade im Hinblick auf die Geschehnisse im benachbarten Frankreich.
Nachdem den Kurfürsten keine einheitliche Regelung zur Eindämmung der Verbreitung revolutionären Gedankenguts gelungen war, sollte dieser Gegenstand durch einen Reichsschluß geregelt werden, der dann unter Einschaltung aller Reichskollegien entsprechende Maßnahmen vorsehen sollte. Die Erweiterung des Reichsgutachtens um die Reichspolizeiordnungen im Jahr 1790 gewinnt unter diesem Aspekt einen neuen Gesichtspunkt. Von daher ist es nunmehr verständlich, daß schon der Auftrag für ein Reichsgutachten in den Wahlkapitulationen der Jahre 1790/92 nebeneinander die Bücheraufsicht im Rahmen der zu verbessernden Reichspolizeiordnungen und die Unterdrückung des Nachdrucks nannte (genauso wie 25 Jahre später im Art. 18 lit. d. der Bundesakte geschehen).[476] Durch ein Reichsgutachten war man in den Stand versetzt, eine aus-

[473] „Erhaltung der Reichsverfassung. Verbot gefährlicher Schriften.“

[474] „Verbot der Schriften wider den Religions= und westphälischen Frieden.“

[475] Roth, Johann Richard: „Die Wahlkapitulation des römischen Kaisers Leopolds des Zweiten...“, 1791.

[476] Gieseke, Ludwig: „Zensur und Nachdruckschutz in deutschen Staaten in den Jahren nach 1800“, In Historische Studien zum Urheberrecht in Europa, S. 26.

führliche reichsgesetzliche Regelung herbeizuführen, wie sie in einer Wahlkapitulation nicht möglich gewesen wäre. Dies gilt für die Zensur wie auch für die Bücherpreise. Außerdem konnte man so die Meinung und Zustimmung der anderen Reichskollegien einholen. Doch dazu kam es gar nicht, weil der Fürstenrat im Jahre 1792 dem Kaiser nur gestattete, Maßnahmen zu ergreifen, die nicht in die Polizeigewalt der Landesherren eingreifen.[477] Es war ein insgesamt stumpfes Schwert.

3. Kurmainz als treibende Kraft

Kurmainz war sicherlich im Hinblick auf die Nachdruckfrage eine der treibenden Kräfte, jedoch nicht für ein sofortiges Verbot des Nachdrucks mittels der Wahlkapitulation. Kurmainz war vielmehr die treibende Kraft für den letztlich erfolgreichen Vorstoß, den Gegenstand mittels eines Reichsgutachtens zu regeln.

Für dieses Ziel ging man seitens der Kurmainzer Direktorialwahlbotschaft mit der notwendigen Intensität vor. Sie hatte durch den Freiherrn Deel von Deelsburg erreicht, daß das Schreiben der Buchhändler Varrentrapp und Wenner sowie das des Verlegers Georg Adam Kayser in das Wahlprotokoll aufgenommen wurde,[478] ein Schicksal, das bei weitem nicht allen Eingaben an den Wahlkonvent zuteil wurde. Zudem hatte man durch ein recht früh verfaßtes Monitum, bereits zwei Tage nach Beginn der Hauptkonferenz, die Frage präsent gehalten. Auch darf nicht verkannt werden, daß der Kurfürst Friedrich Karl Joseph von Erthal (1719-1802, Kurfürst ab 1774) als Erzbischof von Mainz nicht nur das Amt des Ersten Kurfürsten, sondern auch das des Erzkanzlers des Reichs innehatte[479] und damit den wichtigsten Kurhof besaß. Er galt als Förderer des Handels und hatte offenbar auch ein offenes Ohr für den Buchhandel. Jedenfalls betrieb man die ganze Sache seitens des Kurhofs und versuchte, den Buchhandel durch eine Preishandelspolitik und ein Verbot des Nachdrucks zu unterstützen. Dies verdeutlicht ein Bericht vom 10. August 1790 der Kurmainzer Wahlbotschaft, worin die Wahlbotschafter an den Kurfürsten schreiben: [480] „Da die k.

---

[477] Eisenhardt, Ulrich: "Die kaiserliche Aufsicht über Buchdruck, Buchhandel und Presse im Heiligen Römischen Reich Deutscher Nation (1496-1806)", 1970, S. 45.

[478] HHStA MEA WaKr. Fasz. 81, 1790, 5. Stück, S. 184f, 7. Stück (Mutterprotokoll), fol. 68f (Beilage 13 und 14); HHStA MEA WaKr. Fasz. 73, 1790, 1. Stück, fol. 58 (Übersicht), 2. Stück unfoliiert; HHStA RK WaKr., Fasz. 96c, 1790, ad 10, unfoliiert.

[479] Wagner, Wolfgang: „Das Staatsrecht des heiligen römischen Reichs deutscher Nation.", 1968, S. 45, siehe dort § 17.

[480] HHStA MEA WaKr. Fasz. 78b, 1790, fol. 157f; HHStA MEA WaKr. Fasz. 75a, 1790, unfoliiert.

Wahlbotschaft auf diejenig Monita, welche der Freiherr von Albini[481] eingeführt hat, bis hirher von Art: I. bis Art: VIII in dessen Konferentialerwägung gezogen hat, und mit dem von dem dritten Wahlbotschafter Freiherr von Deel Euer k. Gnaden schon darüber erstatteten Gutachten von Art: I. bis Art: VIII. einschließlich vollkommen einverstanden ist: so können die von Freiherr von Albini gemachten, und bis hierher geprüften Monita auch nach unserer unmaßgeblichen Meinung keine Veränderung in der neuen Wahlkapitulation erwirken, ausgenommen, daß das von dem Freiherrn von Deel auf die Albinische Bemerkung, welche derselbe ad Art: VII. §. 1. gemacht hat, vorgeschlagene Monitum, die Verbesserung der Reichspolizeiordnung betreffend, aufgestellet werde."[482] Ad Art. VII § 1 heißt es weiter: „Ist man ... b.) mit dem kurmainzischen Monito, daß über die Beförderung des Buchhandels durch billigere Preise, und Unterdrückung des Nachdrucks vom Kaiser ein Reichsgutachten eingefordert werde, insofern andere Höfe geneigt sind, dieses Monitum zu unterstützen."[483]
Die von Albini gemachten Äußerungen lassen sich zwar nicht in den Akten finden, jedoch zeigt sich hier, daß Kurmainz mit allen zur Verfügung stehenden Mitteln die Machbarkeit einer Veränderung in der Wahlkapitulation überprüfte. Man kam zu dem Schluß, daß ein sofortiges Verbot des Nachdrucks durch die Kurfürsten nicht vorteilhaft sei. In dieser Hinsicht war man sich aber sicher, daß die Aufnahme des Nachdruckverbots in die Wahlkapitulation zulässig sei, soweit hierüber ein Reichsgutachten eingefordert werde. Dies stand nach Ansicht der Kurfürsten im Einklang mit der in Art. VII § 1 enthaltenen Disposition. Zudem erachtete man eine Regulierung der Bücher- bzw. Druckpreise im Zusammenhang mit einem Nachdruckverbot für ebenso notwendig, um dem Buchhandel im ganzen Reich zu helfen. Nicht nur wegen der Wehklagen der nördlichen Buchhändler über die teueren Originalauflagen, die sie auf die hohen Druckkosten im Norden zurückführten, erschien den Kurfürsten eine Erwähnung für angebracht, sondern auch wegen der Sorgen der Reichsbuchhändler, die durch den Nettohandel in Sachsen und durch die Transportkosten weitaus umfangreichere Kosten zu tragen hatten. Es war den Kurfürsten wohl

---

[481] Freiherr Franz Joseph von Albini (1748-1816), Staatsmann und Politiker. Er promovierte in Würzburg und wurde 1770 Hof- und Regierungsrat in Würzburg. 1775 wurde er an das Reichskammergericht berufen. 1787 ging er im Auftrag des Mainzer Kurfürsten Karl Friedrich von Ehrthal als geheimer Reichsreferendar nach Wien und agierte gegen Preußen und den deutschen Fürstenbund. 1790 wurde er zum Hofkanzler und Minister von Mainz ernannt und leitete 1792 als Direktorialgesandter die letzte Kaiserwahl. Als Direktorialgesandter für Mainz am Regensburger Reichstag wirkte er entscheidend am Reichsdeputationshauptschluß mit; DBE, Band 1, 1995.

[482] HHStA MEA WaKr. a.a.O.

[483] Ebenda.

nicht entgangen, daß im südlichen und kaufkraftärmeren Teil des Reichs auf die teueren Originalausgaben zugunsten von Nachdrucken verzichtet werden mußte, um die Nachfrage nach Literatur zu decken. Im Norden hingegen wurden in erster Linie Originale gehandelt, wobei die Nachdrucke auch in Norddeutschland gekauft wurden, wenn sie zu bekommen waren.[484] Im Süden war der Nachdruck allmächtig und beherrschte die Buchhändler wie auch das Publikum. Die Masse der Kunden kauften das Original nicht mehr, wenn ein Nachdruck auf dem Markt war oder zu erwarten war.[485] Wer seine Kunden halten wollte, mußte folglich mit Nachdrucken handeln.[486] Dagegen stand das Hauptargument der Verleger: die Schwächung der kaiserlichen Privilegien und damit einhergehend das wachsende Bedürfnis der Verleger, daß ihr „Eigentum" geschützt wird. Für Kurmainz war es in dieser Hinsicht ein Spagat zwischen dem Verbot des Büchernachdrucks und den Bücherpreisen.

Spätestens jetzt wird klar, daß Kurmainz bereits im Vorfeld eine Übereinstimmung mit den anderen Kurhöfen zum Vorteil für das ganze Reich gesucht und offensichtlich auch gefunden hat.[487] Allerdings wollte man nicht über die Wahlkapitulation den Nachdruck verbieten, sondern über die bereits in Art. VII § 1 enthaltene Disposition vom Kaiser ein Reichsgutachten einfordern, das sowohl ein Verbot des Nachdrucks als auch eine Regulierung der Preise vorsehen sollte. Nach dem Gutachten von Albini war wohl Kurmainz zu dem Schluß gekommen, daß ein sofortiges Verbot in der Wahlkapitulation nicht zu dem erhofften Erfolg führe. Daran änderte auch der Vermittlungsversuch des Freiherrn vom Stein nichts, der sich im Namen Preußens sich für ein sofortiges, wenn auch nur vorläufiges Verbot aussprechen wollte, welches sodann später im Reichstag bestätigt werden sollte.

Bei dem Vorgehen seitens Kurmainz ist aber noch ein anderer Umstand zu berücksichtigen. Zunächst wollte man ausgewiesener Maßen[488] lediglich ein Reichsgutachten über den Nachdruck und die Bücherpreise erstatten lassen. Bzgl. der Reichspolizeiordnungen sollte der Passus übernommen werden, wie er schon in der Wahlkapitulation Josephs II. enthalten war: „Ferner sollen und wollen Wir über die Polizey=Ordnungen, wie sie seynd, und noch ferners auf dem Reichs=Tage geschlossen werden, halten,"[489] und danach sollte das Reichs-

[484] KG, Band 3, 1909, S. 72.

[485] KG, ebenda.

[486] KG: a.a.O., S. 73

[487] Siehe hierzu die oben dargestellten Rückäußerungen von Kursachsen und Kurbrandenburg zu dem Mainzer Monitum.

[488] Vgl. erstes Monitum vom 11. August 1790; s. Punkt 1.

[489] Ursprüngliche Fassung des Art. VII. § 1 nach der Wahlkapitulation Josephs II. HHStA MEA WaKr., Fasz. 77, 1790, fol. 92; s.a. Punkt 3 in diesem Kapitel.

gutachten in der Fassung des Monitums vom 11. August 1790 eingefügt werden.[490] Später wurde allerdings ein Reichsgutachten über die Reichspolizeiordnungen, in dessen Rahmen dann auch der Buchhandel und Nachdruck berücksichtigt werden sollte, in das Kurmainzer zweite Monitum aufgenommen.[491] Dies zeigt deutlich, daß man den Buchhandel, nicht zuletzt wegen der Bücheraufsicht und Vorzensur, weiterhin als einen Gegenstand des Polizeirechts ansah. Erst in diesem Zusammenhang verknüpfte man die eigentlich privatrechtliche Sicherstellung der Rechte der Schriftsteller und Verleger mit einem Reichsgesetz. Man war insgesamt nicht bereit, den Buchhandel als einen rein privatrechtlichen Gegenstand zu betrachten. Erst recht nicht war man willens, die Verbindung zwischen Schutz vor Nachdruck und Zensur aufzugeben. Unter diesen Prämissen bestanden erhebliche Schwierigkeiten bei der Einordnung des Buchhandels und der Eigentumsrechte von Autoren und Verlegern unter dem Kontext einer Polizeiangelegenheit. Addiert man den wirtschaftspolitischen Aspekt der Bücherpreise noch hinzu, war eine Regelung in der Wahlkapitulation schon aufgrund des Umfangs eines solchen Gesetzeswerkes nicht mehr möglich.

4. *Die Rolle Preußens/Kurbrandenburgs*

Bei der Rolle Preußens[492] muß durchaus im Zusammenhang mit dem Bemühen des preußischen Legationsrates Johann Friedrich Ferdinand Ganz gesehen werden. Seine Haltung und die Preußens sind im Ergebnis identisch.

a. Der preußische Legationsrat J.F.F. Ganz als Wegbereiter.

Freilich darf man trotzdem die Rolle Preußens nicht unterschätzen. Schließlich war es der preußische Legationsrat J.F.F. Ganz, der durch sein Bemühen und seinen Aufsatz schon im Vorfeld den Boden mehr als nur bereitete. Vor allem auch deshalb, weil seine Flugschrift in voller Länge in das Protokoll aufgenommen wurde,[493] ganz im Gegensatz zu dem „Unterthänigsten Pro Memoria“ der assoziierten Buchhändler. Dies mag aber auch daran gelegen haben, daß

---

[490] HHStA MEA WaKr., Fasz. 75b, 1790, unfoliiert.

[491] Vgl. zweites Monitum vom 27. August; s. Punkt 1.

[492] Für Kurbrandenburg nahmen teil: als erster Wahlbotschafter Fürst von der Osten, genannt Sacken, „königlich preußischer Oberkammerherr sowie Staats- und Kriegsminister“ und als zweiter Wahlbotschafter Graf von Schiltz, genannt Görz, gleichfalls „königlich preußischer Staats- und Kriegsminister“; HHStA MEA WaKr., Fasz. 82, 1790, unfoliiert, „Sessio Prima“.

[493] HHStA MEA WaKr., Fasz. 76, 1790, unfoliiert.

letzteres Schreiben sehr spät bei dem Wahlkonvent einging – nämlich just an dem Tag, an dem der Gegenstand von den Kurfürsten behandelt wurde.[494]
Man sollte aber andererseits die Rolle des preußischen Legationsrates auch nicht überbewerten. Nicht er brachte die Sache zuerst bei dem preußischen König an, sondern der Graf von Goerz. Preußen selbst bemühte sich im Vorfeld um eine Behandlung der Frage beim Wahlkonvent. Ganz hat jedoch für Preußen insofern eine gewichtige Rolle gespielt, als er das Bindeglied zwischen dem Buchhandel und der Obrigkeit darstellte. Auch lieferte er die Begründungen, mit denen dann die Buchhändler bei den Kurfürsten und dem Wahlkonvent argumentierten. Es war aber sicher nicht so, daß es sich um eine private Initiative von Ganz gehandelt hat und er im Alleingang die Sache auf den Wahlkonvent beförderte. Kurbrandenburg jedenfalls war der einzige Kurhof, der offen ein sofortiges Verbot des Nachdrucks im Wege der Wahlkapitulation forderte, obwohl keiner der Kurhöfe die Notwendigkeit eines Nachdruckverbotes ernsthaft in Frage stellte.

b. Die Haltung Preußens.

Ganz vertritt in seiner Flugschrift die Haltung, wie sie Preußen später dann während der Hauptkonferenz auch verfocht. Ein sofortiges Verbot des Nachdrucks gestützt auf die Worte in Art. VII § 1 der Wahlkapitulation Josephs II. wie auch des Projektes einer dauerhaften Wahlkapitulation von 1711: „und die Commercia des Reichs zu Wasser und zu Land nach Möglichkeit befördern." Preußen bezieht sich sogar auf Ganz. Das preußische Monitum basiert auf einer Weisung des Berliner Hofes an seine Wahlbotschafter,[495] in welcher ausdrücklich auf die von Ganz verfaßte Schrift verwiesen wird.
Aber in der vorgenannten Formulierung lag eine der Schwierigkeiten, auf die die Wahlbotschafter gestoßen waren. Kurmainz hatte noch in seinem ersten Monitum genau diese Formulierung übernommen. Jedoch stellte man sich sogleich die Frage, was mit „Beförderung der Kommerzien" denn gemeint sein könnte.[496]
Auch in der damaligen juristischen Literatur sorgte die Formulierung für Unklarheiten. In Gerstlachers Anmerkungen heißt es zu Art. VII:[497] „Dieser Artikel scheint mir weniger zu enthalten, als der damit harmonierende siebende Artikel

---

[494] Das „Pro Memoria" datiert auf den 30. August 1790, ebenda.

[495] Vgl. drittes Kapitel, Punkt 3.

[496] Häberlin: „Pragmatische Geschichte der neuesten kaiserlichen Wahlkapitulation und der an kaiserliche Majestät erlassenen kurfürstlichen Collegialschreiben.", 1792, S. 126.

[497] Gerstlacher, Carl Friedrich: „Wie eine künftige Wahl=Capitulation zu verbessern seyn mögte", zu Art. VII, Aus Carl Friedrich Gerstlachers Anmerkungen über weil. Ihro kaiserl. Majestät Joseph des II. Wahl=Capitulation, 1789.

des Projects der beständigen Wahl=Capitulation. Denn nach diesem soll der Kaiser versprechen, auch über diejenigen, so mit Wucher und unzuläßigem Vorkauf und Monopolien, dem Reich und dessen Einwohnern, merklichen Schaden, Nachtheil und Beschwerung zufügen, nach Inhalt der Polizey=Ordnung, ernstliches Einsehen zu thun und zu verfahren. Dieses ist nun zwar in so weit auch wesentlich im siebenden Artikel § 1 unsers Text versehen, als der Kaiser darinn verbunden wird, über die Polizey=Ordnungen, wie sie sind, und noch ferners auf dem Reichstag geschlossen werden, zu halten. Wörtlich aber, steht es doch nicht da. Daher möchte bey Abfassung einer künftigen Wahlkapitulation wohl Ueberlegung verdienen, ob solche nicht in diesem unschädlichen Punkt dem Project der beständigen Wahl=Capitulation gemäßer einzurichten wäre, oder was desfalls im Wege stehe."

Als man hier seitens des Kurmainzer Direktoriums ebenfalls zu keinem eindeutigen Ergebnis kam, änderte Kurmainz sein Monitum kurzerhand ab. Man vermied es, den Bergriff „befördern" zu verwenden und versuchte, über den gesamten Gegenstand ein Reichsgutachten zu fordern.[498] Dies ergibt ein Vergleich zwischen dem ersten Monitum und dem zweiten Monitum. Die zweite Fassung ist weitaus ausführlicher und schreibt den Erlaß gemeinsamer angemessener Maßregeln vor. Außerdem wird nunmehr auch die Reichspolizeiordnung von dem Reichsgutachten erfaßt.[499]

Jedoch wies Kurbraunschweig jetzt darauf hin: „nur gebe man anheim, ob nicht etwa nach dem Worte: Vorhandene und in mittels kräftigst aufrecht zu erhaltenden Polizeiverordnungen, und so auch zwischen den Worten Verbesserung der Kommerzien eingeschalten werden möge ‚Verbesserung der zu Wasser und zu Lande' nach Möglichkeit zu beförderenden Kommerzien, damit die gegenwärtig in dem §. liegende Disposition in voller Maße beibehalten werde."[500] Um dem stattgeben zu können, fügte man den Bergriff „Beförderung der Kommerzien" wieder ein. Nunmehr war trotz aller Bedenken der Begriff „befördern" wieder enthalten. Hieraus ist zu ersehen, wie sehr die Gesandten mit der Unbestimmtheit der Begriffe in der Vorlage und der Wahlkapitulation zu kämpfen hatten. Auch aus diesem Grund entschloß man sich, den gesamten Gegenstand mittels eines Reichsgutachtens zu regeln und zunächst das Ziel nur allgemein zu um-

---

[498] Nicht zuletzt auch deshalb, weil man seit geraumer Zeit auf dem Gebiet der Polizei einen Reformstau zu beklagen hatte. Die Reichspolizeiordnung stammte aus dem Jahre 1577. Vgl. Eisenhardt, Ulrich: „Die kaiserliche Aufsicht über Buchdruck, Buchhandel und Presse im Heiligen Römischen Reich Deutscher Nation (1496-1806)", 1970, S. 47; Roch, Johann Chr. F.: „Materialien zu einer Geschichte des Buchhandels", 1795, S. 91f.

[499] Vgl. auch Punkt 3.

[500] Dabei ist zu beachten, daß die Sicherung der Privilegien für die Fürsten und anderen Stände einer der elementarsten Punkte in der Wahlkapitulation war; vgl. Kleinheyer, Gerd: „Die kaiserliche Wahlkapitulation", 1968, S.4.

reißen, ohne vorerst irgendeine Art von Disposition zu treffen. Später sollte dann alles zusammen ausführlich mittels eines Reichsgutachtens geklärt werden. Außerdem konnte man auf diese Weise andere Gegenstände mitbehandeln, wie etwa die Regulierung der Bücherpreise oder die (Vor-)Zensur.

Jedenfalls war Preußens Monitum damit erledigt. Nicht nur, daß mit diesem an der alten Fassung des Art. VII § 1 mit der strittigen Formulierung festgehalten worden wäre, so hätte dies auch ein Umgehen des gerade zuvor beschlossenen Reichsgutachtens bedeutet. Daher mußte dieses Monitum durch Beschluß abgelehnt werden. Preußen wehrte sich hiergegen,[501] wohl wissend um die Aussichtslosigkeit dieses Unterfangens, nicht.

c. *Wirkung eines sofortigen Verbots*

Hier muß man sich nun die Frage stellen, ob ein sofortiges Verbot tatsächlich zum gewünschten Erfolg geführt hätte. Preußen selbst wies darauf hin, daß man die Polizeiobsorge in den Händen der Landesherren belassen möchte. Nun war es aber bereits so, daß gerade die kaiserlichen Privilegien schon keine Durchsetzung in den jeweiligen Territorialstaaten mehr erfahren haben, weil die Polizeihoheit bei den Landesfürsten lag und der Kaiser insoweit keine Gewalt hatte.[502] Ein Verbot des Nachdruckes in der Wahlkapitulation, das nur von den Kurfürsten durchgesetzt und vom Kaiser beschworen wurde, verhieß den wenigsten eine wirkliche Verbesserung; gerade auch weil es ein Eingriff in die Rechte der anderen Reichsstände dargestellt hätte. Sie beanspruchten für sich die Landeshoheit in der Vergabe von Privilegien und die Aufsicht über das Bücherwesen.
Pütter schrieb 1777 daher schon: „Eben so gewiß ist es aber auch, daß der Kaiser heutigen Tages keine Privilegien geben kann, die in die Regierungsrechte der Reichsstände einen Eingriff thun. Insbesondere ist dem Kaiser ganz ausdrücklich die Gewalt benommen, Monopolien zu ertheilen. Daher es ganz vergeblich seyn würde, durch ein kaiserliches Privilegium ein solches Recht zu erlangen, daß ein Buch von der Art sonst in ganz Teutschland niemand als ein solcher Privilegirter in Verlag nehmen könnte“.[503]

---

[501] Vgl. Punkt 2.b.).

[502] Wagner, Wolfgang: „Das Staatsrecht des heiligen römischen Reichs deutscher Nation.“, 1968, S. 77, siehe dort § 126; S. 78, siehe dort § 127.

[503] Pütter, Johann Stephan: „Beyträge zum Teutschen Staats- und Fürstenrecht“, 1777, 1779, S. 279f.; Art. I § 9, Art. VII, §§ 3, 4, 5 der Wahlkapitulation.

d. Rechtliche Bedenken gegen ein sofortiges Verbot

Hier muß beachtet werden, daß das Leben eines Untertans oder Bürgers nicht in erster Linie von Kaiser und Reich, sondern von dem jeweilige Landesherren und dessen Verwaltung bestimmt wurde.[504] Das Problem lag in diesem Fall vor allem darin, daß nur die Kurhöfe direkt an der Wahlkapitulation teilnahmen. Die anderen Fürsten und Reichsstände waren insoweit ausgeschlossen. Sie hatten zwar ihr eigenes Kollegium, waren aber nicht wahlberechtigt. Monita konnten folglich nur von den Kurfürsten eingebracht werden. Wollten die anderen Fürsten und Reichsstände einen Gegenstand in der Wahlkapitulation durchsetzen, konnten sie durchaus Eingaben machen, wie jeder andere auch.[505] Jedoch wurde nicht jede Eingabe zu Protokoll genommen oder gar behandelt. Da die anderen Fürsten und Reichsstände keinen direkten Einfluß nehmen konnten, blieb ihnen nur die indirekte Einflußnahme auf einzelne Kurhöfe. Wollte man gar ein Monitum einbringen, mußte man einen Kurhof dazu bringen dieses „zu adoptieren", ein Umstand, der den Reichsfürsten ein Dorn im Auge war und einer der Gründe dafür, daß der Fürstenstand immer wieder auf eine ständige Wahlkapitulation drängte.

Daraus ergab sich eine Reihe von Streitfragen. Konnten die Kurfürsten in der Wahlkapitulation über Gegenstände Verfügungen treffen, wenn diese nicht nur ihnen, sondern auch anderen Fürsten und Reichsständen zugewiesen waren – wie etwa die Privilegien? Wären die anderen Fürsten und Reichsstände überhaupt an eine solche Kapitulation gebunden? Oder muß der Gegenstand an ein anderes Gremium verwiesen werden?[506]

Dabei ist auch noch zu berücksichtigen, daß die Sicherung von Privilegien für die Fürsten und anderen Stände einer der elementarsten Punkte in der Wahlkapitulation darstellte. Dies stellte einen weiterer Grund dar, warum die Reichsfürsten immer wieder auf eine dauerhafte Kapitulation hinwirkten. Gerade die Privilegien, das Bücherwesen betreffend, liegen in der Landeshoheit der jeweiligen Fürsten. Hier bestand die Auffassung, daß kaiserliche Privilegien dort nicht greifen, wo bereits landesherrliche Privilegien bestehen.[507]

---

[504] Aretin, Karl Otmar Freiherr von: „Das Alte Reich: 1648-1806", 1997, Band 3, S. 16.

[505] Vgl. Einleitung Punkt 2.c).

[506] Vgl. zu den aufgeworfenen Fragen: Moser, Johann Jacob: „Neues teutsches Staatsrecht", Band 5: „Von denen kayserlichen Regierungsrechten und Pflichten", 1772, S. 587f, § 144; Reuß, Johann August: „Teutsche Staatskanzley", 1791, XVIII. Theil, S. 350ff; Kösel, Joseph: „Ueber Teutschland, Kaisertodesfall, Trauer, Reichsvikarien, Wahltag, Wahlkapitulation, Wahl, Krönung ...", 1790, S. 59ff.

[507] Pütter, Johann Stephan: „Beyträge zum Teutschen Staats- und Fürstenrecht", 1777, 1779, S. 279f.; Art. I § 9, Art. VII, §§ 3, 4, 5 der Wahlkapitulation; vgl. auch Eisenhardt, Ulrich: „Die kaiserliche Aufsicht über Buchdruck, Buchhandel und Presse im Heiligen Römischen

(wird auf der folgenden Seite fortgesetzt)

In dieser Hinsicht vertrat von Selchow sogar die Meinung, daß bei Vorliegen eines landesherrlichen Privilegs das Recht des Kaisers aufhört, von der Vergabe eines Privilegs zugunsten eines anderen Gebrauch zu machen.[508] Der Kaiser wäre damit an das landesherrliche Privileg gebunden.
Herrschend war aber die von Moser vertretene Gegenansicht, nach deren Auffassung das landesherrliche Privileg nur in dem jeweiligen Territorium Geltung besaß und nicht für das ganze Reich und somit den Kaiser auch nicht daran hinderte, ein Privileg für das ganze Reich mit Ausnahme des Landes, in dessen Territorium bereits ein Reichsstand ein Privileg für das Buch vergeben hatte, zu erteilen.[509]
Moser schreibt schon 1773 zu den landesherrlichen Privilegien:[510] „Nach und nach haben auch vile Reichsstände sich eben dises Rechts[511] in ihrem Landen angenommen. Der Grund dises Rechts beruhet darauf, daß 1. das Bücherwesen ein Stück der Polizey ist, deren Obsicht und Direction jedem Landesherrn zustehet; 2. ist der Bücher-Verlag ein Stück der Nahrung, deren Bestimm= und Einschränkung abermalen dem Landesherrn nicht entzogen werden kann; 3. die Buchdruckerey und der Handel mit gedruckten Büchern ist eine Erfindung neuerer Zeiten; kann also nicht ursprünglich der kayserlichen Hoheit ankleben, und es ist kein Reichsgesez oder Reichsherkommen vorhanden, so dem Kayser dises Recht privative zu legte; 4. im Gegentheil ist nun schon von langer Zeit im Reichsherkommens, daß ein Reichsstand in seinen Landen dergleichen Privilegien ertheilt, ohne daß der kayserliche Hof etwas dagegen erinnert hätte.“
Das Bücherregal,[512] soweit es die Erteilung von Druckprivilegien umfaßte, war also gegen Ende des Heiligen Römischen Reichs deutscher Nation praktisch weitgehend den Reichsständen zugewachsen.[513] Die Reichsfürsten hatten jedoch unterschiedliche Vorstellungen davon, wie die Wirtschafts- und Gewerbepolitik im Reich auszusehen habe. Da die Reichsfürsten von ihrem Recht, privilegia impressoria zu erteilen, recht betriebsam Gebrauch machten, wäre es eine Be-

---

Reich Deutscher Nation (1496-1806)“, 1970, S. 135ff.

[508] Vgl. Moser, Johann Jakob: a.a.O., S. 587f.; aber auch Eisenhardt, Ulrich: a.a.O., S. 14f.

[509] Moser, Johann Jacob: Ebenda.

[510] Moser, Johann Jacob: „Teutsches Staatsrecht“, Band 16.7: „Von der Landeshoheit in Gnaden=Sachen“, S. 52.

[511] „Druckfreyheit als Landesherrliche Erlaubniß, daß der Befugte etwas allein drucken und in dem Land verkaufen dörffe, alle anderen Personen sich aber dessen enthalten sollen.“

[512] So nannte man die Berechtigung, auf dem Gebiet des Bücher- und Pressewesens Befugnisse auszuüben; vgl. Eisenhardt, Ulrich: „Die kaiserliche Aufsicht über Buchdruck, Buchhandel und Presse im Heiligen Römischen Reich Deutscher Nation (1496-1806)“, 1970, S. 7f.

[513] Gieseke, Ludwig: „Beiträge zu zwei Kapiteln der Urheberrechtsentwicklung in Deutschland bis 1800“, UFITA Band 130 (1996), S. 22.

schneidung ihrer Rechte gewesen, wenn die Reichskurfürsten durch ein allgemeines Verbot des Nachdrucks die Privilegien überflüssig gemacht hätten. Ein derart grundlegendes Reichsgesetz konnte im alten Reich nur mit Zustimmung aller betroffenen Fürsten ergehen, da man ansonsten Gefahr lief, daß dieses Reichsgesetz von den Fürsten nicht beachtet wird.

So äußert Senckenberg[514], daß in der Wahlkapitulation nur verordnet werden kann:

(1) „daß der Kaiser binnen denen ihm überhaupt zur Erfüllung der Kapitulationsversprechen vorzuschreibenden zwei Jahren, den Vortrag bei dem Reichstag thäte, eine allgemeine Verfügung gegen den Nachdruck zu machen."

(2) „daß er das sehr billige Versprechen thäte, zu keiner Unternehmung, worunter Nachdruck steckt, ein Privilegium zu geben."

(3) „daß er den Reichshofrath anhielte, Processe in Nachdrucksachen, so gut in Betreff von Büchern die kein Privilegium erlangt, als die, so dergleichen erhalten betreffend, zu erkennen."

Mehr ist nach seiner Ansicht in der Wahlkapitulation nach dem deutschen Staatsrecht nicht zulässig. Für alle weitergehenden Gesetze sind Reichstagsberatschlagungen erforderlich, da insoweit keine gesetzgeberische Gewalt für neue Gesetze in der Wahlkapitulation besteht. Die Kurfürsten haben nicht „die Vollmacht von dem gesamten Reich empfangen", um das sofortige Nachdruckverbot dem künftigen Kaiser zur Unterschrift und Beschwörung vorzulegen.[515]

Auch Reuß äußert hierzu:[516] „So sehr sich auch verschiedene Schriftsteller bemüht haben, den Nachdruck als einen schon durch die Naturgesetze verbotenen Eingriff in fremde Eigenthumsrechte darzustellen; so scheinen doch ihre Gründe eigentlich nur dahin zu gehen, daß der Gesetzgeber Ursache habe, diesem Mißbrauch durch positive Gesetze Schranken zu setzen. Ein allgemeines Reichsgesetz zur Sicherstellung des Schriftsteller=Eigenthums wird wohl noch lange Zeit unter die frommen Wünsche des teutschen gelehrten Publikums gehören, da die teutsche Landesherren in neuern Zeiten sich selten dazu entschließen, sich in Ausübung der landesherrlichen Gesetzgebungsgewalt durch Reichsverordnungen die Hände binden zu lassen. In dessen Ermangelung würden die Kaiserliche Druck=Privilegien ein schlichtes Mittel seyn, um einestheils dem Schriftsteller bey dem Genuß der Früchte seines Fleisses und seiner Talente zu

[514] Senckenberg, Renatus Karl von: „Gedanken über verschiedene Paragraphen [...]", 1790, S. 51 - 59.

[515] Senckenberg, Renatus Karl von: a.a.O., S. 52.

[516] Reuß, Johann August: „Teutsche Staatskanzley", XVIII. Theil, 1791, S. 351ff.

schützen, und andernfalls auch durch gewisse Modifikationen dem übertriebenen Eigennuz der Verleger Einhalt zu thun. Allein eben jene Kollision zwischen den Kaiserlichen Reservatrechten und der Territorialgewalt der Reichsstände legt auch hier die größten Hindernisse in den Weg; nebendem, daß ohnehin bisher bey der Ertheilung der Druckprivilegien nicht immer diejenige Grundsätze beobachtet worden zu seyn scheinen, bey welchen die gegenseitigen Erwartungen und Ansprüche sowohl des Schriftstellers als des Publikums auf eine billige Weise befriedigt werden."

Crome merkt zu dem Problemkreis an:[517] „Indeß, war es leicht abzusehen, daß dieser Vorschlag nicht so leicht Eingang finden würde; da die Abfassung eines solchen, allgemeinen Reichsgesetzes, zu sehr in die gesetzgebende Gewalt und die Landeshoheits=Rechte der sämtlichen deutschen Fürsten eingreift, als daß die kurfürstlichen Wahlbotschafter dasselbe für sich allein hätten abfassen können; so wie es dann auch noch die Frage gewesen wäre: ob die deutschen Fürsten ein solches allgemeines, ohne Zuziehung des Reichstages abgefaßtes Gesetz in ihren Staaten verfolgt haben würden." Wobei Crome auch den Zusammenhang von Veröffentlichung der Bücher unter einem Nachdruckgesetz und der Problematik der Preßfreiheit herstellt[518] und hierbei die Frage stellt, wie die Zensur durch das Reich gewährleistet werden sollte, ohne in die Hoheitsgewalt der Landesherren einzugreifen. Er kommt allerdings zu dem Schluß, daß ein bloßes Gesetz gegen den Nachdruck durchaus statthaft wäre, wenn „die Polizey=Obsorge aber, in Ansehung des Buchhandels, Bücherpreise, und des Druckwesens, dem jeweiligen Landesfürsten überlassen werde!"[519] Damit entspricht er dem kurbrandenburgischen Monitum, welches genau dies vorgeschlagen hatte: Ein sofortiges Verbot des Nachdrucks bei einem Verbleib der Polizeihoheit bei den Landesherren und einer Verweisung dieses Punktes an den Reichstag.

Nach der Ausgestaltung der Verfassung konnte man der Auffassung sein, daß über nichts, was den Rechten oder Freiheiten der Fürsten oder Reichsstände entgegen läuft, ohne deren Mitbewilligung verfügt werden dürfte. Wegen der Landeshoheit wäre ein solches Vorgehen auch nicht durchsetzbar gewesen. Die Fürsten und Stände hätten dagegen protestiert und solches keinesfalls als

[517] Crome, August Friedrich Wilhelm: „Die Wahl-Capitulation der Römischen Kayser Leopold II. ... und Franz II. ...", Lemgo 1794, S. 106; ders.: „Die Wahlkapitulation des römischen Kaisers, Leopold des Zweiten...", Hilbrighausen 1791, S. 67.

[518] Crome, August Friedrich Wilhelm: „Die Wahl-Capitulation der Römischen Kayser Leopold II. ... und Franz II. ...", Lemgo 1794, S. 115f; ders.: „Die Wahlkapitulation des römischen Kaisers, Leopold des Zweiten...", Hilbrighausen 1791, S. 69.

[519] Crome, August Friedrich Wilhelm: „Die Wahl-Capitulation der Römischen Kayser Leopold II. ... und Franz II. ...", Lemgo 1794, S. 118.

Reichsgesetz anerkannt, sondern für unstatthaft erklärt.[520] Bei dem desolaten Zustand der Reichsgewalt wäre eine solche Bestimmung von dem Kaiser und seiner Regierung gegenüber den Fürsten einfach nicht durchsetzbar gewesen.

So merkt auch Ganz im Journal von und für Deutschland in einer Fn. an: „Und doch kann dieser Vorschlag ohne die Reichsversammlung nicht zu Stande kommen. Die Kurfürsten sind freylich im Besitze die Capitulationspuncte ausschlüssig vorzulegen, allein man weiß auch, wie eifersüchtig der Fürstenstand darüber ist, und wie sehr bey einem jeden Zwischenreich auf eine immerwährende Wahlkapitulation gedrungen wird. Die Sache müßte also vorher zu Regensburg entschieden worden sein, welches nun von Seiten jener Stände, welche die Nachdrucker schützen, großen Widerspruch erregen wird. Aber gesetzt auch: es ging per majora bey allen drey Reichscollegien durch, so wird es immer wieder einzelne Stände geben, welche das Si diis placet![521] unschätzbare Kleinod der Deutschen Freyheit das jus singulorum[522] vorschützen, sich protestando[523] verwahren, und wie weiland Kaiser Joseph II den Nachdruck in ihrem Staaten clam vel vi[524] begünstigen werden."[525]

Das Problem lag wohl weniger in der Frage, ob ein sofortiges Verbot des Büchernachdrucks verfassungsrechtlich machbar sei, sondern mehr in der Frage, ob es von den Territorialstaaten auch durchgesetzt werden würde. Eine grundlegende reichsrechtliche Regelung konnte nach der damaligen Auffassung aus tatsächlichen Gründen nur unter Mitwirkung aller Beteiligten zustande kommen.[526]
Aus diesen Gründen verwies man die Sache an den Reichstag zur Abstattung eines Reichsgutachtens. Dies bedeutete, daß die Sache von allen drei Reichskollegien gesondert beraten werden mußte:[527]

---

[520] Kösel, Joseph: „Ueber Teutschland, Kaisertodesfall, Trauer, Reichsvikarien, Wahltag, Wahlkapitulation, Wahl, Krönung ...", 1790, S. 59ff, S. 83ff.; Reuß, Johann August: „Teutsche Staatskanzley", XVIII. Theil, 1791, S. 350.

[521] Anm. d. Verf.: Wenn es aus eigener Machtvollkommenheit genehm ist!

[522] Anm. d. Verf.: das Recht des Einzelnen.

[523] Anm. d. Verf.: durch Einspruch.

[524] Anm. d. Verf.: heimlich oder eigenmächtig.

[525] Ganz, Johann Friedrich Ferdinand: „Kurze Übersicht der Gründe wegen der Schädlichkeit des Büchernachdrucks ...". In: Journal von und für Deutschland. Siebter Jahrgang. Erstes bis sechstes Stück. o.O. 1790. 5. Stück, Nr. XIV, S. 405ff.

[526] Vgl. auch: Gieseke, Ludwig: „Beiträge zu zwei Kapiteln in der Urheberrechtsentwicklung in Deutschland bis 1800", UFITA Band 130, 1996, S. 22.

[527] Conrad, Hermann: „Deutsche Rechtsgeschichte", 1966, S. 88ff.

(1)vom Kollegium der Kurfürsten;
(2)vom Kollegium der Fürsten, Prälaten, Grafen und Herren;
(3)vom Kollegium der Reichsstädte.

Zunächst hätten die beiden höheren Kollegien getrennt beraten müssen. Dann hätten sie miteinander in Verbindung treten müssen, um eine Übereinstimmung ihrer Beschlüsse zu erzielen. Wäre ein übereinstimmender Beschluß zustande gekommen, so hätte dieser dem Kollegium der Reichsstädte zur Beratschlagung und Erstattung des votum decisivum vorgelegt werden müssen. Im Falle der Einigung der drei Reichskollegien wäre die gemeinsame Erklärung dem Kaiser oder dem Prinzipalkommissar durch den Kurerzkanzler zugeleitet worden. Dem Kaiser hätte es sodann frei gestanden, dem Reichsgutachten seine Zustimmung zu geben oder nicht.[528] Die Wahlkapitulation zwang ihn jedoch dazu, seine Entscheidung unverzüglich zu treffen. Hätte er seine Zustimmung verweigert, wäre aus der ganzen Sache nichts geworden. Durch die Wahlkapitulation hätte er jedoch zumindest dazu verpflichtet werden können, ein Reichsgutachten herbeizuführen. Genau dies war der Gedanke, der in dem Monitum von Kurmainz zum Ausdruck kommt. Man war sich sicher, daß man mit einem sofortigen Nachdruckverbot im Rahmen der Wahlkapitulation und nur auf Betreiben der Kurfürsten in die Landeshoheit der Fürsten eingriff. Man war sich jedoch nicht sicher, inwieweit ein solcher Eingriff rechtmäßiger Weise geschehen konnte und inwieweit die Landesfürsten einen rechtmäßigen Eingriff auch beachten würden.
Auch Preußen war sich in diesem Punkt nicht ganz sicher – wie das Schreiben des Berliner Hofes an die Universität Halle belegt.[529] Preußen zeigte jedoch im Laufe der Verhandlungen einen Ausweg auf. Die verfassungsrechtlichen Bedenken richteten sich neben einem Eingriff in die Privilegienvergabe in erster Linie gegen einen Eingriff in die Polizeihoheit der Länder. Daher schlug Preußen vor, den Nachdruck sofort zu verbieten, aber die polizeiliche Überwachung bei den Ländern zu belassen und hierüber nachträgliche Beratungen bei dem Regensburger Reichstag zu führen. Ein solches Verbot und dessen Durchsetzung bedurfte aber – nach der mehrheitlichen Auffassung der Kurhöfe – der Mitwirkung aller Beteiligten.
Vorausgesetzt den Fall, daß die Reichskollegien zu einem übereinstimmenden Beschluß über diesen Gegenstand gelangt waren, konnte der Kaiser aufgrund der Wahlkapitulation gar nicht anders, als das Reichsgutachten zu ratifizieren und damit dem Nachdruckverbot reichsgesetzliche Kraft zu verleihen. Aus politischer Sicht hätte dieser Reichsschluß dann nicht nur auf einem Vertrag zwi-

[528] Wagner, Wolfgang: „Das Staatsrecht des heiligen römischen Reichs deutscher Nation.", 1968, S. 71, siehe dort § 108.
[529] Vgl. drittes Kapitel, Punkt 3.

schen den Kurfürsten und dem Kaiser geruht, sondern auf der übereinstimmenden Erklärung aller Reichsstände. Zudem bestand die Möglichkeit, auf diese Weise die Reichspolizeiverordnung aus dem Jahre 1577 zu reformieren, sowie die Durchsetzung mit zu behandeln und ggf. der Reichsgewalt zu unterstellen. Man hätte dann allen Beteiligten damit genüge getan. Ein Ausscheren eines Reichsstandes bei der Durchsetzung des Reichsschlusses wäre auf dieser Grundlage weitaus schwieriger gewesen. Andererseits bedeutet dies auch, daß eine solche neue allgemeine Reichspolizeiordnung wegen der besonderen Interessen einiger Reichsstände nicht so leicht zustande zu bringen war.[530] Daher war es Preußen auch daran gelegen, die Sache mittels eines Kurkollegialschreibens zu beschleunigen, um ggf. die Nachdruckfrage von dem Reichsgutachten über die Reichspolizeiordnungen zu lösen. Solche Kollegialschreiben waren ein durchaus probates Mittel, um dem Kaiser zusätzlich Anliegen zu der Wahlkapitulation zu unterbreiten,[531] in diesem Fall die Behandlung und Beschleunigung des Nachdruckverbotes mittels eines – bestenfalls – eigenen Reichsgutachtens.
Allerdings, und dies waren die weiteren Bedenken, die Kurbrandenburg geäußert hatte, war man nach der Formulierung der Wahlkapitulation darauf angewiesen, daß der Kaiser einen entsprechenden Antrag stellt. Kurbrandenburg merkte aus diesem Grund auch an, daß man die Sache lieber gleich an den Reichstag verwiesen sehen möchte. Die Erstattung eines solchen Gutachtens der Reichsstände aus freien Stücken und ohne vorherigen Antrag des Kaisers war durchaus nach der Reichsverfassung möglich und wurde in der Praxis auch des öfteren durchgeführt.[532] Kurbrandenburg konnte sich mit diesem Einwand aber nicht durchsetzen.

Wären die beiden höheren Kollegien verschiedener Meinung gewesen und nicht durch Re- und Korrelation zu einer Übereinstimmung gekommen, so wäre die den Nachdruck betreffende Sache in der Regel liegen geblieben.
Hätte der Kaiser aber weiterhin ein Reichsgutachten verlangt, so wäre noch die städtische Meinung gehört worden. Der Kaiser hätte dann nach dem Schluß zweier Kollegien ein Gesetz, welches den Nachdruck verboten hätte, ratifizieren können.[533]

---

[530] Darauf weist auch schon Crome hin; vgl. Crome, August Friedrich Wilhelm: „Die Wahl-Capitulation der Römischen Kayser Leopold II. ... und Franz II. ...“, Lemgo 1794, S. 104.

[531] Kleinheyer, Gerd: „Die kaiserliche Wahlkapitulation“, 1968, S. 100.

[532] Vgl. Moser, Johann Jacob: „Neues teutsches Staatsrecht“, Band 6.2: „Von den teutschen Reichs=Taegen. Zweyter Theil.“, 1774, S. 395.

[533] Wagner, Wolfgang: „Das Staatsrecht des heiligen römischen Reichs deutscher Nation.“, 1968, S. 71f, siehe dort § 109.

Alle diese Fälle sind aber nicht mehr eingetreten. Der Antrag des Kaisers auf Erstattung eines Reichsgutachtens wurde auf dem Reichstag zu Regensburg nie gestellt.

5. *Fehlen des Reichsgutachtens*

Auch wenn ein Reichsgutachten durch die fortbestehende Zersplitterung des Reichs und Mediation der kleineren Reichsstände immer schwieriger durchzusetzen war, so wurde es trotzdem immer wieder erfolgreich durchgeführt.[534]

Daß dieses Reichsgutachten nicht mehr zustande kam,[535] mag zum einen damit zusammenhängen, daß das Reich seit der französischen. Revolution vor weit gewichtigeren Problemen stand. Zu Beginn des ersten Koalitionskrieges[536] im Jahre 1792 wurde Mainz von den Franzosen besetzt und dann die Mainzer Republik errichtet. Der Kurfürst von Mainz mußte fliehen. Die gegebenen politischen Verhältnisse erforderten eine Beschleunigung der Wahl.[537]
Zum anderen war sicherlich auch ausschlaggebend, daß in den Jahren 1763 bis 1792 das Reich ein Exerzierfeld für Österreich und Preußen wurde. Den Politikern beider Länder ging es in erster Linie darum, den jeweils anderen zu übervorteilen und ihm zu schaden, wo man nur konnte.[538] Insgesamt war dies keine gute Ausgangslage für eine vernünftige Reichspolitik. Dies zeigte sich auch 1790 bei dem Ringen um die Kaiserkrone[539] und um die Vollmacht der preußischen Gesandtschaft bei den Wahlkonferenzen.[540]
Nachdem bei der Wahlkapitulation Leopolds II. größte Sorgfalt an den Tag gelegt und eine Vielzahl von Zusätzen aufgenommen wurde, glaubte man, sich anläßlich der Kaiserwahl Franz‘ II. 1792 kürzer fassen zu können und vielfach auf die Veränderungen in der Wahlkapitulation Leopolds II. verweisen zu können.[541] So begannen die Wahlkonferenzen bereits kurz nach dem Tode Leopolds

---

[534] Buschmann in HRG: Reichsgesetzgebung, IV. Band, Sp. 590ff.

[535] Vgl. Elvers, Christian Friedrich: „Über die in der Bundesacte zugesicherte Bundesgesetzgebung hinsichtlich der Sicherstellung der Rechte der Schriftsteller und Verleger gegen den Nachdruck“, in Themis 1827, I. Band, 2. Heft, S. 257.

[536] Österreich und Preußen gegen das revolutionäre Frankreich.

[537] Spiller von Mitterberg: „Beyträge zur genauen Kenntniß der Reichsverfassung Deutschlands...“, 1799, S. 282.

[538] Aretin, Karl Otmar Freiherr von: „Das Alte Reich: 1648-1806“, 1997, Band 3, S. 14.

[539] Aretin, Karl Otmar Freiherr von: a.a.O., S. 361ff.

[540] HHStA MEA WaKr. Fasz. 81, 1790, S. 486f.

[541] Spiller von Mitterberg: a.a.O., S. 282.

(am 1. März 1792) am 15. Juni 1792 und endeten schon am 5. Juli 1792. Die letzte Wahlkapitulation, die von Franz II. von 1792, erfuhr hinsichtlich des Bücher- und Pressewesens daher keine Veränderung mehr.[542]
In der Wahlkapitulation Franz' II. 1792 wurde der Passus die Reichspolizeiordnungen und den Büchernachdruck betreffend zwar ohne Änderung übernommen,[543] zu einer Durchführung kam es aber trotzdem bis zum Ende des Heiligen Römischen Reiches 1806 nicht mehr. Dies hatte sicherlich auch daran gelegen, daß das Thema für die deutschen Staaten angesichts der Verhältnisse in der napoleonischen Zeit keine Priorität hatte. Der Feldzug gegen Frankreich erlebte am 20. September 1792 in Valmy seine Wende und veränderte das politische Geschehen im Reich grundlegend.
Im bereits angesprochenen Jahr 1806 zog am 6. August Kaiser Franz II. die Konsequenzen aus der Entwicklung des Reichs seit Beginn der Koalitionskriege. Die Gründung des Rheinbundes, die Säkularisation der Reichsstände und das Fehlen einer die neuen Zeitumstände berücksichtigenden Reichsreform machte das Regieren für den Kaiser unmöglich. Er erklärte daher „das reichsoberhauptliche Amt und Würden [...] als erloschen".[544]

6. *Zusammenfassung*

Kurmainz rückte von seiner Position ab, die Sache gleich vor den Reichstag zu bringen und erst gar nicht in der Wahlkapitulation zu erwähnen. Zwar verlangte Kurmainz immer noch, daß das Nachdruckverbot auf dem Reichstag verhandelt wird, jedoch forderte man den Kaiser auf, hierüber ein Reichsgutachten von den Reichskollegien einzufordern. Dies war ein Kompromißangebot, mit dem man Preußen entgegenkommen wollte. Die Bereitschaft von Kurmainz, den Nachdruck doch in der Wahlkapitulation zu erwähnen, geht auf die Intervention des Freiherrn vom Stein zurück, der sich für die Erwähnung des Nachdrucks in der Wahlkapitulation einsetzte.
Um den Art. VII § 1 der Wahlkapitulation Josephs II., der für die Wahlkapitulation Leopolds II. als Vorlage diente, gab es insgesamt einige Wirren, wobei nicht klar war, welche Disposition in diesem Artikel zu sehen war. In dem Be-

---

[542] Schmelzer, Friedrich August, „Die kaiserliche Wahlkapitulation Seiner Majestät Franz des Zweyten....", Helmstedt 1793, S. 19ff; zu den Verhandlungen zur letzten Wahlkapitulation: HHStA RK WaKr. Wahlkapitulation, Faszikel 100b, 1792.

[543] HHStA RK WaKr. 100b, 1792, 1. Stück, fol. 114ff.; Elvers, Christian Friedrich: „Über die in der Bundesacte zugesicherte Bundesgesetzgebung hinsichtlich der Sicherstellung der Rechte der Schriftsteller und Verleger gegen den Nachdruck", in Themis 1827, I. Band, 2. Heft, S. 257f.

[544] Aretin in Brunner „Geschichtliche Grundbegriffe", Band 5.

mühen, die Disposition zugunsten der Kurfürsten aufrecht zu erhalten und trotzdem Klarheit zu schaffen, wurde der Art. VII § 1 in der beschlossenen Fassung weitaus umfangreicher als die Vorlage.
Ging es in dem ersten Kurmainzer Monitum zunächst nur um ein Reichsgutachten, welches die Beförderung des Buchhandels zum Gegenstand hatte, wurde nunmehr ein Reichsgutachten über die Verbesserung der Reichspolizeiordnungen, die Beförderung der Kommerzien und nebenbei noch des Buchhandels angefordert. Die Bedenken Preußens gegen ein derartig umfangreiches Gutachten lagen auf der Hand. Bis über all diese Gegenstände eine Einigung aller beteiligten Reichskollegien erzielt werden konnte, würde einige Zeit mit Beratschlagungen ins Land gehen. Außerdem war man in der Nachdruckfrage nun von einem viel komplexeren Themenbereich, nämlich der Reichspolizeiordnung und der gemeinsamen Maßregeln zur Verbesserung der Kommerzien, abhängig. Den Kurfürsten war klar, daß das Verbot des Nachdrucks nur durch die Beteiligung aller Reichsstände wirksam durch ein Gesetz geregelt werden konnte. Auch Preußen wußte um diesen Umstand. Aus diesem Grund sprach man sich für ein sofortiges Verbot des Nachdrucks aus, gegebenenfalls mit nachträglichen Reichstagsverhandlungen.
Auf Seiten der Kurfürsten schien man ein zusätzliches Problem erkannt zu haben. Man erkannte den ursächlichen Zusammenhang zwischen den hohen Druckkosten im Norden und dem Nachdruck im Süden. Wie man diesem Problem begegnen wollte, überließ man den Reichstagsberatschlagungen. Kursachsen wehrte sich wohlweislich hiergegen. Der Standortvorteil der sächsischen Buchhändler hatte zu einer beachtlichen Vormachtstellung der sächsischen Verleger geführt. Fast der gesamte Handel mit Originalausgaben wurde auf der Leipziger Messe getätigt. Unter Ausnutzung dieses Vorteils, begannen die sächsischen Verleger, durch ungewöhnlich hohe Honorare, alle Autoren an sich zu binden, deren Werke dem Geschmack der breiten bürgerlichen Schicht entsprachen.
Im Ergebnis wurde die Erstattung eines Reichsgutachtens über den Verbot des Nachdrucks beschlossen, welches jedoch bis zum Ende des Reichs nicht mehr zustande kam.

FÜNFTES KAPTIEL: KRITISCHE AUSEINANDERSETZUNG MIT DER LITERATUR

Nach der Darstellung der gewonnenen Ergebnisse geht es im folgenden um eine Auseinandersetzung mit der bisherigen Forschung und der zeitgenössischen Kommentierung. Zu den wesentlichen Thesen aus der Literatur wird daher kritisch Stellung bezogen.

1. Passivität des deutschen Buchhandels?

Von Vogel wurde unter Bezugnahme auf Cromes Kommentierung die These vertreten, daß Ganz durch die Buchhändler keine Unterstützung erhalten und diese sich insgesamt passiv verhalten hätten.[545]

Nach den zuvor dargestellten Ergebnissen der Recherche in den Archiven kann mit Sicherheit gesagt werden, daß der Buchhandel dem Aufruf von J. F. F. Ganz gefolgt war und jeweils ein Buchhändler bei dem jeweiligen Kurhof die von Ganz beigelegte Druckschrift einreichte. Für den Kurmainzer Hof und den Wahlkonvent waren die Frankfurter Buchhändler Varrentrapp und Wenner und für den Berliner Hof der Buchhändler Himburg zuständig. Sie handelten jeweils im Namen der assoziierten Buchhändler, welche sich wiederum aus über einhundert Buchhändlern aus dem ganzen Reich zusammensetzten. Der eigentliche Anstoß ging von einer Versammlung der Buchhändler anläßlich der Leipziger Ostermesse 1790 aus, bei der auch Ganz anwesend war. Folglich irrten Crome[546] und Vogel[547] darin, daß Ganz niemanden unter den Frankfurter Buchhändlern gefunden habe, der seine Bittschrift dem Wahlkonvent einreichte. Weiter gehen Crome und Vogel davon aus, daß die Buchhändler sich passiv verhalten hätten; Crome schreibt etwa: „Jedermann weiß, daß die Deputation der Buchhändler daselbst, welche während der Wahlzeit diese Angelegenheit eifrigst hätten besorgen und dahin sehen sollen, daß den kurfürstlichen Wahlbotschaftern die Bittschrift zur Abstellung des Büchernachdrucks frühzeitig wäre übergeben, und auf alle mögliche Art empfohlen worden, daß diese sich hierbey ungemein kalt

[545] Vgl. Einleitung, Punkt 3.c).

[546] Crome, August Friedrich Wilhelm: „Die Wahlkapitulation des römischen Kaisers, Leopold des Zweiten...“, Hilbrighausen 1791, S. 66ff; ders.: „Die Wahl-Capitulation der Römischen Kayser Leopold II. ... und Franz II. ...“, 1794, S. 108f.

[547] Vogel, Martin: „Deutsche Urheber- und Verlagsrechtsgeschichte zwischen 1450 und 1850“, AGB Bd. XIX (1978), Sp. 84f.

und saumselig bewieß, und manches zu vernachläßigen schien, was, zur Beförderung dieser Angelegenheit, damals für nöthig gehalten wurde“.[548]
Das Gegenteil war der Fall. Die Buchhändler trafen sich anläßlich der Leipziger Ostermesse und Jubilatemesse 1790, um über ein gemeinsames Vorgehen zu beraten und anschließend durch Bevollmächtigte zu handeln; so fand die Bittschrift von Ganz „von mehr als hundert der ansehnlichsten Buchhandlungen des nördlichen und südlichen Deutschlands“ Unterstützung dahingehend, „daß durch eine bündige Stelle in der künftigen Wahlkapitulation das Übel des Nachdrucks ausgerottet werde“.[549] Eingebracht wurde diese Vorstellung von den Frankfurter Buchhändlern Varrentrapp und Wenner, ein Umstand, den Crome in seiner Kommentierung gänzlich verschweigt,[550] gerade auch im Hinblick auf die Tätigkeit der Frankfurter Buchhändler.
Wenn Vogel[551] und Eisenhardt[552] davon ausgehen, daß die Eingabe Varrentrapps und Wenners kaum Beachtung gefunden habe, dann mag hier eine Rolle gespielt haben, daß zu einem späteren Zeitpunkt, am 30. August 1790, noch ein weiteres „Unterthänigstes Pro Memoria“ erfolgte, das gleichfalls durch die Frankfurter Buchhändler Varrentrapp und Wenner eingereicht wurde. In diesem haben „die assoziierten Buchhändler mit dankbahrster Rührung vernommen, daß Ihre bei den höchsten Churfürsten unterthänigst eingereichte Vorstellung und Bitte: dem verderblichen Büchernachdruck durch eine eigene Stelle der zu errichtenden kayserlichen Wahlkapitulation zu stimmen und das zu erwählende allerhöchste Reichs=Oberhaupt in den Stand zu sezen redliche Bücherverleger bei ihrem rechtmäßig erworbenen Verlags=Eigenthum zu schüzen, immer besonderen Aufmerksamkeit gewürdiget worden ist“.[553] Zudem fand sich noch eine Liste von insgesamt 104 Buchhändlern, die diese Initiative unterstützten. Diese letzte Eingabe fand tatsächlich nicht mehr die gleiche Beachtung wie die erste Vorstellung. Dies lag aber daran, daß sie just an dem Tag einging, als die Nachdruckfrage auf dem Wahlkonvent behandelt wurde. Hiervon muß aber die erste Eingabe der Buchhändler Varrentrapp und Wenner unterschieden werden. Diese war keineswegs ohne Bedeutung. Das zeigt sich schon daran, daß sie von der

---

[548] Crome, August Friedrich Wilhelm, ebenda.

[549] HHStA MEA WaKr. Fasz. 81, 1790, 5. Stück, S. 184f, 7. Stück (Mutterprotokoll), fol. 68f (Beilage 13 und 14); HHStA MEA WaKr. Fasz. 73, 1790, 1. Stück, fol. 58 (Übersicht), 2. Stück unfoliiert; HHStA RK WaKr., Fasz. 96c, 1790, ad 10, unfoliiert.

[550] Crome, August Friedrich Wilhelm: „Die Wahlkapitulation des römischen Kaisers, Leopold des Zweiten...“, Hilbrighausen 1791, S. 66ff; ders.: „Die Wahl-Capitulation der Römischen Kayser Leopold II. ... und Franz II. ...“, 1794, S. 103ff.

[551] Siehe oben: Einleitung unter Punkt 3.

[552] Eisenhardt, Ulrich: „Die kaiserliche Aufsicht über Buchdruck, Buchhandel und Presse im Heiligen Römischen Reich Deutscher Nation (1496-1806)“, 1970, S. 39.

[553] HHStA MEA WaKr., Fasz. 76, 1790, unfoliiert, „Unterhänigstes Pro Memoria“.

Kurmainzer Direktorialbotschaft dem Wahlkonvent zugeführt und gemäß einem Beschluß auf der Sessio Secunda[554] in vollem Umfang nebst der ungekürzten Flugschrift zu Protokoll genommen wurde.[555] Bei Betrachtung der Akten stellt man fest, daß ein derartiger Aufwand gegenüber dem der anderen Kapitulationspunkte heraussticht.[556]

Häberlin schreibt wenigstens kurz dazu: „Dieser lezte Zusaz[557] wegen des Nachdrucks war ohnstreitig mit durch die lauten Klagen, welche der königl. preußische Legationsrath Ganz im Namen des grösten Theils der teutschen Buchhändler geführt hatte, bewirkt."[558]
Auch Kapp/Goldfriedrich erwähnen, daß die Vorlage von Ganz durch die Buchhändler aufgenommen wurde. Sie gehen allerdings davon aus, daß der Buchhandel außerhalb der Initiative von Ganz einen Bund als assoziierte Buchhändler gebildet hätte. Dies ist jedoch nicht ganz richtig. Ganz selbst war auf der Ostermesse 1790, auf der sich die Buchhändler erstmals entschlossen, sich zu organisieren. Man stand in sehr engem Kontakt und die ganzen Bemühungen der Buchhändler zielten in der Folge auf den Vorstoß von Ganz ab.

2. *Nachdruck als Preisregulator?*

Vogel und Gieseke, wie auch Kapp/Goldfriedrich und Crome vertreten die Auffassung,[559] daß auf dem Wahlkonvent die Ansicht überwogen habe, ein Nachdruckverbot würde zu überhöhten Bücherpreisen führen und der Nachdruck sei ein notwendiger Preisregulator.

Meines Erachtens kann diese These weder stichhaltig widerlegt noch bestätigt werden. Jedoch konnte den Kurfürsten nicht entgangen sein, daß zwischen den teuren Originalausgaben aus dem Norden und der Kaufkraft im Süden ein Ge-

---

554 Vgl. auch: Häberlin, Carl Friedrich: „Pragmatische Geschichte der neuesten kaiserlichen Wahlkapitulation und der an kaiserliche Majestät erlassenen kurfürstlichen Collegialschreiben.", 1792, S. 19.

555 Vgl. HHStA MEA WaKr. Fasz. 76, 1790, unfoliiert; sowie HHStA MEA WaKr. Fasz. 81, 1790, 5. Stück, S. 184f, 7. Stück (hat im Mutterprotokoll keinen Niederschlag gefunden), fol. 68f (Beilage 13 und 14); HHStA MEA WaKr. Fasz. 73, 1790, 1. Stück, fol. 58 (Übersicht), 2. Stück unfoliiert; HHStA RK WaKr., Fasz. 96c, 1790, ad 10, unfoliiert.

556 Vgl. HHStA MEA WaKr. Fasz. 81, 1790, 5. Stück, S. 184f, sowie 7. Stück (Mutterprotokoll), fol. 68f (Beilage 13).

557 Gemeint ist damit das von Kurmainz eingebrachte Monitum.

558 Häberlin, Carl Friedrich: a.a.O., S. 127.

559 Vgl. Punkt 3 in der Einleitung.

fälle entstanden war. Die Nachfrage konnte offensichtlich nur mit billigeren Nachdrucken befriedigt werden, da die sächsischen Buchhändler alle Werke im Verlag hatten, die als anspruchsvoll und literarisch wertvoll galten. Der Süden konnte in dieser Beziehung nicht mithalten. So wurde auch von Seiten der Verfechter des Nachdrucks die Angst vor Monopolen und weiter steigenden Bücherpreisen geschürt. Dagegen wehrten sich zwar Preußen und Kursachsen. Tatsache ist aber, daß vor allem die sächsischen Verleger ihre Druckkosten mit dem Verkauf ihrer Originalausgaben im Norden Deutschlands deckten und dabei in diesen Ländern erhebliche Gewinne erwirtschafteten.[560] Gleiches galt für die Nachdrucker, die ihren Betrieb in erster Linie mit dem Verkauf von Originalausgabe führten, der Nachdruck war oftmals nur ein Nebenverdienst. Diejenigen, die sich auf den Nachdruck spezialisiert hatten, führten eher kleine Verlage. Natürlich gab es hiervon auch Ausnahmen. Anders sah es mit den Sortimentsbuchhandlungen im Süden aus. Diese konnten vielfach nur mit dem Nachdruck überleben. Die Originalausgaben zu beschaffen war viel zu aufwendig und kostspielig.[561] Außerdem blieben sie wegen der höheren Preise neben dem Nachdruck im Regal liegen. Der Nachdruck führte so sicherlich zu einer Abschöpfung eines Teils des Gewinns. Auch dieser Umstand dürfte den Kurfürsten genauso wenig entgangen sein, wie die steigenden Papierpreise und die steigende Anzahl von Büchern im Duodezformat.[562] Die Erwähnung der Druckpreise, gemeint waren wohl – wie Gieseke richtig vermutet – die Bücherpreise, geht auf das Nord-/Südgefälle im Buchhandel zurück. Von Seiten Kurmainz' vertrat man die Auffassung, daß ein Nachdruckverbot nur im Zusammenhang mit einer Regelung der Bücherpreise gesehen werden kann, um der Schieflage zwischen dem Norden und dem Süden des Reichs Rechnung zu tragen. Außerdem konnte nur unter Berücksichtigung der Verhältnisse im ganzen Reich mit einer Mehrheit beim Reichstag gerechnet werden. Die süddeutschen Politiker

---

[560] Wittmann, Reinhard: „Der gerechtfertigte Nachdrucker?“, UFITA Bd. 106 (1987), S. 124ff.

[561] Wittmann, Reinhard: a.a.O., S. 125.

[562] Anm. d. Verf.: Aus einem großen Papierbogen ergaben sich, nachdem er bedruckt, gefalzt und zerschnitten wurde, üblicherweise 16 Seiten. Allerdings gab es auch damals verschiedene Format. Ausgehend von einem Druckbogen kam als erstes das Folioformat (Abk. 2°). Bei diesem wurde der Druckbogen nur einmal gefaltet. Damit ergaben sich aus einem Bogen 2 Blatt, also 4 Seiten. Das nächstkleinere Format war das Quartformat (Abk. 4°). Hier wurde der Druckbogen zweimal gefaltet und ergab somit 4 Blatt bzw. 8 Seiten. Danach kam das Oktavformat (Abk. 8°). Bei diesem wurde der Druckbogen viermal gefaltet. Aus einem Bogen ließen sich so 8 Blatt und folglich 16 Seiten gewinnen. Etwas aus der mathematischen Reihe fällt das Duodezformat (Abk. 12°). Hier wird der Bogen sechsmal gefaltet. Ein Bogen ergab also 12 Blatt gleich 24 Seiten. Schließlich gab es noch das Sedezformat (Abk. 16°). Bei diesem wurde der Bogen achtmal gefaltet. Man konnte mit ihm aus einem Bogen 16 Blatt, also 32 Seiten gewinnen.

wären mit einer weiter anwachsenden Übermacht der norddeutschen Buchproduktion genauso wenig einverstanden gewesen, wie Kursachsen aufgrund seiner Vormachtstellung mit einer Erwähnung der Bücherpreise.

3. *Verfassungsrechtliche Bedenken?*

Vogel, Gieseke und Crome sind übereinstimmend der Ansicht, daß das sofortige Verbot des Nachdrucks an den Bedenken hinsichtlich der Verfassungsmäßigkeit eines Punktes in der Wahlkapitulation gescheitert sei.

Ob derartige Bedenken tatsächlich der Grund für die Verweisung des Nachdruckverbotes an die Reichsversammlung waren, kann nicht vollends bestätigt werden. Tatsächlich gab es Rechtsgelehrte, die verfassungsrechtliche Bedenken äußerten. Jedoch gab es andererseits, wenn man die Polizeihoheit bei den Landesherren beließ, wie von Preußen vorgeschlagen, durchaus gewichtige Stimmen, die eine Regelung für rechtmäßig hielten. Aus dem Umfeld der Wahlkonferenzen und der Formulierung der Monita kann auf andere Gründe für eine Verweisung an den Reichstag geschlossen werden. Betrachtet man den Zusammenhang von Büchernachdruck und Bücherpreisen, wie er von Anfang an von Kurmainz verfolgt wurde, und die gleichzeitigen Bestrebungen der Kurfürsten, die Zensur zu verschärfen,[563] dann kann man zu folgendem Schluß kommen: Es waren wohl weniger die verfassungsrechtlichen Bedenken, die den Ausschlag gegen ein sofortiges Nachdruckverbot gaben, sondern vielmehr der fehlende Wille, den Nachdruck zu verbieten, ohne eine Regelung wegen der Bücherpreise und Maßnahmen wegen der Zensur zu beschließen. Hier bestand die Befürchtung, daß ein Schutz vor Nachdruck zur völligen „Preßfreiheit" führen könnte, wenn er nicht mit der Zensur gesetzlich verbunden bleibt.[564] Eine derart ausführliche Regelung war aber im Rahmen einer Wahlkapitulation nicht denkbar. In diesem erweiterten Bereich, der die Zensurfrage und die Bücherpreise mit umfaßt, waren die verfassungsrechtlichen Bedenken evidenter als bei dem alleinigen Verbot des Nachdrucks.

Wenn es Gründe gab, die für eine Verweisung an die Reichsversammlung sprachen, dann die Befürchtung, daß sich die Fürsten an eine solche Regelung trotz ihrer Rechtmäßigkeit nicht halten würden. Seit dem Westfälischen Frieden 1648 verlor der Kaiser immer mehr Rechte an die Reichsstände und, selbst diejenigen Rechte, die ihm unzweifelhaft zustanden, konnte er unter Umständen gegen die Reichsstände bei Verstößen nicht durchsetzen.

---

[563] Eisenhardt, Ulrich: „Die kaiserliche Aufsicht über Buchdruck, Buchhandel und Presse im Heiligen Römischen Reich Deutscher Nation (1496-1806)", 1970, S. 38f und 128f.

[564] Gieseke, Ludwig: „Zensur und Nachdruckschutz in deutschen Staaten in den Jahren nach 1800"; in Historische Studien zum Urheberrecht in Europa, S. 21ff.

Häberlin führte den Weg über ein Reichsgutachten auf die Tatsache zurück, daß nicht klar war, welche Disposition in dem Art. VII § 1 der Wahlkapitulation zu sehen war, und daß dieser in sich mißverständlich formuliert sei.[565] Der Büchernachdruck sei sozusagen im „Huckepack" in dieses Reichsgutachten hineingeraten. Das kann aber nach den vorliegenden Erkenntnissen so nicht gewesen sein. Es war vielmehr umgekehrt. Das Reichsgutachten sollte sich zunächst nur mit dem Büchernachdruck und damit zusammenhängend mit den Druckpreisen beschäftigen. Erst später wurde das Reichsgutachten auf die Reichspolizeiordnung und die Kommerzien ausgedehnt.

4. Zusammenfassung

Im Ergebnis kann festgehalten werden, daß zumindest der Hergang auf der neunten Wahlkonferenz in der Literatur richtig dargestellt wurde, jedenfalls soweit dieser bekannt war. Die Schwierigkeit bestand jedoch darin, daß sich die Literatur bislang ausschließlich an dem Protokoll orientieren konnte, ohne Einblick in die Akten zu haben. Daher kannte man durchweg den vorangegangenen Schriftwechsel wenig bis gar nicht und war auf Vermutungen angewiesen.

Daraus resultierten mit Sicherheit auch einige Fehlvorstellungen und Irrtümer. Einer der gravierendsten Irrtümer liegt in der Annahme, der Buchhandel habe sich passiv verhalten. Wie nachgewiesen werden konnte, leistete der Buchhandel einen erheblichen Beitrag zum „Gelingen" des Unternehmens, auch wenn dieser Beitrag vergeblich geleistet wurde. Jedenfalls scheiterte die ganze Sache nicht an dem mangelnden Engagement des Buchhandels. In diesem Zusammenhang kann auch festgehalten werden, daß es sich nicht ausschließlich um eine private Initiative von Ganz gehandelt hat. Preußen nahm sich der Sache zunächst auf Bitten des preußischen Grafen Goerz an. Sicherlich unterstützte man in dem Rahmen auch die Initiative von Ganz, zumal er mit seinen Vorstellungen ganz auf der Seite Preußens stand. Kurmainz hingegen verfolgte seinen ganz eigenen Weg und ließ sich nur bedingt zu einem Kompromiß überreden. Von einer Unterstützung durch Kurmainz kann also nur eingeschränkt ausgegangen werden. Man kann letztlich sagen, daß die eigentlich treibende Kraft von Preußen ausging.

Daneben sollten die verfassungsrechtlichen Bedenken nicht überbewertet werden. Es waren weniger die verfassungsrechtlichen Bedenken gegen ein sofortiges Verbot des Nachdrucks in der Wahlkapitulation als vielmehr Bedenken

[565] Häberlin: „Pragmatische Geschichte der neuesten kaiserlichen Wahlkapitulation und der an kaiserliche Majestät erlassenen kurfürstlichen Collegialschreiben.", 1792, S. 127f.

dahingehend, ob dieses Verbot durch die in Länderhoheit befindliche Polizei durchgesetzt werden bzw. eine Verfügung in den Reichspolizeiordnungen allein aufgrund der Wahlkapitulation in rechtswidriger Weise gegen die Länderhoheit verstoßen würde. Gerade der letzte Punkt konnte nur durch ein Reichsgesetz ausgeräumt werden. Preußen zeigte hierzu einen Ausweg mit Belassung der „Polizeiobsorge" bei den Ländern und Verweisung dieser Sache an den Reichstag auf, der aber nicht von den Kurfürsten übernommen wurde.

Einer Regelung des Nachdrucks in der Wahlkapitulation stellten sich nach Ansicht einiger Kurfürsten viel dringendere Probleme in den Weg. Hier sind die Bücherpreise wie auch die Verknüpfung von Privilegien mit der Zensur zu nennen. Zum letzteren Punkt kann gesagt werden, daß die Befürchtung bestand, ein eigenständiges Nachdruckverbot könnte zur völligen „Preßfreiheit" führen, was man gerade in den Tagen eines revolutionären Nachbarn nicht wollte. Dies zeigt sich auch deutlich an dem Kurkollegialschreiben bzgl. des Art. II der Wahlkapitulation.

Soweit es die Bücherpreise betrifft, sind wohl den Kurfürsten die unterschiedlichen Bedingungen des Buchhandels in den einzelnen Provinzen des Reichs nicht entgangen. Vor dem Erlaß eines Nachdruckverbotes wollte man sicherstellen, daß die Bücherpreise ein akzeptables Niveau in allen Teilen des Reichs erreichten. Insofern sah man den Nachdruck tatsächlich als Preisregulator an. Dies kann auch deshalb nachvollzogen werden, weil von Anfang an die Bücherpreise in dem geplanten Reichsgutachten enthalten und mit dem Problem Nachdruck verknüpft waren. Wie sich schon aus der Formulierung des Artikels ergibt, wollte man der Neuordnung des Buchhandels im gesamten Reich unterstützend beistehen.

SECHSTES KAPITEL: § 18 DER BUNDESAKTE

Wie wir gesehen haben, kam es anläßlich der Wahlkapitulation Leopolds II. im Jahre 1790 zu dem Versprechen, daß ein Reichsgutachten zur völligen Unterdrückung des Nachdrucks erstattet werden sollte. Obwohl dieses Versprechen zwei Jahre später in der Wahlkapitulation Franz' II. wiederholt wurde, kam es noch nicht einmal mehr zu Vorbereitungen, um dieses Versprechen einzulösen.[566]

1. § 18 der Bundesakte

Es muß trotzdem nachfolgend noch kurz auf die Fortwirkung der Ereignisse des Jahres 1790 eingegangen werden. Dies ist insbesondere auch deshalb erforderlich, weil im Zusammenhang mit dem Wiener Kongreß die Behandlung der Nachdruckfrage anläßlich der Wahlkapitulation immer wieder Erwähnung gefunden hat:[567] Etwa durch Klüber, der in einer Nachschrift zu den „Acten des Wiener Congresses" ausführt:[568] „Ungeachtet der eifrigen Bemühungen der Herren Deputierten teutschen Buchhändler auf dem Congreß, und obgleich die Mehrzahl der Herren Bevollmächtigten der teutschen Bundesstaaten den Büchernachdruck im Allgemeinen zu mißbilligen schien, so konnte doch zu Wien mehr nicht bewirkt werden, als die Stelle in dem 18. Art. (lit. d.) der BundesActe, welche diese Angelegenheit, wie so manche andere nicht minder wichtige, an die Bundesversammlung verweiset. Den meisten Herren Bevollmächtigten schien dieser Gegenstand eines Theils für den Grundvertrag des Bundes nicht passend genug, andern Theils mit einem andern, noch auf näherer Erörterung beruhenden, – mit einer zweckmäßigen Bestimmung über Herstellung billiger Bücherpreise, welche schon in den Wahlkapitulationen von 1790 und 1792 beschlossen ward – in so engem Zusammenhang zu stehen, daß den einen ohne den andern zu erörtern und bestimmen, nicht rathsam sey." Zwar gab es mittlerweile vereinzelt Gesetze, die den Büchernachdruck allgemein untersagten, aber eine gesamtdeutsche Lösung fehlte nach wie vor. Als mit dem Bundestag ein neues Organ für die Wahrnehmung der gemeinschaftlichen deut-

---

[566] Jolly, Julius: „Die Lehre vom Nachdruck, nach den Beschlüssen des Deutschen Bundes dargestellt", UFITA Bd. 111 (1989), S.142.

[567] Vgl. Elvers, Christian Friedrich: „Über die in der Bundesacte zugesicherte Bundesgesetzgebung [...]", in Themis 1827, I. Band, 2. Heft, S. 257; Schürmann, August: „Die Rechtsverhältnisse der Autoren und Verleger", 1889, S. 168; Klüber, Johann L.: „Acten des Wiener Congresses", 4. Band, 1815, S. 23.

[568] Klüber, ebenda.

schen Aufgaben geschaffen wurde, dauerte es nicht lange, bis die Buchhändler erneut mit einer Vorstellung an die Obrigkeit herantraten. Insgesamt 82 Buchhändler schlossen sich zusammen und wählten aus ihrer Mitte eine Kommission, die bei dem Wiener Kongreß eine Petition einreichten, die wiederum ein allgemeines deutsches Verbot des Nachdrucks zum Gegenstand hatte.[569] Bereits hier werden erste Parallelen zu den Ereignissen im Jahre 1790 offenkundig. Erneut wurde die Leipziger Jubilatemesse, diesmal war es der dritte Sonntag nach Ostern im Jahre 1814, dazu genutzt, Bevollmächtigte zu ernennen, die im Namen einer Reihe von Buchhändlern gegen den Nachdruck vorgehen sollten. Unter den zu Leipzig anwesenden Buchhändlern findet sich so mancher, der bereits 1790 gegen den Nachdruck zu Felde gezogen war; beispielhaft seien hier Horvath aus Potsdam sowie Fleischer, Weidmann, Hahn, Breitkopf und Härtel aus Leipzig sowie Rottmann und Voß aus Berlin genannt. Aber auch unter den Deputierten[570] beim Wiener Kongreß finden sich altbekannte Namen. 1790 war Bertuch, Legationsrat zu Weimar, ebenso schon zugange wie Kummer aus Leipzig.

Sie versuchten beim Wiener Kongreß, wie sie es auch schon anno 1790 taten, die Argumente der Befürworter des Nachdrucks zu widerlegen, die sich im wesentlichen auf fünf Punkte reduzieren lassen:[571]

(1) Ohne den Nachdruck käme es zu einer Verteuerung der Bücher.
(2) Der Nachdrucker sei demjenigen gleichzusetzen, der etwa eine Fabrikware nachahmt.
(3) Durch den Kauf eines Buches werde der Käufer Eigentümer desselben und dürfe damit nach Belieben verfahren.
(4) Das Recht des Alleinhandels mit einem Buch sei ein Monopol und für die Allgemeinheit schädlich.
(5) Wenn der Nachdruck unrechtmäßig wäre, hätte es nie der Privilegien bedurft.

Diesbezüglich vertrat man seitens des Buchhandels die Ansicht, daß mit dem Schutz der Eigentumsrechte der Schriftsteller und Verleger eine Verminderung der Bücherpreise einhergehen würde.[572] Auf der Bundesversammlung schien,

[569] Klüber, Johann L.: „Acten des Wiener Congresses“, 4. Band, 1815, S. 31ff.

[570] Als Deputierte wurden bestimmt: Kummer, Vogel, Richter und Hartknoch aus Leipzig sowie Cotta aus Tübingen und Bertuch aus Weimar, wobei letzterer das Sekretariat führte.

[571] Hitzig, Julius Eduard: „Das Königl. Preußische Gesetz vom 11. Juni 1837 zum Schutze des Eigentums an Werken der Wissenschaft und Kunst gegen Nachdruck und Nachbildung...“, 1839. Neudruck in: UFITA, Band 107 (1988), S.171f.

[572] Schreiben von Bertuch als Deputierter des deutschen Buchhandels an die Bevollmächtigten der vereinigten teutschen souverainen Fürsten und freien Städte, Wien den 27. März 1815; siehe Klüber, Johann L.: „Acten des Wiener Congresses“, 4. Band, 1815, S. 35f.

wie schon 1790 die Ansicht zu herrschen, daß die Regelung des Nachdrucks im Verbund mit der Regulierung der Bücherpreise normiert werden müsse. Von daher schlugen die Buchhändler polizeiliche Maßregeln gegen Preisabsprachen von Buchhändlern vor, um derartige Gerüchte erst gar nicht aufkommen zu lassen.[573] Aber auch die Furcht vor Monopolen versuchten die Buchhändler zu zerstreuen, indem sie das alleinige Eigentumsrecht des Schriftstellers an seinem Werk mit dem alleinigen Eigentumsrecht des Gärtners an den Früchten seines Obstbaumes verglichen.[574] Folglich könne der Verleger das Werk wie die Früchte erhandeln. Als weiteres Argument, um die Angst vor Monopolen zu nehmen, führte man wie 1790 an, daß diese als notwendige und rechtmäßige Folge des Eigentumsrechts notwendig seien, sofern die Lehre von den Monopolen überhaupt auf den Buchhandel anwendbar sei. Das Eigentumsrecht wiederum sei bereits durch die Privilegien anerkannt.[575] Den Nachdrucker dahingegen verglich man mit einem Geldfälscher und die Verteidiger des Nachdrucks beschimpfte man als Sophisten.[576] Auch anno 1814 argumentieren die Buchhändler ähnlich wirtschaftlich wie seinerzeit schon Ganz in deren Namen, wenn sie schreiben: „Es ist bekannt, daß der Verleger oft mehrere hundert Exemplare absetzen muß, ehe er nur das Honorarium des Schriftstellers gewinnt; der Nachdrucker hingegen, der nur die Auslage eines einzelnen Exemplars zu machen hat, sobald die geringen Druckkosten ersetzt worden sind, zieht er reinen Gewinn von jedem nachgedruckten Exemplar, ohne zu fragen, ob der Schriftsteller, dessen Werk ihn bereichert, für seine Mühe, seinen Fleiß, sein Genie belohnt werden kann oder nicht. Ohne zu säen verkauft er das Korn, ehe noch der Säemann den Betrag seiner Aussaat wieder geerndtet hat.“ Wobei der Nachdrucker nur solche Werke auswählt, die sich schon innerhalb kürzester Zeit als gut absetzbar erwiesen hatten und so risikolosen Gewinn versprachen.[577] Derjenige, der das Risiko trägt, ist der Erstverleger, der noch gar nicht wissen kann, ob sich eine Investition lohnt. Er muß sein Risiko auf die Bücherpreise umlegen. Daher ist es nach Ansicht der Buchhändler der Nachdrucker, der für die steigenden Bücherpreise verantwortlich ist. Für sie ist, wie bereits 24 Jahre zuvor, der Nachdruck schädlich für die Kommerzien des deutschen Bundes.

Aber diese Initiative der deutschen Buchhändler weist noch weitere Ähnlichkeiten zu den Geschehnissen im Jahr 1790 auf:

---

[573] Denkschrift über den Büchernachdruck; zugleich Bittschrift um Bewürkung eines teutschen Reichsgesetzes gegen denselben – den Erlauchten, bei dem Congreß zu Wien versammelten Gesandten teutscher Staaten ehrerbietigst überreicht im Namen teutscher Buchhändler; siehe Klüber, Johann L.: a.a.O., S. 13f.

[574] Klüber, Johann L.: a.a.O., S. 6.

[575] Klüber, Johann L.: a.a.O., S. 12f.

[576] Klüber, Johann L.: a.a.O., S. 8.

[577] Klüber, Johann L.: a.a.O., S. 15f.

Anläßlich des Wiener Kongresses kam es in den Jahren 1814 und 1815 zu einer Reihe von gedruckten Erklärungen, die sich für oder wider den Büchernachdruck aussprachen.[578] Auch 1790 kam es im Vorfeld der Beratungen zu einer Reihe von Druckschriften für und wider den Nachdruck. Die Buchhändler sahen sich zudem veranlaßt, eine Vollmacht aller vereinigten Buchhändler bei dem Kongreß vorzulegen, da offensichtlich die Ansicht verbreitet war, es handele sich bei den Deputierten nur um Bevollmächtigte der Leipziger Buchhändler.[579]
Im Ergebnis erreichte man auf dem Wiener Kongreß kein Verbot des Nachdrucks, sondern wie schon 1790 nur die Ankündigung, daß man sich mit der Sache befassen werde; in Art. 18 der Bundesakte wird folgende Formulierung aufgenommen:[580] „Die verbündeten Fürsten und freien Städte kommen überein, den Unterthanen der teutschen Bundesstaaten folgende Rechte zuzusichern: .... d) Die Bundesversammlung wird sich, bei ihrer ersten Zusammenkunft, mit Abfassung gleichförmiger Verfügungen über die Preßfreiheit und Sicherstellung der Rechte der Schriftsteller und Verleger gegen den Nachdruck beschäftigen.“ Die durch diesen Artikel vorgesehenen gleichförmigen Verfügungen erfolgten jedoch erst Jahre später.
In dem Artikel 18 d) wurde der Schutz vor Nachdruck wieder in Verbindung mit der „Preßfreiheit“ und damit mit der Frage der Zensur gestellt.
Im Jahre 1790 verwies man ganz ähnlich die Sache an die Reichsversammlung zur Abstattung eines Reichsgutachtens, obwohl keiner der Wahlbotschafter ein Verbot des Nachdrucks ernsthaft in Frage stellte.
Die Mehrzahl der Bevollmächtigten auf der Bundesversammlung schien zwar den Büchernachdruck zu mißbilligen, allerdings wollte man die Regulierung der Bücherpreise in eine Gesamtregelung einschließen.[581] Außerdem hielt man die Sache nicht für wichtig genug, um sie mit in den Grundvertrag aufzunehmen.[582]
Auch löste man das Versprechen nicht ein, man werde sich bei der ersten Zusammenkunft mit der Nachdruckfrage beschäftigen. Erst auf eine erneute Eingabe der deutschen Buchhändler im Jahre 1818 wurde noch im gleichen Jahr von dem Gesandten beim Bundestag, Günther Heinrich von Berg (1765-1843),[583] eine Übersicht der deutschen Partikulargesetze erstellt. Im folgenden

---

[578] Klüber, Johann L.: a.a.O., S. 21f.

[579] Eingabe der Herren Deputirten teutscher Buchhändler auf dem Congreß, worin sie der Angabe widersprechen, daß sie bloß von den Leipziger Buchhändlern deputirt seyen, Wien den 27. Jan. 1815; ebenda, S. 28f.

[580] Klüber, Johann L.: „Acten des Wiener Congresses“, 2. Band, 1815, S. 613.

[581] Schürmann, August: „Die Rechtsverhältnisse der Autoren und Verleger“, 1889, S. 170f; Klüber, Johann L.: „Acten des Wiener Congresses“, 4. Band, 1815, S. 21f.

[582] Klüber, Johann L.: a.a.O., S. 23.

[583] Berg hat bereits 1802 in seinem „Handbuch des Policeyrechts“ den Büchernachdruck unter Bezug auf die Zusage in den Wahlkapitulationen von 1790 und 1792 behandelt und ausge-

(wird auf der folgenden Seite fortgesetzt)

Jahr wurde dann schließlich ein Bericht und der Entwurf einer Verfügung der Bundesversammlung vorgelegt, welcher sich sowohl mit dem Verlagsvertrag als auch mit dem Nachdruck beschäftigte.[584] In dem Entwurf wurde eine einheitliche Gesetzgebung zum Schutz vor Nachdruck für die Staaten des Deutschen Bundes vorgeschlagen.[585]

Allerdings blieb die ganze Sache wiederum drei Jahre liegen, bevor der Bundestagsgesandte von Aretin die Wiederaufnahme der Beratungen über den vorgelegten Entwurf eines Gesetzes gegen den Nachdruck beantragte. Doch auch in der Folge konnte ein Erfolg erst nach einer weiteren, langen Kontroverse im Jahr 1837 gefeiert werden, nachdem Preußen beantragte, daß man in der Behandlung des Art. 18 d) fortfahren solle.[586] Die Bundesversammlung faßte schließlich einen entsprechenden Beschluß, wonach die Gegenseitigkeit des Schutzes unter den Bundesstaaten sichergestellt werden sollte. Dieser Beschluß brachte zwar aus sich heraus noch keine befriedigende Lösung, aber schon ein hierauf folgender Bundesbeschluß von 1835, in dem es heißt: „Die Regierungen vereinbaren sich dahin, daß der Nachdruck im Umfange des ganzen Bundesgebietes zu verbieten und das schriftstellerische Eigenthum nach gleichförmigen Grundsätzen festzustellen und zu schützen sei."[587]

Am 11. Juni 1837 ergriff Preußen neuerlich die Initiative und erließ mit dem preußischen „Gesetz zum Schutze des Eigentums an Werken der Wissenschaft und der Kunst gegen Nachdruck und Nachbildung" das erste bedeutende Urheberrechtsgesetz seiner Zeit.[588]

Zu einer urheberrechtlichen Regelung in Deutschland kam es erst sehr spät am 11. Juni 1870 mit dem „Gesetz betreffend das Urheberrecht an Schriftwerken, Abbildungen, musikalischen Kompositionen und dramatischen Werken", welches 1876 erweitert wurde.[589]

---

führt, daß zur vollständigen Unterdrückung des Nachdrucks die Reichspolizeigewalt in diesem Punkt erforderlich sei. Bis dahin sei ein Privileg der einzige Ausweg. Vgl. Gieseke, Ludwig: „Günther Heinrich von Berg und der Frankfurter Urheberrechtsentwurf von 1819"; in UFITA Bd. 138 (1999), S. 122f.

[584] Jolly, Julius: „Die Lehre vom Nachdruck, nach den Beschlüssen des Deutschen Bundes dargestellt", UFITA Bd. 111 (1989), S.143.

[585] Wadle, Elmar: „Zur Geschichte des Urheberrechts in Europa"; in Entwicklung des Europäischen Urheberrechts, S.16.

[586] Wadle, Elmar: a.a.O., S.17.

[587] Wadle, Elmar: „Das preußische Urheberrechtsgesetz von 1837 im Spiegel seiner Vorgeschichte"; in Geistiges Eigentum, S. 169.

[588] Wadle, Elmar: a.a.O., S. 167ff.

[589] vgl. Wadle, Elmar: „Der Weg zum gesetzlichen Schutz des geistigen und gewerblichen Schaffens – Die deutsche Entwicklung im 19. Jahrhundert", In: Gewerblicher Rechtsschutz und Urheberrecht in Deutschland, S. 158f, Rn. 122ff.

2. Zusammenfassung

Wie schon 1790 bei den Wahlkonferenzen wurde auch auf dem Wiener Kongreß der Nachdruck mißbilligt. Es kam aber erneut nur zu einer Ankündigung und nicht zu einer gesetzlichen Regelung. Auch hier war der Zusammenhang, den man zwischen dem Nachdruck und den Bücherpreisen bzw. der Vorzensur sah, entscheidend. In Art. 18 d) wurde der Schutz vor Nachdruck und die „Preßfreiheiten" sogar ausdrücklich in einem Satz genannt. Alleine schon hieran sieht man, daß die Ereignisse des Jahres 1790 nachwirkten. Dieses ergibt sich auch aus der mehrfachen Bezugnahme auf die Wahlkapitulationen von 1790 und 1792, sowohl durch den Buchhandel als auch durch entsprechende Schriften.
Auch 1814/15 kam es zu einem Zusammenschluß von Buchhändlern anläßlich der Leipziger Messen. Sie wählten erneut Bevollmächtigte, die sich mit Eingaben an die Deputierten des Wiener Kongresses wandten, wie es einst die assoziierten Buchhändler anläßlich der Wahlkonferenzen taten. Die Argumente glichen denen, die schon anno 1790 gegen den Nachdruck vorgebracht wurden. Nur der Anlaß war ein anderer. Allerdings blieb auch ihnen ein durchgehender Erfolg versagt.
Auch die nach 1790 folgenden Jahrzehnte zeigten, wie schwer man sich tat, Nachdruck bzw. die Rechte der Schriftsteller und Verleger juristisch zu beschreiben und in einer gesetzlichen Regelung zu formulieren. Außerdem stieß man auf erhebliche Schwierigkeiten bei der dogmatischen Einordnung.
Abschließend kann festgehalten werden, daß sich die Initiative von 1790 in den Jahren 1814/15, zum Teil mit den gleichen Akteuren, wiederholte. Daher kann durchaus die Vermutung geäußert werden, daß die assoziierten Buchhändler eine Art Vorläufer für den späteren Börsenverein der deutschen Buchhändler waren und sich der Buchhandel anläßlich der Initiative von 1790 dauerhaft organisierte.

SCHLUSSBETRACHTUNG

Durch die Ergebnisse der Recherche und deren Auswertung kann die eine oder andere Spekulation aus der Welt geräumt werden. Dies führt außerdem zu einigen neuen und weitergehenden Erkenntnissen, die, vom bisherigen Stand der Forschung aus betrachtet, ein anderes Bild ergeben.

Gegen Ende des 18. Jahrhunderts waren die Bestrebungen für eine Abschaffung des Privilegienwesens so stark, daß durch das Zusammenwirken von Obrigkeit, den Schriftstellern und vor allem auch des Buchhandels die Idee von einem allgemeinen Nachdruckverbot in allen deutschen Ländern endgültig geboren war. So kam es dann auch dazu, daß in der Wahlkapitulation Leopolds II. anno 1790 zum ersten Mal von einem Reichsgesetz gegen den Büchernachdruck die Rede war.

Der deutsche Buchhandel organisierte sich 1790 dauerhaft, so daß dieser 25 Jahre später anläßlich des Wiener Kongresses seine Fortsetzung fand. Nicht nur daß man seitens der Buchhändler das Vorgehen anläßlich der „Buchhandelsmessen“ gewissenhaft plante, auch die Wahl von Bevollmächtigten, die sich gegenüber der Obrigkeit für ihre Sache einsetzten, fand 1815 ihre Fortsetzung. Es war also schon 1790 eine richtungsweisende Organisation des deutschen Buchhandels vorhanden, die sich damals „associirte Buchhändler“ nannten und anfangs 104 Buchhändler umfaßte.

Daß es nicht sofort zu einem Verbot des Büchernachdrucks in der Wahlkapitulation kam, lag an dem für die damalige Zeit wichtigen Aspekt der Bücheraufsicht. Es ging dabei um die Kontrolle des Buchhandels mittels der Vorzensur. Der Schutz vor Nachdruck war während des Privilegiensystems im 18. Jahrhundert von der Vorzensur abhängig. Preußens Vorschlag sah nunmehr die Aufhebung der Verknüpfung zwischen der Vorzensur und dem Schutz gegen Nachdruck vor. Der Nachdruck sollte ohne Erwähnung der präventiven Vorzensur von Reichs wegen verboten werden. Preußen erinnert bei der Behandlung des Kurmainzer Monitums, „daß es zu wünschen wäre, daß sofort aller Nachdruck verboten, aber die Polizeiobsorge in Ansehung des Buchhandels und Druckwesens den Ländern überlassen“ werden sollte. Nach Preußens Vorstellung bedeutete dies die Trennung des polizeirechtlichen Gegenstandes der Pressefreiheit und dem privatrechtlichen Schutz vor Nachdruck. Ein Gesetz gegen den Nachdruck würde nicht mehr in unzertrennlicher Verbindung zu einem Gesetz stehen, welches die „Preßfreiheit“ einschränkt. Die Zensur hätte damit repressiven Charakter im Sinne einer Nachzensur erhalten. Von Seiten der anderen Kurfürsten – mit Kurmainz an der Spitze – bestand hierfür aber keine Veranlassung bzw. kein entsprechender politischer Wille. Man sah den Gegenstand viel komplexer und wollte ohne Absicherung der Bücheraufsicht und Vorzensur sowie Verfügungen die Bücherpreise betreffend kein Verbot des Nachdrucks erlassen. Dieses Gesamtpaket war aber für eine Wahlkapitulation viel zu umfangreich, so daß man gar nicht anders konnte, als ein Reichsgesetz vor dem Reichstag anzustreben.

Es ergab sich zudem ein tatsächliches Problem. Auch bei einem rechtmäßigen Eingriff in die Landeshoheit war die Durchsetzung eines sofortigen Nachdruckverbotes durch die territoriale Polizeigewalt nicht gewährleistet. All diesen Problemen konnte nur aus dem Weg gegangen werden, wenn Bücheraufsicht und Durchsetzung des Nachdruckverbotes der Reichspolizeigewalt unterstellt worden wäre. Derartige Verfügungen setzten aber eine umfassende Reform, getragen durch die Stände, der Reichspolizeiordnungen aus dem Jahre 1577 voraus und damit Verhandlungen vor dem Reichstag zu Regensburg. Denn hierdurch würde viel umfassender in die Hoheit der Länder eingegriffen als durch den Vorschlag Preußens, der eine vorsorgliche Regelung gegen den „mißbräuchlichen" Nachdruck, ähnlich wie bei der Vorbeugung gegen die Zollmißbräuche, vorsah. Damit wäre der Nachdruck zumindest vorläufig verboten worden, ohne auf die Dauer der nachfolgenden Reichstagsberatschlagungen angewiesen zu sein. Trotzdem wäre der Landeshoheit genüge getan: zum einen durch ein Belassen der Polizeigewalt in Länderhand und zum anderen durch, wenn auch erst spätere, Reichstagsverhandlungen.

Hier ist aber noch ein anderes Hemmnis für ein sofortiges Verbot zu berücksichtigen. Von Seiten der Buchhändler, der Schriftsteller, der Rechtswissenschaft wie auch von Seiten der Gesetzgeber fügten sich sowohl dogmatische Schwierigkeiten, als auch Probleme bei der juristischen Erfassung des Buchhandels und des Nachdrucks sowie der entsprechenden Normierung und Formulierung der Schutzrechte von Schriftstellern, Verlegern und Buchhändlern in einem Gesetz sehr komplex zusammen.

Außerdem eröffnete ein Reichsgutachten die Möglichkeit, die anderen Reichsstände in ein solches Gesetzgebungsverfahren einzubinden. Sicher mag es hier und da auch verfassungsrechtliche Bedenken dahingehend gegeben haben, daß ein von den Kurfürsten in der Wahlkapitulation erlassenes Nachdruckverbot in die Landeshoheit eingreifen würde. Ausdrücklich wurde es aber nicht formuliert; gegenteilig kann man den schlußendlich eingeschlagenen Weg auch als Vorwand sehen, nicht auf den rechtmäßigen Vorschlag Preußens, mit dem ohne Wenn und Aber Fakten geschaffen worden wären, eingehen zu müssen und sich so weitere Optionen für eine viel weitergehende Regelung offenzuhalten. Viel offensichtlicher als verfassungsrechtliche Bedenken ist daher der politische Wille, das Nachdruckverbot mit der Bücheraufsicht und den Bücherpreisen zu verknüpfen. Den Kurfürsten war bestimmt nicht entgangen, daß die Handelsbedingungen für Bücher im Norden und im Süden allzu unterschiedlich waren. Nicht minder war ihnen entgangen, daß die Bücherpreise stetig anstiegen. Für

sie war es ein weiterer zentraler Punkt, die Regulierung der Bücherpreise, oder wie sie es nannten, der Druckpreise bei einem Verbot des Büchernachdrucks mit zu normieren. Wenn schon gleichförmige Verfügungen für alle deutschen Länder erlassen werden sollten, dann sollten auch einigermaßen gleiche Bedingungen für den Buchhandel in allen Provinzen geschaffen werden. So ist auch die Formulierung Kurbraunschweigs „zum Wohle des Reichs, der Stände und deren Untertanen" zu verstehen. Hier wollte man dem merkantilen Denken der Reichsstände entgegenkommen, insbesondere im Hinblick auf eine spätere Reichstagsberatung. Man war schließlich bei dem Erlaß eines Reichsgutachtens auf die Zustimmung der Reichsfürsten und Reichsstädte ab diesem Zeitpunkt angewiesen.
Selbst heutzutage ist die Regulierung der Bücherpreise im Wege der Buchpreisbindung ein aktuelles Thema. Seinerzeit war es nicht weniger aktuell. Heute wie damals sieht man die Preisregulierung bei den Büchern als Unterstützung im Wettbewerb der kleineren Buchhandlungen und Verlage gegenüber den größeren.

Dennoch sollten hier einige Anmerkungen im Hinblick auf die verfassungsrechtlichen Möglichkeiten eines Nachdruckverbotes in der Wahlkapitulation gemacht werden. Die in Art. VII. der Wahlkapitulation liegende Disposition hätte es den Kurfürsten mit Sicherheit erlaubt, den Nachdruck zu verbieten. In dieser Hinsicht besaßen die kaiserlichen Regierungsrechte gegenüber den Ständen genügend Potential, um gegen die Behinderung des Buchhandels durch den Nachdruck vorzugehen. Schließlich stand dem Kaiser das Reservat zu, Druckprivilegien zu erteilen, wenngleich dieses Recht immer mehr auf die Reichsstände übergegangen waren. Eine andere Frage wäre die Durchsetzung der Verstöße gewesen. Hier wäre man unstreitig auf die landesherrliche Hilfe angewiesen gewesen. Das Polizeirecht und damit die Durchsetzung von Sanktionen lagen in der Staatsgewalt der Reichsstände, ebenso wie es bei der Bücheraufsicht der Fall war. Zumindest aber ein vorläufiges Verbot wäre möglich gewesen, bis die ganze Sache vor dem Reichstag verhandelt worden wäre. Die Abhängigkeit von den Fürsten bei der Durchsetzung des Nachdruckverbotes, vor allem aber auch bei der Bücheraufsicht war für die Kurfürsten allgegenwärtig. Gerade hier wollte man Abhilfe schaffen, wie eine spätere Initiative der Kurmainzer Gesandten unter dem Beistand der anderen Kurhöfe vor dem Reichstag bewiesen hatte. 1790/91 hatte es Bemühungen gegeben, einen Reichsschluß gegen die Verbreitung „ruhestörerischen und aufrührerischen" Schriften zustande zu bringen und so das Reich gegen das revolutionäre Gedankengut des Nachbarn abzuschirmen. Aber auch diese Bemühungen waren gescheitert. In dem Zusammenhang eines Nachdruckverbotes mit einer Regelung der Zensur (Bücheraufsicht) und der Bücherpreise waren die verfassungsrechtlichen Bedenken

geradezu offensichtlich, da damit weitaus umfassender in die Hoheit der Länder eingegriffen werden würde.
Es war daher schon aus den vorgetragenen Gründen klar, daß ein Verbot des Nachdrucks nur unter Mitwirkung aller Beteiligten wirklich effektiven Rechtsschutz geboten hätte. Angesichts der immer weiter zerfallenden Reichsgewalt waren rein juristische Erwägungen ohnehin in den Hintergrund getreten. Hier stellte sich die Frage, was nutzt ein rechtmäßiges Gesetz, wenn es unrechtmäßiger Weise nicht hätte durchgesetzt werden können?
Der Vorschlag Preußens, welcher einen alternativen Weg aufzeigte, wurde systematisch unterlaufen. Ob allerdings dieser von den Fürsten akzeptiert worden wäre, bleibt reine Spekulation.

Nichtsdestoweniger bleibt festzuhalten, daß sich seit 1790 die Idee eines Gesetzes in den Köpfen des Lesepublikums, der Buchhändler und Verleger, der Schriftsteller und der Politiker festgesetzt hatte. Es war von da an eigentlich nur noch eine Frage der Zeit, wann dieses Gesetz auch tatsächlich zustande kommt und wirksamen Schutz vor Nachdruck gewährt. Daß dies noch einige Zeit in Anspruch genommen hat, mag gewiß auch an den politischen Unruhen im 18. und 19. Jahrhundert gelegen haben.

ANHANG

1. Chronik „Berliner Hof“

08.06.1790	Bittschrift von A. C. Kayser an J. F. F. Ganz, den Gegenstand bei dem preußischen Hof ins Gespräch zu bringen.
10.06.1790	Schreiben an den brandenburgischen Kurhof: das Buch „Die Abstellung des Büchernachdrucks betreffend“, das Buch von Kayser, beides beiliegend.
	Schreiben von den Buchhändlern an Ganz, daß die Vorstellung bei den Kurhöfen eingereicht wurde.
14.06.1790	Schreiben von Ganz an den Berliner Hof nebst eines Aufsatzes, der bei allen Kurhöfen eingereicht wurde.
18.06.1790	Erster Befehl Friedrich Wilhelms II. an seinen Comitialgesandten den Grafen von Goerz.
	Instruktionen an die Wahlbotschaft nebst der Druckschrift „Die Abstellung des Büchernachdrucks betreffend“.
22.06.1790	Nachsenden einer Regensburger Druckschrift vom Kurhof an die Wahlbotschaft nebst Vorschlag einer Erinnerung zur Wahlkapitulation.
08.07.1790	Bittschrift des Buchhändlers Himburg nebst der Beilage „Kurze Übersicht der Gründe [...]“
18.07.1790	Aktennotiz ein Antwortschreiben an den Buchhändler Himburg betreffend.
19.07.1790	Eingabe von Ganz mit einem Vorschlag, wie in der Sache weiter zu verfahren sei.
24.07.1790	Antwortschreiben an den Buchhändler Himburg mit dem Hinweis, daß man seinem Antrag zuvorgekommen sei.
	Schreiben an die Buchhändler in Halle, daß ihrer Beschwerde nachgekommen werde.
26.07.1790	Instruktionen bzgl. der Schreiben an den Freiherrn von Stein und an Ganz.
30.07.1790	Instruktion an den Freiherrn von Stein, sich bei dem Kurmainzer Hof für Preußens Vorschlag einzusetzen.
	Antwortschreiben an Ganz mit der Auffassung des preußischen Hofes, wie in der Sache weiter zu verfahren sei.
02.08.1790	Antwortschreiben der Buchhändler in Halle.
10.08.1790	Schreiben an die Universität in Halle mit dem Befehl, die Chancen der Sache auf dem Wahlkonvent zu beurteilen.

2. *Chronik „Wahlkonvent"*

18.06.1790	15. Beilage wurde zu Protokoll genommen: Schreiben der Frankfurter Buchhändler Varrentrapp und Wenner „als eigends Bevollmächtigte des deutschen Buchhandels" nebst Anlage der Ganzschen Flugschrift vom Juni 1790.
19.06.1790	16. Beilage: Schreiben des Verlegers Georg Adam Kayser an den kurfürstlichen Wahlkonvent nebst einer Anlage (jedoch nur das Schreiben wurde zu Protokoll genommen).
28.07.1790	Die beiden Schreiben werden durch den Kurmainzer Wahlbotschafter Freiherr Deel von Deelsburg der kurmainzischen Direktorialwahlbotschaft zugeleitet.
09.08.1790	Beginn der Hauptkonferenz.
09./10.08.1790	Bericht der Kurmainzer Wahlbotschaft.
11.08.1790	Beginn des Wahlkonventes. Wegen der zu verhandelnden Monita beginnt eine reger Austausch.
	Die Kurmainzer Wahlbotschaft bringt ihr erstes Monitum ein: ad 10.
	Die kursächsische Wahlbotschaft verfaßt daraufhin eine Nota: ad 11.
13.08.1790	Die beiden Schreiben werden auf der Sessio Secunda dem Wahlkonvent vorgelegt.
16.08.1790	Die 15. Und 16. Beilage werden durch Dictatum dem Wahlprotokoll hinzugefügt.
25.08.1790	Rückäußerung Kurbrandenburgs auf das Kurmainzer Monitum: ad 12.
27.08.1790	Die Monita Kurbrandenburgs und Kurmainz werden eingeteilt.
30.08.1790	Eingabe der Buchhändler Varrentrapp und Wenner (unterschrieben von 104 „assoziierten" deutschen Buchhändlern) an den Wahlkonvent.
	Sessio Nona: Behandlung der Nachdruckfrage. Mit einem Conclusum, daß der Kapitulationspunkt im Sinne von Kurmainz unter Berücksichtigung der von Kurbraunschweig eingebrachten Äußerung geändert wird.
10.10.1790	Kurkollegialschreiben wegen Bedenken hinsichtlich der Preß- und Druckfreiheit.
14.10.1790	Ende des Wahlkonventes mit der Sessio Vigesima Quarta.

3. *Fassungen des Art. VII § 1 im Überblick*

Art VII [von Polizei und Handlungssachen]

Fassung des Art. VII § 1 in der Wahlkapitulation Josephs II.:
"Ferner sollen und wollen Wir über die Polizey=Ordnungen, wie sie seynd, und noch ferners auf dem Reichs=Tage geschlossen werden, halten, und die Commercia des Reichs zu Wasser und zu Lande nach Möglichkeit beförderen."

Erste Fassung des Kurmainzer Monitums vom 11.August 1790:
Es soll eingefügt werden: „Und die Commercia des Reichs zu Wasser und zu Lande nach Möglichkeit befördern, dabey den für Deutschland wichtigen Buchhandel nicht außer Acht lassen, sondern ehestens ein Reichsgutachten darüber erfordern wie diesen Handlungszweig durch die völlige Unterdrückung des Nachdruckes, und durch die Herstellung billiger Druckpreise von dem itzigen Verfalle zu retten sey."

Zweite Fassung vom 27. August 1790:
„Der §.1. wäre so zu fassen: Ferner sollen und wollen Wir ein ausführliches Reichsgutachten darüber erfordern, wie die vorhandenen Reichspolizeiordnungen zu verbessern, und den jetzigen Zeitumständen näher anzupassen, auch wie zur möglichsten Verbesserung der Commerzien des Reichs durch gemeinsame den Verhältnissen Deutschlands allenthalben angemessene Maßregeln zu gelangen sei; insonderheit wollen Wir den für Deutschland wichtigen Buchhandel nicht außer acht lassen, sondern das obgedachte Reichsgutachten auch darüber erstatten lassen, wiefern dieser Handlungszweig, durch die völlige Unterdrückung des Nachdrucks, und durch die Herstellung billiger Druckpreise, von dem jetzigen Verfalle zu retten sey."

Beschlossene Fassung des Art. VII § 1:
„Ferner sollen und wollen Wir ein ausführliches Reichsgutachten darüber erfordern, wie die vorhandenen inmittelst kräftigst aufrecht zu erhaltenden Reichspolizeiordnungen zu verbessern, und den jetzigen Zeitumständen näher anzupassen, auch wie zur möglichen Verbesserung der zu Wasser und Land zum Wohl des Reichs, der Stände und Unterthanen Besten zu befördernden Kommerzien des Reichs durch gemeinsame den Verhältnissen Deutschlands allenthalben angemessene Maaßregeln zu gelangen sey. Insonderheit wollen Wir den für Deutschland wichtigen Buchhandel nicht außer acht lassen, sondern das obgedachte Reichsgutachten auch darüber erstatten lassen, wie fern dieser Handlungszweig durch die völlige Unterdrückung des Nachdrucks, und durch die Herstellung billiger Druckpreise vor dem jetzigen Verfalle zu retten sey."

4. *Kaiserliches Privileg*

Im folgenden wird ein Privileg wiedergegeben, welches dem preußischen Buchhändler Nicolai von dem heiligen römischen Kaiser Joseph II. im Jahre 1777 erteilt wurde:[590]

„Wir Joseph der II. bekennen offentlich mit diesem Brief und thun kund allermänniglich, daß Unß Friedrich Nicolai Buchhändler in Berlin alleruntertänigst zu vernehmen gegeben, was gestalten er entschlossen seye, ein Buch in octavo unter dem Titul: Leben Johann Bunkels nebst dem Leben verschiedener merkwürdiger Frauenzimmer aus dem Englischen übersezt im Druck herausgegeben; weilen aber er besorge, daß ihme solches Buch von gewinnsüchtigen Leuten unter verschiedenen Formaten nachgedrucket und dadurch er in Schaden versezt werden möchte; als bittete unß derselbe unterthänigst, daß Wir ihme über solches Buch unser Kays. Privilegium impressorium auf 10. Jahre zu ertheilen gnädigst geruhen mögten.

Wann Wir nun gnädiglich angesehen unterthänigst ziemliche Bitte; so haben Wir ihme und seinen Erben die Gnade gethan, und Freyheit gegeben, thun auch solches hiermit wissentlich in Krafft dieses Briefs, also dergestalten, daß Eingang ermelter Friedrich Nicolai und seine Erben vorgedachtes Buch in offenem Druck auflegen, ausgehen, hin und wieder ausgeben, feil haben und verkaufen lassen könne, auch ihnen solches Niemand ohne ihren Konsenß, Wissen und Willen innerhalb der nächsten 10 Jahre von dato dieses Briefs an zu rechnen, im Heil. Röm. Reich nachdrucken und verkaufen, vielweniger etwas daraus nehmen und zusammentrage solle; weder in kleiner noch größerer Form, unter was gesuchtem Schein das immer geschehen möchte. Und gebieten darauf allen und jeden Unsern und des Heil. Reichs Unterthanen und Getreuen insonderheit aber allen Buchführeren, Buchbindern und Buchhändleren bey Vermeidung 6 Mark löthigen Golds, die ein jeder so offt er freventlich hierwider thäte, Unß halb in Unsere Kais. Kammer, und den andern halben Theil obgedachtem Friedrich Nicolai oder seinen Erben unnachläßlich zu bezahlen, verfallen seyn solle, hiermit ernstlich und wollen, daß ihr noch einiger aus euch selbst, oder jemand von euretwegen obangeregtes Buch innerhalb denen obbestimmten 10 Jahren nicht nachdrucket, distrahiret, feil habet, umtraget oder verkaufet noch auch solches anderen zu thun gestattet in keine Weiß noch Wege, alles bey Vermeidung obbestimter Straf der 6 Mark löthigen Golds, auch Verliehrung desselben euren Drucks, den viel gedachter Friedrich Nicolai und seine Erben, oder deren Befehlshabern mit Hülf und Zuthun eines jeden Orts Obrigkeit, wo sie dergleichen bey euch und einem jeden finden würden, also

[590] Zit. nach: Koppitz, Hans-Joachim: „Die Privilegia impressoria des Staatsarchivs in Wien", GJ 1994, S. 206f.

gleich aus eigenem Gewalt, ohne Verhinderung männiglich zu sich zu nehmen und damit nach eigenem Gefalle zu thun und handeln mögen, jedoch solle mehr ernannter Friedrich Nicolai schuldig und verbunden seyn, von mehr ernannten Buch die gewöhnliche 5 exemplaria zu unserem Kais. Reichs-Hof-Rath bey Verlust dieser Kais. Freyheit zu liefern und dieses Privilegium Anderen zur Nachricht und Warnung dem Buch vorandrucken zu lassen. Mit urkund. Wien, den 11. augusti 1777."[591]

[591] Anm. d. Verf.: Dabei ist zu beachten, daß der Inhalt keineswegs repräsentativ ist. Gleich welches Privileg als Beispiel gewählt worden wäre, es wiche in seinem Text und vielfach auch in seinem Inhalt von den anderen ab. Gerade dieser Umstand charakterisiert die Privilegien, wenngleich auch gemeinsame Merkmale bei den kaiserlichen Privilegien ausgemacht werden können; vgl. zu letzterem: Koppitz, Hans-Joachim: „Die Privilegia impressoria des Staatsarchivs in Wien", GJ 1994, S. 195.

5. Anschreiben an die Kurhöfe

„Allerdurchlauchigster grosmächtigster König[592]
Allergnädigster König und Herr[593]

Die ruhmwürdigste Sorgfalt, mit welcher Euer königliche Majestät[594] durch Gerechtigkeit und durch Schuz des Eigenthums eines jeden Bürgers Ihre Staaten begleitet und alle Arten von Gewerbe in den blühendsten Zustand versezen, flöst allen auswärtigen und inländischen Buchhändlern, die unter den Räubereien des Nachdrucker-Volkes im deutschen Reich zu Grunde gehen, das Vertrauen ein, Allerhöchstdieselben werden nicht abgeneigt seyn, die Wünsche aller redlichen Buchhändler im ganzen deutschen Reiche und in Höchstdero Staaten zu erfüllen, und bei Ihren höchsten Reichs-Mit-Churfürsten dahin zu unterstüzen, daß der Büchernachdruck durch eine bündige Stelle der Künftigen Wahlkapitulation ausgerottet werde.
Um von der Schädlichkeit des Büchernachdrucks Sich vollkommen zu überzeugen, geruhen Euer königlichen Majestät[595] den (sub Lit. A.) allerunterthänigst angebogenen Aufsaz einige Augenblicke Ihrer landesväterlichen und reichspatriotischen Aufmerksamkeit zu würdigen. Allerhöchstdero eignes Gefühl von Recht und Unrecht entscheide hernach, ob ein allgemein im deutschen Reiche eingerißenes Verbrechen unter irgendeinem Vorwande länger Nachsicht verdient, wodruch die Litteratur und der redliche Buchhandel zu Grunde gerichtet, und der Geschmack des Publikums verdorben wird.
Von mehr als Hundert der ansehnlichsten Buchhandlungen des nördlichen und südlichen Deutschlands bevollmächtigt, von rechtschafenen und einsichtsvollen Männern dazu aufgefordert, wage ich es die lauten Wünsche der ganzen deutschen Nation vor Euer königlichen Majestät Thron niederzulegen, und in

---

[592] Vorstellung des Buchhändlers Himburg nebst einer gedruckten Beilage, 8. Juli 1790; GStA PK I. HA Rep. 10 Nr. 87 d 1 - 8; Monita zu der künftigen Wahlkapitulation: Nr. 87 d 8, Monita wegen des Nachdrucks von Büchern, 1790, fol. 10ff.

[593] Die Vorstellung den Nachdruck betreffend von den Buchhändlern Varrentrapp und Wenner nebst einer gedruckten Beilage; unter § 19 Dictanda von dem Direktorium zur Ansehung gebracht und zu Protokoll diktiert am Freitag, den 13. August 1790, auf der Sessio Secunda als Beilage 13 und 14 bzw. am 16. August 1790 als Beilage 15 und 16; HHStA MEA WaKr. Fasz. 81, 1790, ad 5, S. 184 – 202; Fasz. 73, 1790, Stück 1, fol. 58, Übersicht, Stück 2; Fasz. 81, 1790, ad 7, fol. 68f, Beilage 13 und 14; HHStA RK WaKr. Fasz. 96c, ad 10. Dort heißt es: „Hochwürdigster, der H.R. Reichs Kurfürst, Gnädigster Kurfürst und Herr."

[594] „Euer kurfürstl. Gnaden", vgl. Fn. 593.

[595] „Euer kurfürstl. Gnaden", vgl. Fn. 593.

ihrem Namen ehrerbietigst zu bitten, daß es allergnädigst gefällig seyn möge Ihren Wahlbotschaften aufzutragen, sich dahin zu verwenden, daß durch eine bündige Stelle der künftigen Wahlkapitulation das Übel des Nachdrucks ausgerottet werde, auch durch allerhöchstdero Cabinets-Ministerium mit den Ministerien Ihrer höchsten Reichs-Mit-Churfürsten eine diesen Zweck begünstigende Correspondenz antreten zu laßen.
Ich ersterbe in tiefster Erniedrigung
Fuer Euer königlichen Majestät[596]"

A.

Kurze Übersicht der Gründe der Schädlichkeit des Büchernachdrucks für die Litteratur, den Buchhandel und das lesende Publikum im deutschen Reiche; nebst Vorschlägen dieses Übel durch eine zweckmäßige Verfügung in der zukünftigen kaiserlichen Wahlkapitulation von Grund auszuheben. Junius 1790.[597]

§. 1. Daß der Büchernachdruck, oder der Raub, der an eines Dritte Eigenthum begangen wird, der Eigenthümer mag nun Schriftsteller oder Verleger heißen, ein unerlaubtes und strafbares Handwerk sey, ist bis zur Evidenz bewiesen.[598]

§. 2. Der Schaden, welcher dadurch angerichtet wird, trift nicht nur den am hellen Mittage beraubten Eigenthümer, sondern seine unseligen Folgen

---

[596] „Euer kurf. Gnaden", vgl. Fn. 593.

[597] Gleichfalls abgedruckt in: Journal von und für Deutschland. Siebenter Jahrgang. Erstes bis Sechstes Stück. 1790. 5. Stück Nr. XIV. S. 405-415

[598] [Anm. d. Verf.: Fn. im Original] Der Büchernachdruck nach ächten Grundsätzen des Rechts geprüft von J. St. Pütter. Göttingen 1774.

Darstellung der Gründe für das Eigenthum des Bücherverlags nach Grundsätzen des natürlichen Rechts und der Staatsklugheit; von Herrn Hofrath Feder. Göttingisches Magazin vom Jahre 1780.

Vortrag der Studien und Censur Hofcommission zu Wien über den Nachdruck fremder Bücher; von Herrn Hofrath Sonnenfels. Journal von und für Teutschland 1785.

Das Eigentum der Geisteswerke -. R. Z. Becker -. 1789.

Die Abstellung des Büchernachdrucks als eine in der neuesten kaiserlichen Wahlkapitulation der Reichsoberhauptlichen Abhilfe eben so nöthig als unbedenklich zu übertragender Gegenstand betrachtet; von A. C. Kayser. Regensburg. 1790.

Übersicht der Gründe wegen des Strafbaren des Büchernachdrucks, und Vorschläge, wie diesem Übel durch ein allgemein verbindliches Reichsgesetz vorgebeugt werden könne. Regensburg. 1790.

erstrecken sich auf den deutschen Buchhandel, die ganze deutsche Litteratur, das ganze deutsche Publikum.

Den Buchhandel. Fast von allen Seiten durch den Nachdruck scheu gemacht, kann es kein Buchhändler mehr wagen, den Verlag eines gemeinnützigen und mühselig ausgearbeiteten Werks zu übernehmen. Er muß sich also auf Verlagsartikel einschränken, die sich schnell vergreifen, und kein großes Kapital erfordern. Die Preise müßen steigen, wenn man anstatt auf 800, seine Kosten und seinen Gewinn auf 400 Abdrucke vertheilen muß; daher die theuren Bücherpreise, daher die Menge kleiner Schriften, fliegender Blätter, Frivolitäten; kaum gewinnt der rechtmäßige Verleger vor dem Nachdrucker einen Vorsprung von einigen Monaten; der redliche Buchhändler sieht ein, daß der Preis seiner Verlagsartikel zu hoch ist, allein die Nothwehr bringt ihn dazu, und dauert das Unwesen fort, so läuft er Gefahr, künftighin kein Geistesprodukt mehr, von welcher Art es auch seyn mag, in Verlag nehmen zu können, weil sowohl der Sortimentshändler als das lesende Publikum den wohlfeilern Preisen des Nachdrucks anhängen werden. Der Sortimentsbuchhändler kann nicht länger bei dem theuern Einkauf ächter Ausgaben bestehen, der größere Theil der Käufer hat Ursache, auf Wohlfeile zu sehen. Der Nachdrucker überschwemmt jede Gegend mit seinem Raube: Will der Sortimentshändler nicht ein Hehler des Diebstahls, ein Mitgenosse des Nachdruckers werden, so geht er zu Grunde.

Die Litteratur. Gemeinnützige Werke, mühselige Geistesprodukte, finden keine Verleger mehr. Die Entschädigung des Gelehrten für die aufgewandte Mühe und Zeit fällt weg. Das Publikum gewöhnt sich an belustigende leicht vorgetragene Werke: nun keine Aufmunterung weiter durch den Beifall der Kenner für Schriftsteller, die Jahre nöthig haben, um ihre Werke den möglichsten Grad der Vollkommenheit zu geben. Die Schriftstellerey wird ein Monopol solcher Gelehrter, die sich einmal eine gewisse Reputation erworben haben. Große Concurrenz haben sie nicht mehr zu fürchten. Der Mann von Kopf und Thätigkeit ist gezwungen, sich in die Zeiten zu schicken, zu seinem besseren Fortkommen den bequemern Weg zu ergreifen, schnell und oberflächig zu arbeiten, Gegenstände zu wählen, die blos den Werth der Neuheit, der Sonderbarkeit haben. Und nun helfen Gelehrtem Schriftsteller und Buchhändler den Wissenschaften zu Grabe läuten, weil der Büchernachdruck sie an soliden Unternehmungen hindert. Das eiserne Jahrhundert tritt ein, ehe noch das goldene zur Reife gekommen war.

Das Publikum. Es wird noch eine kurze Zeit hindauern, daß der rechtmäßige Verleger neben dem Nachdrucker bestehen kann. So lange dies dauert, muß der erste auf die Neuheit eine eigene Taxe legen. Seine Schuld ist es aber nicht, sondern die Schuld des geduldeten Nachdrucks ist es, daß das Publikum doppelt in die Contribution gesetzt wird.

Eben so wenig ist seine Schuld, wenn das Publikum sich an leichte litterarische Arbeiten gewöhnt, und zuletzt daran Geschmack findet. Er kann es nicht weiterhin wagen, solide Geistesprodukte, gemeinnützige Werke, in Verlag zu nehmen. Gewohnheit und Bedürfniß geben auch dem mittelmäßigen Gewicht; die Gelegenheit zum Wetteifer, zur Vergleichung verschwindet, und das Mittelmäßige nimmt die Stelle des Vortrefflichen ein, Das Effleuriren der Wissenschaften wird Modestudium; Broschüren verdrängen größere Werke; Bibliotheken kommen aus der Mode, der Schriftsteller wird nun zum gemeinen Söldner herabgewürdigt: lauter unmittelbare Folgen des geduldeten Nachdrucks.

§. 3. Bei so einleuchtenden Gründen der Schädlichkeit des Nachdrucks ist es zu bewundern, daß Fürsten, die Sich durch Einsichten und Liebe zur Gerechtigkeit auszeichnen, dennoch dem Nachdrucker in ihren Staaten eine Freystätte gewähren. Allein offenbar ist ihre Religion durch Vorspiegelung einer erlaubten Nothwehr gegen die Vertheuerung der Bücher, und der Nothwenigkeit des Gebrauchs gerechter Repressalien überrascht worden. Die Preise der Bücher sind gestiegen, und steigen täglich; allein blos durch die Gefahr des Nachdrucks. Wird das Uibel aus der Wurzel gehoben, so verschwinden auch dessen unselige Folgen. Das Geschrei Einiger, welche den Wohlstand ihrer emsigern Mitbrüder mit neidlichen Augen ansehen, kömmt hier in keine Betrachtung. Der Nettobuchhändler, oder derjenige, welcher blos mit eignen Verlagsartikeln gegen baares Geld handelt, ist dasjenige, was beim übrigen Commerz der Manufacturist, die erste Hand, ist. Je weniger er beschränkt, je weniger er beeinträchtigt wird, desto wohlfeiler kann er seine Fabrikaten geben, wobei der Sortimentsbuchhändler und das Publikum gewinnen. Kein Monopol läßt sich dabey Gedenken, denn da unter den Verlegern und Nettobuchhändlern eine große Conkurrenz entsteht, so wird derjenige endlich den größten Zulauf haben, der sich in den Ruf einer guten Auswahl gesetzt, und solchen behauptet hat. Im unbeschränkten Zustande, gegen Räubereien gesichert, können viele zugleich dieses Ziel erreichen. Die Beförderung vieler, zugleich guter Fabricken, belebt den Eifer zu Vervollkommnung, zu Abnahme, und erzeugt Wohlfeile. Es ist also nur ein Scheingrund, daß der Nachdruck die Theurung der Bücher hemme. Von der ungleich schlechteren Güte des Drucks, des Papiers, dessen sich die Nachdrucker bedienen, gar nicht zu gedenken. Im südlichen Teutschlande sind die Buchhändler meistens Nettobuchhändler und Sortimentsbuchhändler zugleich. Diese leiden durch die Räubereien der Nachdrucker doppelten Schaden. Wenn also ein Fürst einen Nachdrucker in seinem Lande begünstigt, oder schützt, so gehen dabei die übrigen Buchhändler seiner Staaten, welche ehrliche Leute sind, nach und nach zu Grunde. Gilt einmal der Grundsatz, daß der Zweck die Mittel heiligt; dann hört alle Sicherheit des Eigenthums auf, dann können auch Verbrechen aller Art, welche die Moral verabscheuet, und das positive Gesetzrecht, als Nothwehr gebraucht werden. Die Vortheile, welche der Nachdrucker, oder eine Gesellschaft solcher Räuber, einem Staate bringt, sind vorübergehend. Die Quelle, von der sie das Wasser ableiten, muß nach und nach versiegen; dann bleibt ihnen nichts übrig, als sich selbst unter einander aufzureiben. In keinem Staate von ganz Teutschland werden alle Bücher nachgedruckt, welche die Unterthanen und Diener des Fürsten zu ihrem Dienstsache, zu ihrer Erholung nöthig haben. Der Fürst selbst – und alle unser Fürsten schützen und ehren die Wissenschaften – kauft keinen Nachdruck, sondern ächte, obgleich theure Ausgaben. Was also der Nachdrucker an baarem Gelde im Lande, wo er wohnt, in Umlauf bringt, geht auf der andern Seite in ungleich größerem Maaße wieder hinaus. Und gesetzt, die Balanz neigt sich auf die Seite des Nachdruckers, würde dadurch seine Handlung weniger Verbrechen seyn? Eine ungerechte unmoralische Handlung kann durch nichts gerechtfertigt werden, sie mag zum Beßten der Kirche, des Staats oder der Finanzkammern, geschehen. Durch Untersagung des Nachdrucks würde jeder Landesherr den ehrlichen Buchhändlern seiner Staaten die Mittel erleichtern, ihr rechtmäßiges Gewerbe zu erweitern; der Nachdrucker würde genöthigt seyn, sich um rechtmäsigen Verlag, um gutes Sortiment umzusehen; dieß würde gute Köpfe in jeder Provinz Teutschlands aufmuntern, den Wissenschaften fleißiger zu fröhnen, und mit ihrem Talente zu wuchern, als bisher geschehen ist; jede teutsche Provinz würde neben ihren eigenen Verfassung, neben ihrem eigenen Dialect, auch ihr eigenes Lieblingsfach der Litteratur haben. Das Ganze würde durch Vervollkommnung der einzelnen Theile unendlich gewinnen.

In wie ferne Fürsten wirklich gegen wirkliche, oder gegen nur anscheinende Beeinträchtigungen, Repressalien gebrauchen können, geziemt sich nicht Privaten. Zu beurtheilen, die Hülfe; ohngeachtet das Recht selbst zu urtheilen, ein dem Menschen angebohrnes recht seyn mag. Bei der Allgemeinheit des Nachdrucks konnten gerechte Fürsten leicht auf dem irrigen Wahn geführt werden, Sie entzögen ihrem Lande einen Nahrungszweig, wenn Sie nicht, gleich ihren Nachbarn, den Nachdruck begünstigen. Am Ende erlauben die nördlichen Regenten ihren Buchhändlern ebenfalls die guten Geistesprodukte des Südlichen Teutschlands nachzudrucken.- Ein ähnliches Schiksal hatte der teutsche Handel im Allgemeinen in jenen trübseligen Zeiten, als derselbe von allen Enden und Orten her durch Zollbedrückungen und Auflagen aller Art zu Grunde gerichtet werden wollte. Einen Augenblick angenommen, daß die Allgemeinheit des Nachdrucks, jeden Reichsfürsten berechtige, gleiche Mittel einzuschlagen, und diese litterarische Räuberey als einen Wehzoll auch in seinen Staaten zu dulden, und wohl gar aufzumuntern : so werden Buchhändler des nördlichen und südlichen Teutschlands über einen guten Verlagsartikel zugleich herfallen. Wer am geschwindesten, also am elendesten, nachdruckt, wird zwar einen kleinen Vorsprung gewinnen, aber die Conkurrenz des andern Nachfolgenden wird ihm die Beute streitig machen. Die Nachdrucker werden nicht bloß die Buchhändler, sie werden sich selbst unter einander aufreiben, und Litteratur und Buchhandel müssen in einen solchen Verfall gerathen, daß dem Räuber die Gelegenheit zur Beute bald ganz entgehen wird, daß nur durch eine allgemeine Aufhebung des

Nachdrucks der Buchhandel wieder hergestellt werden kann, daß folglich auch alle Gründe zu Repressalien wegfallen.

§. 4. Und dieser Zweig des teutschen Commerzes, dem ein allgemeines Verderben droht, ist so unbeträchtlich nicht. Man kann als bekannt annehmen, und es ist auch durch einen sehr mäßigen Calcül zu erweisen, daß durch den Buchhandel in allen teutschen Provinzen, welche in dem Reichsständischen Verbande stehen, jährlich zwey Millionen Gulden in Umlauf gesetzt werden; und an diesem Kapital haben die Buchhändler das südlichen Teutschlands, theils als Nettobuchhändler, theils als Sortimentsbuchhändler, theils als beydes zugleich, ihren gemessenen Antheil, und vielleicht den größten, wenn man die Buchhändler der freyen Schweiz, mit zu den Reichsbuchhändlern zählt. Von diesem durch redliche Betriebsamkeit in Umlauf gesetzten Kapital stehlen die Nachdrucker alle Jahren wenigstens eine halbe Million; die Ungetraftheit ihrer Handlungen, die Leichtigkeit des Erwerbungsmittel reizen zur Nachfolge, da zu ärnten, wo man nicht gesäet hat. Uibertheuerung der Bücher, leichte und frivole litterarische Erscheinungen, sind schon eine Folge davon. Bald wird aber nichts mehr zu rauben seyn: und dann --- Barbarey!!!

§. 5. Im nördlichen Teutschland, wo mehrere größere geschlossene Staaten anzutreffen sind, wo der Landesherr durch Privilegien, durch gutes Vernehmen mit seinem gleichmächtigen Nachbarn schützen kann, wo die möglichste Sicherheit des Eigenthums mit in die Verwaltung der Finanzen verwebt ist, wird sich der redliche Buchhandel länger aufrecht halten, als im südlichen Teutschland; doch ist sein Verlust, und ein beträchtlicher Verlust, unvermeidlich. Der Buchhandel kann in den kleinern und ungeschlossenen Staaten des südlichen Teutschlandes ohne Verband mit dem nördlichen Teutschlande nicht bestehen.
Germaniens gute Köpfe ziehen nicht dem mildern Himmelsstriche nach, sondern schlagen da ihren Sitz auf, wo die größte Sicherheit des Eigenthums ist, wo die größte Denkfreyheit herrscht, wo sie von ihren Geistesprodukten den beßten Absatz und den größten Vortheil zu erwarten haben. Wenige Buchhändler des südlichen Teutschlands sind jetzo noch im Stande, einen Schriftsteller, der sich bei dem Publikum bereits Achtung erworben hat, nach Verdienst, oder auch nur nach dem Vorurtheile des Verdienstes, zu belohnen, und werden es immer weniger können, so lange das böse Principium die Oberhand hat, daß dasjenige, was in Frankfurt am Mayn rechtmäßig verlegt und gedruckt worden ist, in Reutlingen ungestraft nachgedruckt, und öffentlich im ganzen teutschen Reichs vertrieben werden kann. Gelingt es zuweilen einem Buchhändler im Reiche ein aufkeimendes Genie zur Schiftstellerey aufzumuntern, seine Fähigkeiten zu unterstützen, ihm dem Publikum zu präsentiren, so ist auch diese Verbindung von sehr kurzer Dauer. Die Verpflichtungen des Schriftstellers gegen seinen

Pathen sind eben so vorübergehend, als die Verbindlichkeiten des gelehrten Mannes gegen seinen Lehrer. Im Grunde ist auch keine wirkliche Verbindlichkeit, keine solche, worauf ein rechtlicher Anspruch gebaut werden könnte, vorhanden. Durch den aus dem Nachdrucke entstehenden Verfall des teutschen Buchhandels werden also alle guten Köpfe des südlichen Reichs nach dem nördlichen hingetrieben; dort wird eine übermäßige Concurrenz von Schriftstellern entstehen, Geistesfabrikate werden bloß Meßspeculation seyn, die Gelehrsamkeit wird sinken, und mit ihr die litterarische Nachfrage. Die Honorarien werden von sich selbst fallen: wo im Gegentheil durch Erhaltung eines billigen Gleichgewichts, sowohl im Norden als im Süden von Teutschland der Gelehrte vom Buchhändler den hinreichenden Wert für seine Arbeit würde erheben können.

§. 6. Bisher hat das höchste Reichsoberhaupt die Reichsbuchhändler gegen den Raub der Nachdrucker nicht schützen können, obgleich ältere und neuere Patente worunter nur das letzte vom 10ten Febr. 1746. angeführt werden soll, den Büchernachdruck ernstlich --- freilich nur in Bezug auf ein kaiserliches Druckprivilegium --- untersagen. In wie ferne kaiserliche Druckprivilegien die eigene Territorialgewalt der Fürsten beschränken können, dürfen bloß Fürsten entscheiden. Selbst die Aufforderung des Reichsfiscals, wenn Kaiserliche Druckprivilegien verletzt werden, sind kostspielig, weitaussehend, und ohne allen zweckmäßigen Erfolg; denn bis die Hülfe des Reichsgerichts wirksam werden kann, ist die Auflage des Nachdrucks schon verkauft, und die Auflage des rechtmäßigen Verlegers bleibt liegen. Der Wunden nicht einmal zu gedenken, welche der Streit über die Frage geschlagen hat: ob die Oberaufsicht über das Bücherwesen im teutschen Reiche ein Kaiserliches Reservat sey. Der Schutz, den die grössern und geschlossenen Staaten des nördlichen Teutschlands durch besondere landesherrlichen Druckprivilegien ihren Buchhändlern angedeihen lassen, kann für den Reichsbuchhändler nicht wirksam seyn.

§. 7. Allein allgemein wohlthätig kann die Hülfe gegen den Nachdruck werden, wenn folgende auf Recht und Billigkeit gegründete, und mit der teutschen Reichsverfassung vollkommen übereinstimmende Sätze zum Grunde gelegt werden:

I. Bücherfabrikation, Druckwesen, und Debit mit gedrucktem Papier, ist eine wahre Commerzial= und Polizeysache, anvertraut und anklebend der landesherrlichen Oberaufsicht.

II. Der Landesherr ist verbunden, jeden Bürger seiner Staaten bei dem ungekränkten Besitze seines Eigenthums zu schützen, und ihm dessen bestmöglichen Genuß zu gestatten, folglich auch den Schriftsteller, und dessen unzertrennlichen Gehülfen, den Buchhändler.

III. Dieser Schutz kann nicht anders wirksam seyn, als wenn der Fürst auch gegen den Bürger, des benachbarten Staates gerecht ist, und nicht zugiebt, daß dessen Eigenthum in seinem Lande gekränkt werde.

Aus diesen drey Sätzen, wenn solche in Ausübung gebracht werden, fließt Alles, was der Litteratur und dem Buchhandel wieder aufhelfen kann. Um die Wohlfeile der Bücher zu erzielen, bedarf es alsdann keiner Zwangsgesetze. Die Concurrent der Verleger und der Käufer wird bald die Bücherpreise fallen machen. Der Handel schöpft seine Gesetze aus sich selbst: der Staat schütze das Eigenthum, erleichtere die Mittel zum Erwerb, komme dem redlichen Manufakturisten gegen Betrug und Raub zu Hülfe, und das Publikum kann sich die möglichst Güte der Waaren, und die möglichste Wohlfeile der Preise versprechen.

§. 8. Die Mittel, diese Sätze allgemein einleuchtend, allgemein anwendbar zu machen, sind äußert leicht.
Vor diesem ist das ganze Reich, und alle dessen höchst= und hohe Stände rühmlichst besorgt gewesen, eine völlige Freiheit der Kommerzien herzustellen, alle dieser Freiheit entgegenstehenden Hindernisse aus dem Wege zu räumen, worunter die eigenmächtigen übertriebenen Zölle, der Mißbrauch der Brabantischen Bulle, die vorzüglichsten waren (Gerstlachers Handbuch der teutschen Reichsgesetze. IX. Theil.) Die patriotische Sorgfalt unserer hohen Gesetzgeber gieng sogar in das Detail des Handels ein: Weine, Tücher, ihre Farbe und Behandlung, Elle, Maaß und Gewicht, Specereien, Medicinmaterialien, Frachten, Taglohn und Gesindelohn, Gold und Silberarbeit, der Handel mit Gelde, waren Gegenstände der allgemeine Reichspolizeiaufsicht: nicht, als wenn dazumal die Reichsstände geneigt gewesen wären, Kommercialunterschleife und Betrügereien zu begünstigen, sondern, weil die reinen Grundsätze des Handels nicht allgemein bekannt, und dessen Leitung in Händen von wenigen waren, welche leicht den Käufern Gesetz vorschreiben konnten. Die gemeinschaftliche Macht des Reichsoberhaupts und aller Stände mußte also hier zu hülfe eilen: gleichwohl wird in allen Reichspolizeigesetzen über den teutschen Handel die landesherrlichen eigene Einsicht keineswegs beschränkt, vielmehr wird jeder Obrigkeit anempfohlen, über die Ausrottung der Hindernisse des Handels zu wachen. Jetzt, da die Grundsätze, worauf der Handel beruht, kein Geheimniß mehr sind; da es ausgemacht ist, daß nur der Staat sich eines blühenden Wohlstandes zu erfreuen hat, der den inländischen Handel begünstigt, dieser beabsichtigte Flor aber nicht anders, als durch Sicherheit des Eigenthums und Schutz gegen Betrug erzeugt und erhalten werden kann, so sind hierüber keine allgemeine Reichspolizeigesetze mehr nöthig. Die hohe Reichsstände führen einzeln – um in der Schulsprache zu reden – dasjenige a priori aus, wozu das gesamte Reich a posteriori vor einigen

Jahrhunderten die Veranlassung gegeben hatte. So fallen auch die Zollmisbräuche, der ehemalige Ruin des teutschen Handels, von sich selbst weg, da derjenige Fürst, welcher geneigt seyn möchte, das Kommerz durch Zollauflagen in seinem Lande zu erschweren, und für den Augenblick eine gute Finanzoperation zu machen, Gefahr läuft, daß sich der Transitohandel von seinem Land hinweg, und in die Staaten seines Nachbars zieht, wo die Auflagen minder beträchtlich sind. Der Kaufmann scheut weder Gefahr noch Beschwerlichkeit, um bei dem Transport seiner Waaren etwas zu ersparen. Der Beweis hievon ist Thatsache: man darf nur die Könige der teutschen Flüße ansehen, und zwischen Schiffahrt, und dem Transport zu Lande eine Vergleichung anstellen. – Doch dieß gehört nicht hierher: es läßt sich aber daraus das Resultat ziehen, daß, da die Grundsätze, worauf der Buchhandel insbesondere ruht, noch nicht so allgemein bekannt sind, wie die Grundsätze des übrigen teutschen Handels, hier die gesetzgebende Macht im Reiche ins Mittel treten müße.

§. 9. Beim Reichstage sollte freilich die Sache zur Sprache kommen; von dieser erhabenen Stelle aus sollte Hülfe zu erwarten seyn. Allein, heiliger Gott! welche Schwierigkeiten thürmen sich auf, wenn allda eine Sache dieser Art durchgesetzt werden sollte. Können Fürsten des Reichs Ihre wichtigste Angelegenheiten weder im Vortrag noch Berathschlagung bringen; wird bei Domkapiteln, die allda Hülfe suchen, erst die Frage aufgeworfen, ob ein Privatmann, oder ein Corps von Privaten auch an den Reichstag recurrieren könne? Welches Schicksal wird das Interesse eines Corps von Privaten allda haben, zumal da manche Fürsten und andere Stände, besonders viele der löblichen Reichstädte, den Nachdruckern zu Fürsprechern dienen werden? Der Supplicationsrath ist außer Mode, und mit diesem ist auch alle reichstägliche Hülfe für jeden Reichsmittelbaren verschwunden.[599]

---

[599] „Und doch kann dieser Vorschlag ohne die Reichsversammlung nicht zu Stande kommen. Die Kurfürsten sind freylich im Besitze die Capitulationspuncte ausschlüssig vorzulegen, allein man weiß auch, wie eifersüchtig der Fürstenstand darüber ist, und wie sehr bey einem jeden Zwischenreich auf eine immerwährende Wahlkapitulation gedrungen wird. Die Sache müßte also vorher zu Regensburg entschieden worden sein, welches nun von Seiten jener Stände, welche die Nachdrucker schützen, großen Widerspruch erregen wird. Aber gesetzt auch: es ging per majora bey allen drey Reichscollegien durch, so wird er immer wieder einzelne Stände geben, welche das Si diis placet! Unschätzbare Kleinod der Deutschen Freyheit das jus singulorum vorschützen, sich protestando verwahren, und wie weiland Kaiser Joseph II. den Nachdruck in ihrem Staaten clam vel vi begünstigen werden.“, vgl. Fn 597, nur dort wurde diese Fn. abgedruckt; in den anderen Quellen wurde diese Anmerkung weggelassen.

§. 10. Unter diesen traurigen Aussichten kann die teutsche Litteratur, und der mit ihr zu Boden gedrückten teutsche Buchhandel nirgends Zuflucht suchen, als in dem Schoße des höchsten Churfürstlichen Collegiums. Seit der Wahlkapitulation Carls V, glorwürdigsten Andenkens, befinden sich des heiligen römischen Reichs höchste Churfürsten im Besitz, das zu erwählende Reichsoberhaupt zu einer besondern Obsorge für den teutschen Handel zu verpflichten. In der neuesten Wahlkapitulation Art. VII. §. 1. ist dieses wörtlich enthalten: „Ferner sollen und wollen wir die Commercien des Reichs zu Wasser und zu Lande nach Möglichkeit befördern." Ganz vollkommen stimmt hiermit das Project der 1711 zwischen beyden höhern Reichscollegien verglichenen beständigen Wahlkapitulation überein: Art. VII. „Ferner soll und will der regierende römische Kaiser – die Commercia des Reichs befördern." Diese Stelle ist ein Inbegriff dessen, was in allen vorhergehenden Reichsgesetzen zur Beförderung des teutschen Handels anzutreffen ist, und was der westphälische Friede Art. IX. §. 1., u. 2. allen Reichständen zur heiligen Pflicht macht. Beförderung der Commercien läßt sich ohne Hinwegräumung der Hindernisse nicht denken: die Vorsorge kann also nicht beym allgemeinen stehen bleiben, sondern, wenn sie wirksam seyn soll, so muß sie alle Wurzeln des Uebels umfassen. Geruhten ja die höchsten Churfürsten des teutschen Reichs in den bisherigen Wahlkapitulationen, inn alleiniger Rücksicht auf das Bedürfniß des Augenblicks, durch Ausrottung der Zollmisbräuche, durch Wachsamkeit und Bestimmung der Fälle, wenn und wie neue Zölle verwilligt und erhöht werde können, dem Untergange des Handels vorzubeugen, und nicht bey der allgemeinen Empfehlung zu Beförderung der Commercien stehen zu bleiben; sollten diesen erhabenen Vorsteher der teutschen Wohlfahrt, und der teutschen Comstitution in gegenwärtigem Falle, wo die Gefahr des Verfalls der Litteratur und des Buchhandels so evident ist, sich minder patriotisch, als ihre durchlauchtigsten Vorgänger, bezeigen wollen?

§. 11. Was die Zollbedrückungen dem Commerz überhaupt sind, das ist der Nachdruck der Litteratur und dem Buchhandel. Das Princip: daß den Zollmisbräuchen und andern Bedrückungen der Commerzien in einer Wahlkapitulation vorgebeugt werden könne; ist nie von Fürsten und Ständen bestritten worden, indem es ja schon allgemein reichsgesetzlich ist, daß im teutschen Reiche nichts soll geduldet werden, was die Commerzien zu Grunde richtet. Dachte man gleich vor einigen hundert Jahren nicht an den Büchernachdruck, so dachte man doch an die Erschwerungen des Handels überhaupt, und diese zu heben, überließ man der Sorge der höchsten Churfürsten, und die später erfolgten Reichsgesetze waren bloß eine Wiederholung desjenigen, was in der Wahlkapitulation aufs bündigste festgesetzt war. Wenn also das hohe Churkollegium bey der nächsten Wahlkapitulation den eignen Zweig des teutschen Handels, den Buchhandel, einer besondern Aufmerksamkeit würdigt, und dasjenige, was Litteratur und Buchhandel den Untergang droht, ausrottet; so wird im Grunde kein neues Gesetz verfertigt, sonder die Vorsorge ist der äußersten Bedürfniß und der Leichtigkeit des Hülfsmittels eben angemessen, wie die kapitulationsmäßigen Beschränkung und Abstellung der Zollmisbräuche es von Zeit zu Zeit auch waren; besonders aber werden Fürsten und andere Reichsstände dem hohen Churkollegium Dank wissen, wenn das Princip der landesherrlichen Aufsicht über Activ= und Passivbuchhandel, und den damit verbundenen Gewerbszweigen, ohne alle Beschränkung hergestellt wird.

§. 12. In welcher Maaße, unter welchen Modifikationen, dieses geschehen könne, ist jenen großen und vollendeten Staatsmännern am besten bekannt, welche die Vorsehung bestimmt hat, in gegenwärtigem Augenblicke die Wohlfahrt des Reichs, und die Erhaltung der Verfassung mit den Hindernissen abzuwägen, und letztere zu beseitigen, und dem zu erwählenden Reichsoberhaupte die Mittel zu erleichtern, allen Gliedern des Reichs den Schutz der Gesetze angedeihen zu lassen. Vielleicht ist es doch nicht zuviel gewagt, wenn der ehrerbietigsten Bitte, den Büchernachdruck allgemein verbindlich zu hemmen, Vorschläge in kurzen Sätzen, mit analogischen Citaten, angehängt werden, wie dieses auf eine der teutschen Verfassung angemessene Art geschehen kann.

I. kein Buch, wo sich der Verleger und Drucker nennt, und welches unter Aufsicht und Censur eines teutschen Reichsstandes gedruckt, darf in irgend einer teutschen Provinz nachgedruckt werden[600]

II. Der Verkauf eines solchen Nachdrucks ist nirgends zu gestatten[601]

III. Die Reichskreise und ihre Directoren haben darüber zu wachen, daß in keinen Kreis ein nachgedruckter Veragsartikel eingeführt oder allda gedruckt werde. Auch soll jeder Kreisstand befugt und schuldig seyn, sobald er von einer Kontravention Wissenschaft erhält, den kreisausschreibenden Herren Fürsten davon beglaubte Nachricht zu ertheilen.[602]

---

[600] [Anm. d. Verf.: Fn. im Original] Reichsabschied von 1529. §. 9. – von 1530 § 58 Reformation guter Polizey von 1548. Art. XXXIV. §. 1. Reichsabsch. Von 1570. §. 156. und §. 159. Reichspolizeyverordnung von 1577. Art. XXXV. §. 2.

Kaiserliches Edict ins Reich vom 18. Julius 1715. §. zu dem Ende auch alsofort: kaiserliches Patent vom 10. Febr. 1746. §. 3.

[601] [Anm. d. Verf.: Fn. im Original] Reichpolizey Ordnung von 1577. §. 2.

[602] [Anm. d. Verf.: Fn. im Original] Reichsgutachten vom 31/21 Jul. 1668. §. 6. – kais. Commissionsdecret vom 10. Oct./30. Sept. 1668.

IV. Mann der Betrug des Nachdrucks, oder dessen Erhelung, entdeckt wird, oder der rechtmäßige Verleger diesfalls seine Klage bey der Obrigkeit, wo der Nachdrucker gesessen ist, anbringt, wird im ersten Falle der ganze Nachdruck conficirt und vernichtet, der Nachdrucker aber mit einer der Größe des Raubes angemessenen Geld= oder Leibesstrafe belegt, und sogleich seine ganze Habe in gerichtliche Obhut genommen, der seinem Eigenthum gekränkte, rechtmäßige Verleger hievon benachrichtiget, und ihm überlassen, dieweiteren Schritte zu seiner Entschädigung zu thun; im letzteren Falle aber wird, wie in Wechsel=Gewerb= und Mercantilsachen Rechtens ist, summarisch verfahren, und tritt, sobald das Corpus delicti, der Nachdruck, erwiesen, und der Schaden richterlich bestimmt ist, unter vorhergegangener Verarretirung des ganzen Vermögens des Nachdruckers, sogleich die parata executio ein.[603]

V. Doch bleibt hiebey Churfürsten, Fürsten und Ständen, unbenommen, zur Abstellung des Nachdrucks und zu dessen schärfster Bestrafung alle zweckdienlichen Verordnungen zu machen.[604]

VI. Sollen die beyden höchsten Reichsgerichte auf den nicht zu vermuthenden Fall der Justizversagung reichsständischer Instanzien, sogleich mit Mandaris S.C., oder nach Befund der Umstände mit der nachdrücklichen Promotoralien pro administranda justitia dem anrufenden Theile zu statten kommen.[605]

VII. Auch wird der Reichsfiscal angewiesen, gegen die hierunter säumigen Stände und Kreise aufzutreten, und zwar mit und ohne des Denuncianten zuthun.[606]

VIII. Bleibt jedem Reichsstande unbenommen, zur Emporbringung der Litteratur und des Buchhandels in seinem Lande alle zweckmäßigen Verfügungen zu treffen.[607]

IX. Besonders werden die Reichskreise aufgefordert, neben der Abstellung des Nachdrucks, die Frage: wie dem litterarischen Gewerbe wieder aufzuhelfen, und der Uebertheuerung der Bücher vorzubeugen sey[608] zum

---

603 [Anm. d. Verf.: Fn. im Original] Reichsabschied von 1654. §. 107.

604 [Anm. d. Verf.: Fn. im Original] Reichpolizeyverordnung von 1577. Tit. XX. §. 7.

605 [Anm. d. Verf.: Fn. im Original] Wahlkapitulation Max. II. Art. XX. Rudolf. II. Art. XVII. u.m.

606 [Anm. d. Verf.: Fn. im Original] Wahlkap. Art. VIII. §. 12. Rs. Absch. von 1530. §. 137. Rs.Polizey O.v. 1577. T. XVIII. §. 6. – 12.

607 [Anm. d. Verf.: Fn. im Original] Reichsgutachten vom 1.Aug./22. July 1668

608 „Hier liegt der Knoten, dessen Auflösung ich noch vor dem neuen Capitulationspunct wünschte. So sehr ich wünsche, daß rechtmäßige Verleger gegen die Nachdrucker geschützt werden, eben so sehr wünsche ich auch, daß das lesende Publicum gegen den Wucher mancher Buchhändler gesichert sey. Die Bücher sind für den Geist ein so unentbehr-

(wird auf der folgenden Seite fortgesetzt)

ersten Gegenstande ihrer Berathschlagung zu machen und darüber an Kaiser und Reich gutachtlichen Bericht zu erstatten.[609]

§. 13. Der Verfasser dieses Aufsatzes hat keine andere Absicht, als das allgemeine Beste für der Litteratur, des Buchhandels, und des lesenden Publicums zu befördern. Weder nördliches noch südliches Teutschland, weder Nettobuchhändler, noch Sortimentsbuchhändler, weder der reichere Bücherliebhaber, der auf kostbare Ausgaben und auf die Neuheit eines Buchs etwas verwenden kann, noch der ärmere Bücherfreund, der das ganze Jahr hindruch seine Börse zu vertheidigen hat, weder der Schriftsteller, der seines Wohlstandes sich freuen kann, noch der bescheidene Bewohner des Dachstübchens, kommen bey ihm in besondere Betrachtung. Er ist und bleibt überzeugt, daß der Verfall der Litteratur, des Buchhandels, des guten Geschacks, die Uebertheuerung der Bücher, die Übermäßigkeit der Honorarien, lauter Folgen des Nachdrucks sind, daß wenn der Nachdruck ausgerottet, und das Bücherwesen als eine Commercialsache in landesherrliche Aufsicht genommen wird, alle diese schädlichen Folgen von sich selbst wegfallen werden. Er beruft sich getrost auf das Zeugniß aller Staatsmänner, welche das Commercialfach bearbeiten, daß es nicht nöthig, vielmehr höchst schädlich ist, den Preis einer Waare öffentlich zu bestimmen; indem vollkommene Sicherheit des Eigenthums, Schutz gegen Betrug, Erleichterung der Hülfsmittel u. die Concurrenz der Verkäufer erweckt, diese aber möglichste Wohlfeile der zu verkaufenden Waare erzeuget.
Regensburg, gedruckt mit Langischen Schriften 1790."

liches Bedürfniß, als Brod für den Körper. Eine gute Polizey muß gegen die Theuerung des einen sowohl als des anderen kräftige Maasregeln nehmen. Die dermalige Büchertheuerung hat noch einen Grund, der aber nicht in den Bücherpreisen, sondern in dem übermäßigen Porto liegt. So erfuhr ich vor einigen Tagen, daß ein Correspondent meines Journals das Porto an einer Entfernung von etlich 20 Meilen für ein Heft für sein Freyexemplars zu W. w. auf dortiger fahrenden Post mit 1 fl. bezahlen mußte. Das Porto also für die 12 Hefte käme um 1 fl. 12 Kr. theurer zu stehen, als der ganze Jahrgang, des Journals, welche um 10 fl. 48 Kr. in allen Buchhandlungen zu haben ist. Aehnliche Klagen könnte ich zu tausenden anführen, und doch verdiente, die Litteratur von Seiten des Reichs und der städtischen Postdirectionen aus mancherley Gründen eine vorzügliche Begünstigung."; vgl. Fn. 597; nur dort wurde diese Fn. abgedruckt; diese Anmerkung wurde in den anderen Quellen weggelassen.

609 [Anm. d. Verf.: Fn. im Original] Wahlkap. Art. VIII. §. 3.

6. Schreiben von Goerz an Friedrich Wilhelm II.

„Auch Allerdurchlauchtigster ....[610]

Hat ein fürstlicher taxischer Hofrath, Namens Kayser, die ehrerbithigste angebogene Schrift ausgehen laßen:

> Über die Abstellung des Büchernachdrucks doch eine in die zukünftige Wahlkapitulation einzurückende allgemein verbindliche Verfügung.

Es sind darinn alle Gründe in guter Ordnung zusammengetragen, welche den Nachdruck als einen wahren Diebstahl darstellen, es wird gerügt, daß bey längerer Nachsicht gegen dieses Übel, Litteratur und Buchhandel zu Grunde gehen müßen, und es werden viele dienliche Winke gegeben, daß die Fürsten und Stände des südlichen Teutschlands auf den Buchhandel als einen beträchtlichen Zweig des teutschen Commerzes, eine größere Aufmerksamkeit richten und Ihre Landesherrlichen Polizey Befugniße auf eine legale und patriotische Art geltend machen mögen. Aus den lezten Beylagen ist zu ersehen, daß auf der Leipziger Jubilate Messe alle redlichen Buchhändler im ganzen Reich aufgefordert worden sind, in eine nähere Verbindung zu treten und bey den höchsten Churfürsten durch gemeinschaftliche Vorstellungen, ihre Beschwerden gegen den Büchernachdruck anzubringen, und um dessen Abstellung in der künftigen Wahlkapitulation dringend zu bitten. Auch weis ich von guter Hand, daß 95 der angesehensten Buchhändler aus dem nördlichen und südlichen Teutschland, besonders aus Sachsen und den königlich preußischen Staaten den Plan unterzeichnet und auch zur Erreichung des gemeinschaftlichen Zieles begehrlich verbunden haben.

Da die Sache vor sich selbst redet, da ein angesehener Theil königlicher Unterthanen dabey interehsirt ist, deren Wohlstand von der Abstellung und Ausrottung des Übels abhängt, da von billig druckenden ks. Fürsten keine Widersprüche zu befahren sind, indem von jeher, und seit der Capitulation Carls V. dem Reichs-Oberhaupt die Obsorge für die Commerzien im Reich in der Wahlkapitulation besonders anempfohlen werden, und specielle Hinderniße, so wie es die Umstände jedes mal gestattet, ohne Widerrede gehoben worden sind – aus formlitäts Umständen durch eine nachherige Reichs Berathschlagung und zu erzielende Sanction eines provisorischen Gesezes, leicht aus dem Wege geräumt werden können, so muß ich es der Weißheit Euer königlichen Majesthät und den tieferen Einsichten höchstdero Cabinets Ministerium, welche Maasregeln als denn, wann die Buchhändler ihre Vorstellung überreichen, zur

[610] GStA PK I. HA Rep. 10 Nr. 87 d 1 - 8; Monita zu der künftigen Wahlkapitulation: Nr. 87 d 8, Monita wegen des Nachdrucks von Büchern, 1790, fol. 1.

Beförderung des allgemeinen Besten, ergriffen werden wollen, welche zu befolgen und auszuführen, ich mir zur strengsten Pflicht machen werde. At in Relat: Lumil.

Goerz.“

7. Brief von Archenholtz an Leopold

„An Sr. königl. Majestät den neuen Beherrscher der österreichischen Monarchie.[611]

Allergnädigster Monarch!

Ein Weltbürger, beseelt durch den Wunsch fürs Gemeine Beste, wage es mitten unter dem Tumult der verwickelsten Staatsgeschäfte, die so sehr gehäuft vielleicht noch nie auf einmal zu dem Loos eines Monarchen gefallen sind, zu nähern, und Allerhöchst Dero Aufmerksamkeit wegen einer Sache zu erflehen, die der Cultur unseres Jahrhunderts zu folge unter den mächtigen Wirkungsmitteln auf ganze Völker nicht das Kleinste ist. Man hat mit dem Bücherwesen in den Staaten, die Ew. k. M. jetzt zu beherrschen wie vom Himmel gesandt sind, einen Unfug getrieben, der noch nie in einem aufgeklärten Land gestartet worden ist. Die in Deutschland ohnehin verwaißten Wissenschaften wurden hier besonders herabgewürdigt, und die Geistesproducte auswärtiger Gelehrten, oft höchst mühsam bearbeitet, oft mit Aufopferung der besten Lebenskräfte erzeugt, und zur Nahrung darbender Familien bestimmt, als eine Beute betrachtet. Dieser Raub, Allergnädigster Monarch! wodurch allen ausserhalb österreichischer Monarchie lebenden deutsche Gelehrten gleichsam der Krieg angekündigt wurde; ein Raub der den österreichischen Namen nicht beliebt machen konnte, der die Ungerechtigkeit gegen Nachbarn und Freunde zur Landessitte machte, wurde – welches die Nachwelt von unserem Zeitalter kaum glauben wird – durch den ehrwürdigen Namen der Gesetze geheiligt. Geleitet durch sehr mißverstandene mercantilische Grundsätze, glaubte man die ersten Gesetze der Billigkeit aus den Augen setzen zu dürfen. Man hörte weder auf das Klagegeschrey der Auswärtigen, noch auf die Vorstellung sachkundiger österreichischer Patrioten; auch das Aussenbleiben der Repressalien, die man selbst bey einer so schreyenden Ungerechtigkeit, in den preußischen Staaten, in Sachsen und andern Ländern, aus Gründen von Nationalehre sich schämte auszuüben, blieb ohne Wirkung, und man fuhr fort gewaltsam zu erndten, wo man nicht gesäet hatte. Ich habe selbst dabey gelitten, es aber weniger gefühlt wie andre hilfsbedürftige Schriftsteller deren Sache ich eigentlich hier vor Ew. k. M. Thron bringen würde, wenn nicht schon die Sache der Gerechtigkeit bey einem so weisen Regenten alle andre Bewegungsgründe entbehrlich machte. Ich stehe also allerunterthänigst im Namen so vieler leidender Schriftsteller, für die Ehre der Wissenschaften, und für die Ehre Deutschlands, um die Abstellung des Büchernachdrucks in Ew. k. M. Staaten an. Ich wage es mit desto größerer

[611] Archenholtz, Johann Wilhelm von: „Neue Litteratur und Völkerkunde“, 1. Band, April 1790, Nr. IV, S. 263f.

Zuversicht, da diese Nationalbittschrift nicht zu den Füßen eines neuen Herrschers gelegt wird, dessen Gerechtigkeitsliebe man gutmüthig voraussetzt. Ich bringe sie vor den Thron eines als Gesetzgeber bereits hochglänzenden Monarchen, begabt mit den erhabensten Regententugenden, die sein bisher glückliches Volk fünf und zwanzig Jahr erprobt, und alle Nationen laut bewundert haben. Diese gottähnlichen durch die zweckmäßigste Anwendung bereits offenbarten Tugenden, zum Seegen für so viele Völker bestimmt, fordern mich, einen ferne wohnenden deutsche Patrioten zur Anbetung auf, womit ich ersterbe

Ew. k. M.

Berlin, den 23. März 1790

allerunterthänigst

v. Archenholtz

vormals Hauptmann im königl. preuß. Diensten.“

8. Antwort von Leopolds Hof

„Wohlgebohrner Herr Hauptmann![612]

Ich habe Ew. Wohlgebohren Schreiben vom 23. März mit Vergnügen empfangen. Sie leisten mir Gerechtigkeit, wenn Sie glauben, daß Männer, die mit Unterscheidung sich den Wissenschaften widmen, mich immer bereit finden Ihnen nützlich zu seyn. Ew. Wohlgebohren nahmen in dieser Klasse einen vorzüglichen Platz ein, und Ihre persönliche Bekanntheit, die ich zu machen das Vergnügen hatte, konnte nicht anders als die Achtung noch vermehren, die Sie mir als Schriftsteller eingeflößt hatten.

Von der großen Denkungsart des Apostolischen Königs hat man sich allerdings für die Wissenschaften den wirksamsten Schutz, und für jene, die sie pflegen, jede gedeihliche Rücksicht zu versprechen. Und ich werde um so weniger ausser Acht lassen, Sr. Majestät den Gegenstand Ew. Wohlgeb. Schreibens, wie mehrere andre, gegenwärtig zu halten. Ihrer eignen Einsicht kann jedoch nicht entgehen, daß in dem Augenblick, wo der König die Regierung einer großen Monarchie antritt, dieser Gegenstand nicht gerade unter den ersten seyen kann, welche die Aufmerksamkeit S. Majestät erfordern.
Ich bin mit besonderer Hochachtung

Ew. Wohlgebohren

Wien, den 2ten April 1790

Ergebener Diener

Kaunitz."

[612] Archenholtz, Johann Wilhelm von: „Neue Litteratur und Völkerkunde", 2. Band, Juli 1790, Nr. III, S. 39.

9. Schreiben von Friedrich Wilhelm II. an den Freiherrn von Stein

„Berlin, den 30. Juli 1790
An den Freyherrn von Stein zu Mainz

Friedrich Wilhelm König

Unseren... Wir wünschen, daß dem im teutschen Reiche so sehr eingerissenen Büchernachdruck durch eine zweckmäßige Stelle der künftigen Wahlkapitulation gesteuert werden möge, wozu sowohl der Chur-Braunschweigische als der Sächsische Hof bereits die kräftigste Unterstützung versichert habe. Nach der allhier eingegangenen Anzeige, soll der Chur-Mainzische Hof sich auf zuvor von der Notwendigkeit, das Übel des Nachdrucks auszurotten, überzeugt haben, aber doch mehr geneigt seyn scheinen, die Sache auf Verlangen an den Reichstag zu bringen, als in die Capitulation eine diesfalsige Vorkehrung zu befördern. Ihr habt Euch also bey dem dortigen Hofe dahin möglichst zu verwenden, das derselbe, in Ansehung des gegen den Büchernachdruck vorgeschlagenen Mittels mit dem Chur-Braunscheigischen und Sächsischen Ministern und aus gleichförmigen Maasregeln nehmen, welches denn auch bey den übrigen fürstlichen Höfen von gutem Erfolg seyn dürfte.“[613]

---

[613] GStA PK I. HA Rep. 10 Nr. 87 d 1 - 8; Monita zu der künftigen Wahlkapitulation: Nr. 87 d 8, Monita wegen des Nachdrucks von Büchern, 1790, fol. 19.

10. Liste der assoziierten Buchhändler

„Im Namen der associirten Buchhändler

1. Ettinger in Gotha
2. p. Expedition der allgem. LitteraturZeitung in Jena Fr. A. Bertuch H.S. Weimar Leg.Rath
3. Weidmannische Buchh. in Leipzig
4. Junius in Leipzig
5. Schneider in Leipzig
6. Kummer in Leipzig
7. Hilscher in Leipzig
8. Fleischer in Leipzig
9. Fritsch in Leipzig
10. Dyck in Vollmacht der Dyckischen Buchhandl. in Leipzig
11. Barth in Leipzig
12. Gelditschens Erben in Leipzig
13. Breitkopf in Leipzig
14. Henisius in Leipzig
15. Böhme in Leipzig
16. Gräfische Buchh. in Leipzig
17. Hertel in Leipzig
18. Jacobäer in Leipzig
19. Müllerische Buchhandl. in Leipzig
20. Beer in Leipzig
21. Beigang in Leipzig
22. Gebr. Walther in Dresden
23. Gerlach in Dresden
24. Nicolai in Berlin
25. dela Garde & Friedrich in Berlin
26. Hemmerde und Schwentschke aus Halle
27. Frommanel Buchh. in Züllichau
28. Severin in Weisenfels
29. Buchh. der kön. Realschule in Berlin
30. Rottmann in Berlin
31. Lange in Berlin
32. Kunze in Berlin
33. Haud und Spener in Berlin
34. Wever in Berlin
35. Maurer in Berlin
36. Himburg in Berlin
37. Hesse in Berlin

38. Pauli in Berlin
39. Horvath in Potsdam
40. Kasske in Stettin
41. Hendel in Halle
42. Scheidehauer in Magdeburg
43. Gebauer in Halle
44. Wieweg der ältere in Berlin
45. Die Buchh. des Hallischen Waisenhauses
46. Vandenhöck und Rupert in Göttingen
47. Hartung in Königsberg
48. Unger in Berlin
49. Mylius in Berlin
50. Dietrich in Göttingen
51. Wappler in Wien
52. Hohenleiter et compl. in Wien
53. Hofmann in Hamburg
54. Ernst in Quedlinburg
55. Stahl und Kilian aus Pest
56. Meyer in Lemgo
57. Gebr. Hellwig in Hannover
58. Gebr. Herold in Hamburg
59. Kaiser in Erfurt
60. Fleckeisen in Helmstädt
61. Kortensche Buchhandl. aus Flensburg
62. Boje aus Schleswig
63. Bohn in Hamburg
64. Kön. Preus. Academ. Kunst. u. Buchh. in Berlin
65. Wittekind in Eisenach
66. Degen in Wien
67. Prost in Koppenhagen
68. Hofmaus W. und Erben in Weimar
69. Widtmann in Prag
70. Zimmermann in Wittenberg
71. Kitscher in Hannover
72. Stahel in Wien
73. Gebr. Beckmann in Gera
74. Creuz aus Magdeburg
75. Schwan und Götz in Mannheim
76. Brönner in Frankfurt
77. Grässer & compl. in Wien
78. Herrmann in Frankfurt
79. Perenon aus Münster

80. Weigandische Buchhandlung in Leipzig
81. von Schönfeld Meisnerische Buchh. in Prag
82. Theising aus Münster
83. Nicolovius aus Münster
84. Sommer in Leipzig
85. M. Sommer in Leipzig
86. Schulbuchh. in Braunschweig
87. Hamann in Leipzig
88. Walthers W. in Leipzig
89. Gebhard und Körber in Frankfurt
90. Erbstein in Meisen
91. Crusius in Leipzig
92. Schwickert in Leipzig
93. Stahels seel. W. aus Wirzburg
94. Büschels W. in Leipzig
95. Drell, Gesner, Füsli et comp. in Zürich
96. Mezler in Stuttgart
97. Lindauer in München
98. Kleyb in Leipzig
99. Göschen in Leipzig
100. Cröckerische Buchh. in Jena
101. Voß und Sohn in Berlin
102. Schöne in Berlin
103. Pech in Frankfurt am Mayn
104. Varrentrapp und Wenner in Frankfurt"[614]

[614] HHStA MEA WaKr., Fasz. 76, 1790, unfoliiert.

11. Auszug aus dem Protokoll der Wahlkonferenz; 9. Sitzung

„SESSIO NONA.

PRAESENTIBUS ELECTORALIBUS

quibus supra

Actum Frankfurt auf dem Römer

Montags den 30ten August 1790.

§. 35.
Kurbrandenburgische Vollmacht.
...

§. 36.
Monita ad Art. VII.

Art. VII. § 1.
Legeb. Monit. Mogunt. Ad. h. §. 1.

Der §. wäre so zu fassen: ferner sollen und wollen Wir ein ausführliches Reichsgutachten darüber erfordern, wie die vorhandenen Reichspolizeiverordnungen zu verbessern, und die ietzigen Zeitumstände näher anzupassen, auch wie zur möglichsten Verbesserung der Kommerzien des Reichs durch gemeinsame der Verhältnissen Deutschlands allenthalben angemessene Maßregeln zu gelangen sei; insonderheit wollen Wir den für Deutschland wichtigen Buchhandel nicht außer acht lassen, sondern das obgedachte Reichsgutachten auch darüber erstatten lassen, wiefern dieser Handlungszweig, durch die völlige Unterdrückung des Nachdruckes, und durch die Herstellung billiger Druckpreise, von dem ietzigen Verfalle zu retten sei.

Umfrage:

Kurtrier	stimmet dem patriotischen Vorschlage des Moniti vollkommen bei.
Kurkölln	ebenfalls.
Kurböhmen	ist demselben nicht entgegen.
Kurpfalz	lasset sich das Monitum gleichfalls gefallen.
Kursachsen	lasse sich den Antrag gefallen, jedoch dürfte in so viel insbesondere die Abstellung, der in dem Buchhandel eingerissene Misbräuche betrift, derselben ohne auf dergleichen besondere Gegenstände, wie unter anderen eine Verfügung wegen der Druckpreise ist, einzugehen, nur im allgemeinen zu erwähnen.

Kurbrandenburg	erachtet, daß zu wünschen wäre, daß sofort aller Nachdruck verboten, den Landesherrn aber die Polizeiobsorge in Ansehnung des Buchhandels und Druckwesens überlassen, auch allenfalls die ganze Sache an die Reichsversammlung zu verweisen sei.
Kurbraunschweig	trete den Majoribus bei, und könne sich die vorgeschlagene Umfassung des §. gefallen lassen, nur gebe man anheim, ob nicht etwa nach dem Worte: Vorhandene und in mittels kräftigst aufrecht zu erhaltenden Polizeiverordnungen, und so auch zwischen den Worten Verbesserung der Kommerzien eingeschalten werden möge „Verbesserung der zu Wasser und zu Lande" nach Möglichkeit zu beförderenden Kommerzien, damit die gegenwärtig in dem §. liegende Disposition in voller Maße beibehalten werde.
Kurmainz	bezieht sich auf den Innhalt des Monitums, und läßt sich die von Kurbraunschweig angeregten Einschaltungen ebenfalls ohne Anstand gefallen.
Kurtrier	tritt gleichfalls den von der fürtreflichen Kurbraunschweigischen Botschaft monirten Einschaltungen bei, da alle bestehenden Reichsgesetze bis zu ihrer Verbesserung von dem Reichsoberhaupt aufrecht zu erhalten seien.
Kurkölln	wie Kurtrier.
Kurböhmen	vollkommen einverstanden.
Kurpfalz	findet den Zusatz wohl bemessen, dahero derselbe beizurücken wäre.
Kursachsen	sei mit dem vorgeschlagenen Zusatz wohl einverstanden.
Kurbrandenburg	lasse sich gleichfalls die wohlmonirte Einschaltungen gefallen.

CONCLUSUM.

Es wäre das Monitum samt den kurbraunschweigischen weiteren Einschaltungen in die Stelle dieses §. 1. einzurücken.
Legebatur Monit. Brand. Ad. eund. §.
Post verba: zu Lande „auch den Buchhandel im Reiche durch gänzliche Abstellung des verderblichen und nachtheiligen Nachdrucks nach Möglichkeit befördere."

Umfrage:

Kurtrier	beziehet sich auf das zu dem vorherigen kurmainzischen Monitum eben abgegebene Votum, und erachtet, daß bei dem

	darauf gefaßten Kollegialschluß das jetzt in Umfrag gestellte Monitum bereits erledigt sei.
Kurkölln	findet das Monitum bereits erledigt.
Kurböhmen	imgleichen.
Kurpfalz	ist mit dem so eben vernommenen erleuchteten Voto Trevirensi vollkommen einverstanden.
Kursachsen	bezieht sich auf seine ad Monitum Mogunt. Geschehene Abstimmung.
Kurbrandenburg	müße sich Majora gefallen lassen, stelle jedoch anheim, ob nicht durch ein Kollegialschreiben die baldige Beförderung dieses Gegenstandes noch zu empfehlen sein mögte.
Kurbraunschweig	accedirt Majoribus.
Kurmainz	bezieht sich auf seine obige Äußerung.

CONCLUSUM.

Es wird bei dem ad Monitum praecedens abgefaßten Concluso belassen.

Legebatur Monit. Brunj. Unicum ad eund. §."[615]

[615] HHStA RK WaKr. Fasz. 96c, 1790, unfoliiert (Diktat unmittelbar vor Bündel No. 22); HHStA MEA WaKr. Fasz. 82, 1790, Protokollduplikat: Sessio Prima, Sessio Nona; HHStA MEA WaKr. Fasz. 81, 1790, Mutterprotokoll (gebunden, 7. Stück, fol. 180ff); HHStA MEA WaKr. Fasz. 81, 1790, Vollständiges Wahlprotokoll (gebunden, 5. Stück, S. 469ff.).

12. Originaldokument

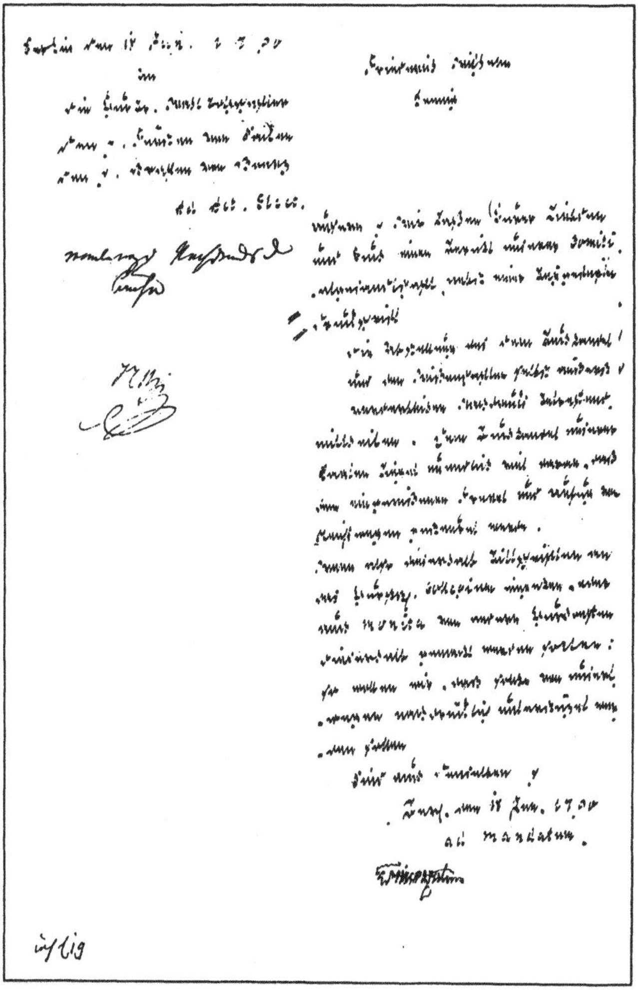

Friedrich Wilhelm II. an seine Wahlbotschafter.[616]
18. Juni 1790

[616] GStA PK I. HA Rep. 10 Nr. 87 d 1 - 8; Monita zu der künftigen Wahlkapitulation: Nr. 87 d 8, Monita wegen des Nachdrucks von Büchern, 1790, fol. 7.

RECHTSHISTORISCHE REIHE

Band 1 Studien zu den germanischen Volksrechten. Gedächtnisschrift für Wilhelm Ebel. Vorträge gehalten auf dem Fest-Symposion anläßlich des 70. Geburtstages von Wilhelm Ebel am 16. Juni 1978 in Göttingen. Götz Landwehr (Hrsg.) 1982.

Band 2 Hans Poeschel: Die Statuten der Banken, Sparkassen und Kreditgenossenschaften in Hamburg und Altona von 1710 bis 1889. 1978.

Band 3 Thomas Kolbeck: Juristenschwemmen, Untersuchungen über den juristischen Arbeitsmarkt im 19. und 20. Jahrhundert. 1978.

Band 4 Norbert Hempel: Richterleitbilder in der Weimarer Republik. 1978.

Band 5 Rolf Stratmann: Die Scheinbußen im mittelalterlichen Recht. 1978.

Band 6 Martin C. Lockert: Die niedersächsischen Stadtrechte zwischen Aller und Weser. Vorkommen und Verflechtungen. Eine Bestandsaufnahme. 1979.

Band 7 Joachim Rückert/Wolfgang Friedrich: Betriebliche Arbeiterausschüsse in Deutschland, Großbritannien und Frankreich im späten 19. und frühen 20. Jahrhundert. Eine vergleichende Studie zur Entwicklung des kollektiven Arbeitsrechts. 1979.

Band 8 Peter Bender: Die Rezeption des römischen Rechts im Urteil der deutschen Rechtswissenschaft. 1979.

Band 9 Friedrich Karl Alsdorf: Untersuchungen zur Rechtsgestalt und Teilung deutscher Ganerbenburgen. 1980.

Band 10 Dietmar Willoweit/Winfried Schich (Hrsg.): Studien zur Geschichte des sächsisch-magdeburgischen Rechts in Deutschland und Polen (Sammelband). 1980.

Band 11 Brigitte Hempel: Der Entwurf einer Polizeiordnung für das Herzogtum Sachsen-Lauenburg aus dem Jahre 1591. 1980.

Band 12 Klaus-Detlev Godau-Schüttke: Rechtsverwalter des Reiches. Staatssekretär Dr. Curt Joël. 1981.

Band 13 Rainer Polley: Anton Friedrich Justus Thibaut (AD 1772-1840) in seinen Selbstzeugnissen und Briefen. Teil 1: Abhandlung. Teil 2: Briefwechsel. Teil 3: Register zum Briefwechsel. 1982.

Band 14 Michael Wettengel: Der Streit um die Vogtei Kelkheim 1275-1276. Ein kanonischer Prozeß.1981.

Band 15 Otto Wilhelm Krause: Naturrechtler des sechzehnten Jahrhunderts. Ihre Bedeutung für die Entwicklung eines natürlichen Privatrechts. 1982.

Band 16 Helga Spindler: Von der Genossenschaft zur Betriebsgemeinschaft. Kritische Darstellung der Sozialrechtslehre Otto von Gierkes. 1982.

Band 17 Holger Otte: Gustav Radbruchs Kieler Jahre 1919 - 1926. 1982.

Band 18 Rüdiger Teuner: Die fuldische Ritterschaft 1510 - 1656. 1982.

Band 19 Gerhard Dilcher/Rudolf Hoke/Gian Savino Pene Vidari/Hans Winterberg (Hrsg.): Grundrechte im 19. Jahrhundert. 1982.

Band 20 Karl-Hans Schloßstein: Die westfälischen Fabrikengerichtsdeputationen - Vorbilder, Werdegang und Scheitern. 1982.

Band 21 Birger Schulz: Der Republikanische Richterbund (1921-1933). 1982.

Band 22 Engelbert Krause: Die gegenseitigen Unterhaltsansprüche zwischen Eltern und Kindern in der deutschen Privatrechtsgeschichte. 1982.

Band 23 Meent W. Francksen: Staatsrat und Gesetzgebung im Großherzogtum Berg (1806-1813). 1982.

Band 24 Gerd von Sonnleithner: Bearbeitung des Handelsrechts durch Ignaz von Sonnleithner in seinem "Leitfaden über das österreichische Handels- und Wechselrecht". 1982.

Band 25 Rudolf Palme: Rechts-, Wirtschafts- und Sozialgeschichte der inneralpinen Salzwerke bis zu deren Monopolisierung. 1983.

Band 26 Helen Bosshard: Pestalozzis Staats- und Rechtsverständnis und seine Stellung in der Aufklärung. 1983.

Band 27 Jens Jessen: Die Selbstzeugnisse der deutschen Juristen. Erinnerungen, Tagebücher und Briefe. Eine Bibliographie. 1983.

Band 28 Günter Martin Jensen: Das Domanium Waldeck. Die rechtliche Zuordnung eines Fürstenvermögens. 1984.

Band 29 Johann Heinrich Kumpf: Petitionsrecht und öffentliche Meinung im Entstehungsprozeß der Paulskirchenverfassung 1848/49. 1983.

Band 30 Sabine Frey: Rechtsschutz der Juden gegen Ausweisungen im 16. Jahrhundert. 1983.

Band 31 Dietrich Joswig: Die germanische Grundstücksübertragung. 1984.

Band 32 Andreas Baryli: Konzessionssystem contra Gewerbefreiheit. Zur Diskussion der österreichischen Gewerberechtsreform 1835 bis 1860. 1984.

Band 33 Gerhard Oberkofler: Studien zur Geschichte der österreichischen Rechtswissenschaft. 1984.

Band 34 Rudolf Lauda: Kaufmännische Gewohnheit und Burgrecht bei Notker dem Deutschen. Zum Verhältnis von literarischer Tradition und zeitgenössischer Realität in der frühmittelalterlichen Rhetorik. 1984.

Band 35 Jens Jensen: Die Ehescheidung des Bischofs Hans von Lübeck von Prinzessin Julia Felicitas von Württemberg-Weiltingen AD 1648-1653. Ein Beitrag zum protestantischen Ehescheidungsrecht im Zeitalter des beginnenden Absolutismus. 1984.

Band 36 Horst Schröder: Friedrich Karl von Savigny. Geschichte und Rechtsdenken beim Übergang vom Feudalismus zum Kapitalismus in Deutschland. 1984.

Band 37 Andreas Hatzung: Dogmengeschichtliche Grundlagen und Entstehung des zivilrechtlichen Notstands. 1984.

Band 38 Matthias Klasen: Das Billwerder Landrecht. Landrecht und Landgericht in den Hamburger Elbmarschen. 1985.

Band 39 Rainer Jamin: Aufbau, Tätigkeit und Verfahren der Auseinandersetzungsbehörden bei der Durchführung der preußischen Agrarreformen. 1985.

Band 40 Henry Winter: Teilschuld, Gesamtschuld und unechte Gesamtschuld. Zur Konzeption der §§ 420 ff. BGB - Ein Beitrag zur Entstehungsgeschichte des BGB. 1985.

Band 41 Hermann Eichler: Verfassungsbewegung in Amerika und Europa. 1985.

Band 42 Dagmar Bandemer: Heinrich Albert Zachariae. Rechtsdenken zwischen Restauration und Reformation. 1985.

Band 43 Eva-Christine Frentz: Das Hamburgische Admiralitätsgericht (1623-1811). Prozeß und Rechtsprechung. 1985.

Band 44 Karl Lillig: Rechtsetzung im Herzogtum Pfalz-Zweibrücken während des 18. Jahrhunderts. Ein Beitrag zur Geschichte der territorialen Rechtsbildung. 1985.

Band 45 Walter Weber: Die Entwicklung der Sparkassen zu selbständigen Anstalten des öffentlichen Rechts. Ein Beitrag zur Entwicklung des Anstaltsbegriffs im 19. Jahrhundert. 1985.

Band 46 Bärbel Baum: Der Stabreim im Recht. Vorkommen und Bedeutung des Stabreims in Antike und Mittelalter. 1986.

Band 47 Hans Popp: Die nationalsozialistische Sicht einiger Institute des Zivilprozeß- und Gerichtsverfassungsrechts. 1986.

Band 48 John Karl-Heinz Montag: Die Lehrdarstellung des Handelsrechts von Georg Friedrich von Martens bis Meno Pöhls. Die Wissenschaft des Handelsrechts im ersten Drittel des 19. Jahrhunderts. 1986.

Band 49 Volker D. Anhäusser: Das internationale Obligationenrecht in der höchstrichterlichen Rechtsprechung des 19. Jahrhunderts. 1986.

Band 50 Udo Beer: Die Juden, das Recht und die Republik. Verbandswesen und Rechtsschutz 1919-1933. 1986.

Band 51 Herbert Grziwotz: Der moderne Verfassungsbegriff und die "Römische Verfassung" in der deutschen Forschung des 19. und 20. Jahrhunderts. 1986.

Band 52 Ralf Conradi: Karl Friedrich Eichhorn als Staatsrechtslehrer. Seine Göttinger Vorlesung über "Das Staatsrecht der deutschen Bundesstaaten" nach einer Kollegmitschrift aus dem Wintersemester 1821/22. 1987.

Band 53 Dieter Dannreuther: Der Zivilprozeß als Gegenstand der Rechtspolitik im Deutschen Reich 1871 - 1945. Ein Beitrag zur Geschichte des Zivilprozeßrechts in Deutschland. 1987.

Band 54 Stephan Felix Pauly: Organisation, Geschichte und Praxis der Gesetzesauslegung des (Königlich) Preußischen Oberverwaltungsgerichtes 1875 - 1933. 1987.

Band 55 Rüdiger Schulz: Die Entstehung des Seerechts des Allgemeinen Deutschen Handelsgesetzbuches unter besonderer Berücksichtigung der Bestimmungen über die Reederei, den Schiffer und die Schiffsmannschaft. 1987.

Band 56 Reinhold Reis: Deutsches Privatrecht in den Weistümern der Zenten Schriesheim und Kirchheim. 1987.

Band 57 Jürgen Christoph: Die politischen Reichsamnestien 1918 - 1933. 1987.

Band 58 Gerhard Oberkofler/Eduard Rabofsky: Hans Kelsen im Kriegseinsatz der k.u.k.-Wehrmacht. Eine kritische Würdigung seiner militärtheoretischen Angebote. 1988.

Band 59 Arne Wulff: Staatssekretär Prof. Dr. Dr. h.c. Franz Schlegelberger. 1876-1970. 1991.

Band 60 Gerhard Köbler (Hrsg.): Wege europäischer Rechtsgeschichte. Karl Kroeschell zum 60. Geburtstag. 1987.

Band 61 Rüdiger Hütte: Der Gemeinschaftsgedanke in den Erbrechtsreformen des Dritten Reichs. 1988.

Band 62 Markus Göldner: Politische Symbole der europäischen Integration. Fahne, Hymne, Hauptstadt, Paß, Briefmarke, Auszeichnungen. 1988.

Band 63 Wolfgang Kröner: Freiheitsstrafe und Strafvollzug in den Herzogtümern Schleswig, Holstein und Lauenburg von 1700 bis 1864. 1988.

Band 64 Werner Gaile: Die Norder Theelacht. 1988.

Band 65 Karl v. Kempis: Andreas Gaill (1526 - 1587). Zum Leben und Werk eines Juristen der frühen Neuzeit. 1988.

Band 66 Wolf-Rüdiger Osburg: Die Verwaltung Hamburgs in der Franzosenzeit. 1811-1814. 1988.

Band 67 Christian Schudnagies: Hans Frank. Aufstieg und Fall des NS-Juristen und Generalgouverneurs. 1988.

Band 68 Otmar Jung: Senatspräsident Freymuth. Richter, Sozialdemokrat und Pazifist in der Weimarer Republik. Eine politische Biographie. 1989.

Band 69 Joachim Lohner: Das landeshauptmannschaftliche Gericht in Oberösterreich zu Beginn der Neuzeit. Eine Darstellung des oberösterreichischen Prozeßrechts am obersten Territorialgericht des Landes anhand der oberösterreichischen Landtafel.1989.

Band 70 Bernd Klemann: Rudolf von Jhering und die Historische Rechtsschule. 1989.

Band 71 Adalbert Langer: Männer um die österreichische Zivilprozeßordnung 1895. Zusammenspiel / Soziales Ziel. 1990.

Band 72 Robert-Dieter Klee: Die Landessuperintendentur Lauenburg. Ursprung und Entwicklung sowie Ende der Sonderstellung des Kirchenkreises Herzogtum Lauenburg durch die nordelbische Kirchenvereinigung. 1989.

Band 73 Heinrich Herrmann: Die Gehöferschaften im Bezirk Trier. 1989.

Band 74 Wilhelm Brauneder, Franz Baltzarek (Hrsg.): Modell einer neuen Wirtschaftsordnung. Wirtschaftsverwaltung in Österreich 1914 - 1918. 1991.

Band 75 Thomas Dreyer: Die "Assecuranz- und Haverey-Ordnung" der Freien und Hansestadt Hamburg von 1731. 1990.

Band 76 Bernhard Sendler: Die Rechtssprache in den süddeutschen Stadtrechtsreformationen. 1990.

Band 77 Brigitte Lehmann: Ehevereinbarungen im 19. und 20. Jahrhundert. 1990.

Band 78 Michael Sunnus: Der NS-Rechtswahrerbund (1928-1945). Zur Geschichte der nationalsozialistischen Juristenorganisation. 1990.

Band 79 Stefan Schulz: Die historische Entwicklung des Rechts an Bienen. (§§ 961 - 964 BGB). 1990.

Band 80 Gerhard Lingelbach, Heiner Lück (Hrsg.): Deutsches Recht zwischen Sachsenspiegel und Aufklärung. Rolf Lieberwirth zum 70. Geburtstag dargebracht von Schülern, Freunden und Kollegen, herausgegeben von Gerhard Lingelbach und Heiner Lück. 1991.

Band 81 Manfred Krohn: Die deutsche Justiz im Urteil der Nationalsozialisten 1920 - 1933. 1991.

Band 82 Angelika Kühn: Privilegierung nationaler Minderheiten im Wahlrecht der Bundesrepublik Deutschland und Schleswig-Holsteins. 1991.

Band 83 Georg Brun: Leben und Werk des Rechtshistorikers Heinrich Mitteis unter besonderer Berücksichtigung seines Verhältnisses zum Nationalsozialismus. 1991.

Band 84 Wolfgang Simon: Claudius Freiherr von Schwerin. Rechtshistoriker während dreier Epochen deutscher Geschichte. 1991.

Band 85 Friedrich-Carl Wachs: Das Verordnungswerk des Reichsdemobilmachungsamtes. Stabilisierender Faktor zu Beginn der Weimarer Republik. 1991.

Band 86 Jens-Uwe Petersen: Die Vorgeschichte und die Entstehung des Mieterschutzgesetzes von 1923 nebst der Anordnung für das Verfahren vor dem Mieteinigungsamt und der Beschwerdestelle. 1991.

Band 87 Ulrike Haibach: Familienrecht in der Rechtssprache. Die historische Entwicklung zentraler Ausdrücke des geltenden Familienrechts. 1991.

Band 88 Joern Christian Nissen: Die Beratungen des Seeversicherungsausschusses der Akademie für Deutsches Recht zu einem neuen Seeversicherungsgesetz (1934-1939). Ein Beitrag zur Entwicklung der allgemeinen Lehren des Seeversicherungsrechts unter besonderer Berücksichtigung des Handelsgesetzbuchs und der Allgemeinen Deutschen Seeversicherungs-Bedingungen 1919. 1991.

Band 89 Diethard Bühler: Die Entstehung der allgemeinen Vertragsschluß-Vorschriften im Allgemeinen Deutschen Handelsgesetzbuch (ADHGB) von 1861. Ein Beitrag zur Kodifikationsgeschichte des Privatrechts im 19. Jahrhundert. 1991.

Band 90 Gerhard Oberkofler: Die Vertreter des Römischen Rechts mit deutscher Unterrichtssprache an der Karls-Universität in Prag. Vom Vormärz bis 1945. 1991.

Band 91 Ulrich Andermann: Ritterliche Gewalt und bürgerliche Selbstbehauptung. Untersuchungen zur Kriminalisierung und Bekämpfung des spätmittelalterlichen Raubrittertums am Beispiel norddeutscher Hansestädte. 1991.

Band 92 Heinz Marcus Hanke: Luftkrieg und Zivilbevölkerung. Der kriegsvölkerrechtliche Schutz der Zivilbevölkerung gegen Luftbombardements von den Anfängen bis zum Ausbruch des Zweiten Weltkrieges. 1991.

Band 93 Kirsten Kraglund: Familien- und Erbrecht. Materielles Recht und Methoden der Rechtsanwendung in der Rechtsprechung des Oberappellationsgerichts der vier Freien Städte Deutschlands zu Lübeck. 1991.

Band 94 Reinhard Lorenz: Die politische und rechtliche Stellung des Proletariats in Preußen in der Zeit zwischen den Reformen und der Revolution 1848/49. 1991.

Band 95 Eric Hilgendorf: Die Entwicklungsgeschichte der parlamentarischen Redefreiheit in Deutschland. 1991.

Band 96 Hans J. Reiter: Die Handelsgesellschaft Villeroy & Boch von der Gründung 1836 bis zum Jahr 1878. 1992.

Band 97 Martin Johannes Heller: Reform der deutschen Rechtssprache im 18. Jahrhundert. 1992.

Band 98 Michael Kotulla: Die Tragweite der Grundrechte der revidierten preußischen Verfassung vom 31.01.1850. 1992.

Band 99 Michael Siefener: Hexerei im Spiegel der Rechtstheorie. Das crimen magiae in der Literatur von 1574 bis 1608. 1992.

Band 100 Andreas Ebert-Weidenfeller: Hamburgisches Kaufmannsrecht im 17. und 18. Jahrhundert. Die Rechtsprechung des Rates und des Reichskammergerichtes. 1992.

Band 101 Enno Bommel: Die Entstehung der Verwirkungslehre in der Krise des Positivismus. 1992.

Band 102 Ralph Steppacher: Die Berücksichtigung der bäuerlichen Postulate bei der Entstehung des ZGB und der Revision des OR. Ein Beitrag zur schweizerischen Kodifikationsgeschichte (1893 - 1912). 1992.

Band 103 Martin Fleckenstein: Die Todesstrafe im Werk Carl Joseph Anton Mittermaiers (1787 - 1867). Zur Entwicklungsgeschichte eines Werkbereichs und seiner Bedeutung für Theorie- und Methodenbildung. 1992.

Band 104 Jörn Eckert: Der Kampf um die Familienfideikommisse in Deutschland. Studien zum Absterben eines Rechtsinstitutes. 1992.

Band 105 Jörg Grotkopp: Beamtentum und Staatsformwechsel. Die Auswirkungen der Staatsformwechsel von 1918, 1933 und 1945 auf das Beamtenrecht und die personelle Zusammensetzung der deutschen Beamtenschaft. 1992.

Band 106 Andreas Rohde: Die Garantiehaftung des Vermieters und ihr Verhältnis zum Unmöglichkeitsrecht in dogmengeschichtlicher und modernrechtlicher Sicht. 1992.

Band 107 Tjark Siefke Kunstreich: Gesamtvertretung. Eine historisch-systematische Darstellung. 1992.

Band 108 Jürgen Krüger: Blindheit und Königtum. Die Blindheit des Königs Georg V. von Hannover als verfassungsrechtliches Problem. 1992.

Band 109 Wolfgang Putschek: Ständische Verfassung und autoritäre Verfassungspraxis in Österreich 1933-1938 mit Dokumentenanhang. Verfassung und Verfassungswirklichkeit. Mit einem Anhang: Denkschriften von Rechtsanwalt Dr. Erich Führer 1936/37. 1993.

Band 110 Klaus Hofmann: Die Verdrängung der Juden aus öffentlichem Dienst und selbständigen Berufen in Regensburg 1933-1939. 1993.

Band 111 Franz Kilger: Die Entwicklung des Telegraphenrechts im 19. Jahrhundert mit besonderer Berücksichtigung der technischen Entwicklung. Telegraphenrecht im 19. Jahrhundert. 1993.

Band 112 Wilhelm Brauneder (Hrsg.): Heiliges Römisches Reich und moderne Staatlichkeit. 1993.

Band 113 Thomas Heinrich: Das preußische Nichtehelichenrecht: Von der Aufklärung zur Reaktion. 1993.

Band 114 Gerald Kohl: Jagd und Revolution. Das Jagdrecht in den Jahren 1848 und 1849. 1993.

Band 115 Christian Schudnagies: Der Kriegs- oder Belagerungszustand im Deutschen Reich während des Ersten Weltkrieges. Eine Studie zur Entwicklung und Handhabung des deutschen Ausnahmezustandsrechts bis 1918. 1994.

Band 116 Elisabeth Bellmann: Die Internationale Kriminalistische Vereinigung (1889-1933). 1994.

Band 117 Julia Pfannkuch: Volksrichterausbildung in Sachsen 1945-1950. 1993.

Band 118 Jörg Offen: Von der Verwaltungsgemeinschaft des BGB von 1896 zur Zugewinngemeinschaft des Gleichberechtigungsgesetzes von 1957. 1994.

Band 119 Dorothee Kohlhas-Müller: Untersuchungen zur Rechtsstellung Theoderichs des Großen. 1995.

Band 120 Monika Rose: Das Gerichtswesen des Herzogtums Pfalz-Zweibrücken im 18. Jahrhundert. Ein Beitrag zur territorialen Gerichtsbarkeit im Alten Reich. 1994.

Band 121 Jörn Eckert / Hans Hattenhauer (Hrsg.): Bibel und Recht. Rechtshistorisches Kolloquium 9. - 13. Juni 1992 an der Christian-Albrechts-Universität zu Kiel. 1994.

Band 122 Robert Martin Mizia: Der Rechtsbegriff der Autonomie und die Begründung des Privatfürstenrechts in der deutschen Rechtswissenschaft des 19. Jahrhunderts. 1995.

Band 123 Walther Graf von Plettenberg: Das Fortleben des Liber Iudiciorum in Asturien/León (8. - 13. Jh.). 1994.

Band 124 Wolfgang Schulz: Das deutsche Börsengesetz. Die Entstehungsgeschichte und wirtschaftlichen Auswirkungen des Börsengesetzes von 1896. 1994.

Band 125 Frank Hagemann: Der Untersuchungsausschuß Freiheitlicher Juristen. 1949 – 1969. 1994.

Band 126 Andreas Rethmeier: "Nürnberger Rassegesetze" und Entrechtung der Juden im Zivilrecht. 1995.

Band 127 Edith Grether: Die Poesie der Throne. Die Juristen in der Fruchtbringenden Gesellschaft. 1995.

Band 128 Anna Bartels-Ishikawa: Der Lippische Thronfolgestreit. Eine Studie zu verfassungsrechtlichen Problemen des Deutschen Kaiserreiches im Spiegel der zeitgenössischen Staats. 1995.

Band 129 Jörg Schmidt: Otto Koellreutter 1883-1972. Sein Leben, sein Werk, seine Zeit. 1995.

Band 130 Christian Hattenhauer: Wahl und Krönung Franz II. AD 1792. Das Heilige Reich krönt seinen letzten Kaiser - Das Tagebuch des Reichsquartiermeisters Hieronymus Gottfried von Müller und Anlagen. 1995.

Band 131 Jutta v. der Decken: Das Seearbeitsrecht im Hamburger Stadtrecht von 1301 bis 1603. 1995.

Band 132 Detlev Schmidt: Die Reform des Rechts der Handelsvertreter von 1953. 1995.

Band 133 Gabi Roßdeutscher: Privatautonomie im Scheidungsrecht. Scheidungsbezogene Vereinbarungen in den letzten 200 Jahren. 1995.

Band 134 Harald Kahlenberg: Leben und Werk des Rechtshistorikers Walther Merk. Ein Beispiel für das Verhältnis von Rechtsgeschichte und Nationalsozialismus. 1995.

Band 135 Michael Steitz: Adelbert Düringer am Reichsgericht (1902-1915). Seine aktienrechtlichen Entscheidungen und sein Einfluß auf das Aktienrecht in Deutschland. 1995.

Band 136 Christian Becker: Beata Justorum Translatio. Juristen in schleswig-holsteinischen Leichenpredigten. 1996.

Band 137 Christoph Seiler: Vom Allgemeinen Landrecht zum Bürgerlichen Gesetzbuch. Dargestellt am Beispiel der höchstrichterlichen Judikatur zum kaufrechtlichen Sachmängelgewährleistungsrecht. 1996.

Band 138 Bernd Mayer: Die Vertrauensmännerausschüsse auf den preußischen Steinkohlegruben an der Saar. Entstehung und Wirken. Eine rechtshistorische Untersuchung. 1996.

Band 139 Rochus Scholl: Juden und Judenrecht im Herzogtum Pfalz-Zweibrücken. Ein Beitrag zur Rechtsgeschichte eines deutschen Kleinstaates am Ende des alten Reiches. 1996.

Band 140 Meike Bursch: Judentaufe und frühneuzeitliches Strafrecht. Die Verfahren gegen Christian Treu aus Weener/Ostfriesland 1720-1728. 1996.

Band 141 Markus Hillenbrand: Fürstliche Eheverträge. Gottorfer Hausrecht 1544 - 1773. 1996.

Band 142 Ulf Häder: Das gemeinschaftliche Oberappellationsgericht thüringischer Staaten in Jena. Ein Beitrag zur Geschichte des Gerichtswesens im 19. Jahrhundert. 1996.

Band 143 Andreas Bauer: Das Gnadenbitten in der Strafrechtspflege des 15. und 16. Jahrhunderts. Dargestellt unter besonderer Berücksichtigung von Quellen der Vorarlberger Gerichtsbezirke Feldkirch und des Hinteren Bregenzerwaldes. 1996.

Band 144 Christian Wirth: Der Jurist Johann Andreas Georg Friedrich Rebmann zwischen Revolution und Restauration. 1996.

Band 145 Stefanie Müller: Die Rechtsprechung des Hanseatischen Oberlandesgerichts zum persönlichen Eherecht in Hamburgischen Gerichtsfällen von 1879 -1900. 1996.

Band 146 Jean-Nicolas Morisset: Der Frachtvertrag in der *Ordonnance de la marine* von 1681. 1996.

Band 147 Dirk Lentfer: Die Glogauer Landesprivilegien des Andreas Gryphius von 1653. 1996.

Band 148 Wencke Mull: Die Haftung für Einsturzschäden nach den §§ 836-838 BGB in der Rechtsprechung des Reichsgerichts. 1996.

Band 149 Renate Zelger: Teufelsverträge. Märchen, Sage, Schwank, Legende im Spiegel der Rechtsgeschichte. 1996.

Band 150 Guido Kraß: Das Arrestverfahren in Frankfurt am Main im Spätmittelalter. 1996.

Band 151 F. Benedict Heyn: Die Entwicklung des Eisenbahnfrachtrechts von den Anfängen bis zur Einführung des Allgemeinen Deutschen Handelsgesetzbuches (ADHGB). 1996.

Band 152 Thomas Lang: Die Staats- und Verfassungslehre Carl Salomo Zachariaes. 1996.

Band 153 Michael Hebeis: Karl Anton von Martini (1726-1800). Leben und Werk. 1996.

Band 154 Gerald Hubert: Die Diskussion um die rechtliche Natur der Bizone in den Jahren 1947-1949. 1996.

Band 155 Christof Horn: Die Rechtsprechung des Reichsgerichts in Ehescheidungssachen der Jahre 1900 bis 1905. 1996.

Band 156 Hermann Nehlsen / Georg Brun (Hrsg.): Münchener rechtshistorische Studien zum Nationalsozialismus. 1996.

Band 157 Jan Otto Clemens Kehrberg: Die Entwicklung des Elektrizitätsrechts in Deutschland. Der Weg zum Energiewirtschaftsgesetz von 1935. 1997.

Band 158 Johannes Tradt: Der Religionsprozeß gegen den Zopfschulzen (1791-1799). Ein Beitrag zur protestantischen Lehrpflicht und Lehrzucht in Brandenburg-Preußen gegen Ende des 18. Jahrhunderts. 1997.

Band 159 Dietmar Olsen: Das kaufrechtliche Sachmängelgewährleistungsrecht des Code civil in der Rechtsprechung deutscher Gerichte im 19. Jahrhundert. Ein Beitrag zur Ablösung der Partikularrechte durch das BGB. 1997.

Band 160 Ulrich Bernhardt: Die Deutsche Akademie für Staats- und Rechtswissenschaft „Walter Ulbricht" 1948-1971. 1997.

Band 161 Claudia Susan Hoppe: Die Bürgschaft im Rechtsleben Hamburgs von 1600 bis 1900. 1997.

Band 162 Franz-Rudolf Ecker: Die Entwicklung des Bergrechts im Saarbrücker Steinkohlenrevier bis zum Ende des 18. Jahrhunderts. Ein Vergleich mit dem älteren deutschen Bergrecht. 1997.

Band 163 Anne Katrin Rückert: Politik und Privatrecht in der „konservativen Revolution". 1997.

Band 164 Gisbert Laube: Der Reichskunstwart. Geschichte einer Kulturbehörde 1919-1933. 1997.

Band 165 Nicolas Lührig: Die Diskussion über die Reform der Juristenausbildung von 1945 bis 1995. 1997.

Band 166 Regula Gerber Jenni: Die Emanzipation der mehrjährigen Frauenzimmer. Frauen im bernischen Privatrecht des 19. Jahrhunderts. 1997.

Band 167 Mischa A. Färber: Das gemeinschaftliche Testament in der höchstrichterlichen Rechtsprechung zum Allgemeinen Preußischen Landrecht und zum BGB. Ein Beitrag zur Ablösung der Partikularrechte durch das BGB. 1997.

Band 168 Catherine Antoinette Gasser: Philipp Lotmar 1850-1922. Professor der Universität Bern. Sein Engagement für das Schweizerische Arbeitsrecht. 1997.

Band 169 Lars Immisch: Der sozialistische Richter in der DDR und seine Unabhängigkeit. Der Versuch eines Rechtsvergleiches zum Unabhängigkeitsbegriff in der bundesdeutschen Rechtsordnung. 1997.

Band 170 Jessica Jacobi: Besitzschutz vor dem Reichskammergericht. Die friedenssichernde Funktion der Besitzschutzklagen am Reichskammergericht im 16. Jahrhundert, dargestellt anhand von Kameralisten. 1998.

Band 171 Ewald Hügemann: Die Geschichte des öffentlichen und privaten Mietpreisrechts vom Ersten Weltkrieg bis zum Gesetz zur Regelung der Miethöhe von 1974. 1998.

Band 172 Lutz Rentzow: Die Entstehungs- und Wirkungsgeschichte der Vernewerten Landesordnung für das Königreich Böhmen von 1627. 1998.

Band 173 Sabine Stürmer: Mühlenrecht im Herzogtum Pfalz-Zweibrücken während des 18. Jahrhunderts. Ein Beitrag zum Wirtschaftsrecht eines deutschen Kleinstaates im Alten Reich. 1998.

Band 174 Mario Bogisch: *Nemo testis in re sua*. Das Problem der Zeugnisfähigkeit bei der Anwendung der deutschen Zivilprozeßordnung von 1877. 1998.

Band 175 Rainer Oßwald: Pactane sunt servanda? Freiwilligkeit, Zwang und Unverbindlichkeitserklärungen im islamischen Vertragsrecht malikitischer Schule. 1998.

Band 176 Bettina Kern: Der preußische BGB-Entwurf von 1842. 1998.

Band 177 Inken Fuhrmann: Die Diskussion über die Einführung der fakultativen Zivilehe in Deutschland und Österreich seit Mitte des 19. Jahrhunderts. 1998.

Band 178 Annette Rieck: Der Heilige Ivo von Hélory (1247-1303). Advocatus pauperum und Patron der Juristen. 1998.

Band 179 Frank Bottenberg: Die Hamburgische Strafprozeßordnung von 1869. 1998.

Band 180 Matthias Krauß: Das kursächsische Postrecht von seinen Anfängen bis zum Ende des Alten Reichs. 1998.

Band 181 Torsten Schmidt: Die Entmündigung von den Anfängen des BGB bis zu ihrer Ablösung durch das Institut der Betreuung. 1998.

Band 182 Christian Nunn: Rudolf Müller-Erzbach. 1874-1959. Von der realen Methode über die Interessenjurisprudenz zum kausalen Rechtsdenken (Leben und Werk). 1998.

Band 183 Christian Ortloff: Das staatskirchenrechtliche System Wilhelm Traugott Krugs. Glaubens- und Gewissensfreiheit – eine Forderung der Vernunft. 1998.

Band 184 Christian Hattenhauer: Schuldenregulierung nach dem Westfälischen Frieden. Der sog. § *de indaganda* und seine Umsetzung im Jüngsten Reichsabschied (AD 1648 und 1654). 1998.

Band 185 Werner Schubert: Preußen im Vormärz. Die Verhandlungen der Provinziallandtage von Brandenburg, Pommern, Posen, Sachsen und Schlesien sowie – im Anhang – von Ostpreußen, Westfalen und der Rheinprovinz (1841-1845). 1998.

Band 186 Silvia Schumacher: Das Rechtsverhältnis zwischen Eltern und Kindern in der Privatrechtsgeschichte. 1999.

Band 187 Kai Sommer: Die Strafbarkeit der Homosexualität von der Kaiserzeit bis zum Nationalsozialismus. Eine Analyse der Straftatbestände im Strafgesetzbuch und in den Reformentwürfen (1871-1945). 1998.

Band 188 Jan Erik Backhaus: Volksrichterkarrieren in der DDR. 1999.

Band 189 Ralf Ruhnau: Die Fürstlich Thurn und Taxissche Privatgerichtsbarkeit in Regensburg. Ein Kuriosum der deutschen Rechtsgeschichte. 1999.

Band 190 Antonio Grilli: Die französische Justizorganisation am linken Rheinufer 1797-1803. 1999.

Band 191 Stephanie Kammerloher-Lis: Die Entstehung des Gesetzes über die religiöse Kindererziehung vom 15. Juli 1921. 1999.

Band 192 Jan Telp: Ausmerzung und Verrat. Zur Diskussion um Strafzwecke und Verbrechensbegriffe im Dritten Reich. 1999.

Band 193 Kurt von Pannwitz: Die Entstehung der Allgemeinen Deutschen Wechselordnung. Ein Beitrag zur Geschichte der Vereinheitlichung des deutschen Zivilrechts im 19. Jahrhundert. 1999.

Band 194 Sylvia Busch: Die Entstehung der Allgemeinen Gerichtsordnung für die Preussischen Staaten von 1793/95. Ein Beitrag zur Geschichte der Kodifikationsbewegung und der Reform des Zivilprozesses in Preußen im 18. Jahrhundert. 1999.

Band 195 Dirk Bieresborn: Klage und Klageerwiderung im deutschen und englischen Zivilprozeß. Eine rechtshistorische und rechtsvergleichende Untersuchung unter besonderer Berücksichtigung der Beeinflussung durch das römisch-kanonische Verfahren. 1999.

Band 196 Andreas Thier / Guido Pfeifer / Philipp Grzimek (Hrsg.): Kontinuitäten und Zäsuren in der Europäischen Rechtsgeschichte. Europäisches Forum Junger Rechtshistorikerinnen und Rechtshistoriker München 22.-24. Juli 1998. 1999.

Band 197 Franz Smola: Die Fürstlich Liechtenstein'sche Kunstsammlung. Rechtsfragen zur Verbringung der Sammlung von Wien nach Vaduz in den Jahren 1944/45. 1999.

Band 198 Frank Martin Krauss: Das geteilte Eigentum im 19. und 20. Jahrhundert. Eine Untersuchung zum Fortbestand des Teilungsgedankens. 1999.

Band 199 Matthias Frey: Die spanische Aktiengesellschaft im 18. Jahrhundert und unter dem Código de Comercio von 1829. 1999.

Band 200 Alexandra Gilde: Die Stellung der Frau im Reichsstrafgesetzbuch von 1870/71 und in den Reformentwürfen bis 1919 im Urteil der bürgerlichen Frauenbewegung. Eine Analyse ausgewählter Straftatbestände. 1999.

Band 201 Malte Dießelhorst / Arne Duncker: Hans Kohlhase. Die Geschichte einer Fehde in Sachsen und Brandenburg zur Zeit der Reformation. 1999.

Band 202 Jörg Hillmann: Territorialrechtliche Auseinandersetzungen der Herzöge von Sachsen-Lauenburg vor dem Reichskammergericht im 16. Jahrhundert. 1999.

Band 203 Carsten Engler: Die Kommanditgesellschaft (KG) und die stille Gesellschaft im Allgemeinen Deutschen Handelsgesetzbuch (ADHGB) von 1861. 1999.

Band 204 Vesta Hoffmann-Steudner: Die Rechtsprechung des Reichsgerichts zu dem Scheidungsgrund des § 49 EheG (EheG 1938) in den Jahren 1938-1945. 1999.

Band 205 Michaela Thiele: Die Auflösung von Arbeitsverhältnissen aufgrund Anfechtung und außerordentlicher Kündigung nach der Rechtsprechung des Reichsarbeitsgerichts (1927-1945). 2000.

Band 206 Peter Landau / Hermann Nehlsen / Mathias Schmoeckel (Hrsg.): Karl von Amira zum Gedächtnis. 1999.

Band 207 Marcus Flinder: Die Entstehungsgeschichte des Zivilgesetzbuches der DDR. 1999.

Band 208 Boris Franz Leo Bromm: Die Entstehungsgeschichte des Berufs des Handelsvertreters. Unter besonderer Berücksichtigung der Sozialgesetzgebung in den Jahren von 1871-1933. 2000.

Band 209 Winfried C. J. Eberstein: Das Tierschutzrecht in Deutschland bis zum Erlaß des Reichs-Tierschutzgesetzes vom 24. November 1933. Unter Berücksichtigung der Entwicklung in England. 1999.

Band 210 Patrick Deller: Der „nach dem Vertrage" vorausgesetzte Gebrauch (§ 459 Absatz 1 Satz 1 BGB). Eine kaufrechtliche Untersuchung unter Berücksichtigung rechtshistorischer wie rechtsvergleichender Grundlagen. 2000.

Band 211 Eckard Freiherr von Bodenhausen: Haftung des Geschäftsherrn für Verrichtungsgehilfen im Straßen- und Schienenverkehr. Eine Analyse der Entscheidungen des Reichsgerichts zu § 831 BGB (1900-1945). 2000.

Band 212 Birte Gast: Der Allgemeine Teil und das Schuldrecht des Bürgerlichen Gesetzbuchs im Urteil von Raymond Saleilles (1855-1912). 2000.

Band 213 Hansjörg Michael Huber: Koloniale Selbstverwaltung in Deutsch-Südwestafrika. Entstehung, Kodifizierung und Umsetzung. 2000.

Band 214 Ulf Björner: Die Verfassungsgerichtsbarkeit im Norddeutschen Bund und Deutschen Reich (1867-1918). Eine rechtshistorische Untersuchung über Gerichtsbarkeit im Spannungsfeld von Politik und Recht innerhalb der von Bismarck geschaffenen deutschen Bundesstaaten. 2000.

Band 215 Mathias Freiherr von Rosenberg: Friedrich Carl von Savigny (1779-1861) im Urteil seiner Zeit. 2000.

Band 216 Reinhard Binder-Krieglstein: Österreichisches Adelsrecht 1868-1918/19. Von der Ausgestaltung des Adelsrechts der cisleithanischen Reichshälfte bis zum Adelsaufhebungsgesetz der Republik unter besonderer Berücksichtigung des adeligen Namensrechts. 2000.

Band 217 Claudia-Regine Nerius: Johannes Lehmann-Hohenberg (1851-1925). Eine Studie zur völkischen Rechts- und Justizkritik im Deutschen Kaiserreich. 2000.

Band 218 Ludger Meuten: Die Erbfolgeordnung des Sachsenspiegels und des Magdeburger Rechts. Ein Beitrag zur Geschichte des sächsisch-magdeburgischen Rechts. 2000.

Band 219 Christoph Alexander von Wilcken: Die Reformbestrebungen zum Genossenschaftsgesetz in der Frühzeit der Bundesrepublik. Die Beratungen der Sachverständigenkommission zur Überprüfung des Genossenschaftsrechts 1954 bis 1958 und der Referentenentwurf von 1962. 2000.

Band 220 Verein Junger RechtshistorikerInnen Zürich (Hrsg.): ¿Rechtsgeschichte(n)? ¿Histoire(s) du droit? ¿Storia/storie del diritto? ¿Legal Histori(es)? Europäisches Forum Junger Rechtshistorikerinnen und Rechtshistoriker Zürich 28.-30. Mai 1999. 2000.

Band 221 Hans Christian Schüler: Die Entstehungsgeschichte der Bundesnotarordnung vom 24. Februar 1961. 2000.

Band 222 Nils-Eberhard Schramm: Die Vereinigung demokratischer Juristen (1949-1999). 2000.

Band 223 Silke Anke Torp: Das Rechtsverhältnis zwischen den Eltern und ihren Kindern. Dienstleistungspflicht, Aussteuer und Ausstattung. Eine Analyse der Rechtsprechung des Reichsgerichts und des Reichsarbeitsgerichts zu den Vorschriften der §§ 1616 bis 1625 des Bürgerlichen Gesetzbuches in der Zeit von 1900 bis 1945. 2000.

Band 224 Martin Jürgen Maaß: Die Geschichte des Eigentumsvorbehalts, insbesondere im 18. und 19. Jahrhundert. 2000.

Band 225 Stefanie Langer: Rechtswissenschaftliche Itinerarien. Lebenswege namhafter europäischer Juristen vom 11. bis zum 18. Jahrhundert. 2000.

Band 226 Ulrich Schmitz: Der Unterhaltsanspruch des nichtehelichen Kindes gegen seinen Erzeuger. Die rechtsgeschichtliche und dogmatische Entwicklung im deutschen Recht. 2000.

Band 227 Sebastian Günther: Friedrich Carl von Savigny als Grundherr. 2000.

Band 228 Henning Ibs: Hermann J. Held (1890-1963). Ein Kieler Gelehrtenleben in den Fängen der Zeitläufe. 2000.

Band 229 Matthias Rücker: Wirtschaftswerbung unter dem Nationalsozialismus. Rechtliche Ausgestaltung der Werbung und Tätigkeit des Werberats der deutschen Wirtschaft. 2000.

Band 230 Hendrik Sandmann: Die Entwicklung von Begriff und Inhalt des Wirtschaftchsrechts durch die Rechtswissenschaft in der Weimarer Republik. 2000.

Band 231 Sibylle Müller: Gibt es Menschenrechte bei Samuel Pufendorf? 2000.

Band 232 Karin Olechowski-Hrdlicka: Die gemeinsamen Angelegenheiten der Österreichisch-Ungarischen Monarchie. Vorgeschichte – Ausgleich 1867 – Staatsrechtliche Kontroversen. 2001.

Band 233 Johannes Mierau: Die juristischen Abschluß- und Diplomprüfungen in der SBZ/DDR. Ein Einblick in die Juristenausbildung im Sozialismus. 2001.

Band 234 Jörg Wolff (Hrsg.): Stillstand, Erneuerung und Kontinuität. Einsprüche zur Preußenforschung. 2001.

Band 235 Friedo Schröder: Die anwaltliche Tätigkeit während der nationalsozialistischen Herrschaft. Eine Analyse der anwaltlichen Argumentation in Zivilprozessen anhand der vorhandenen Prozeßakten der Landgerichte Frankenthal, Wiesbaden, Limburg und Frankfurt und der Handakten der *jüdischen Konsulenten* des OLG-Bezirks Frankfurt. 2001.

Band 236 Der Code pénal des Königreichs Westphalen von 1813 mit dem Code pénal von 1810 im Original und in deutscher Übersetzung. Herausgegeben und mit einer Einleitung versehen von Werner Schubert. 2001.

Band 237 Klaus Richter: Deutsches Kolonialrecht in Ostafrika 1885-1891. 2001.

Band 238 Kai von Lewinski: Deutschrechtliche Systembildung im 19. Jahrhundert. 2001.

Band 239 Alexander Herzog: Sittenwidrige Rechtsgeschäfte in der höchstrichterlichen Rechtsprechung aus den Jahren 1948-1965. 2001.

Band 240 Claudia Rönnau: Die Beratungen des Wasserrechtsausschusses der Akademie für Deutsches Recht zu einem Reichswassergesetz (1934-1941). Ein Beitrag zur Dogmatik der Begriffe *Gemeingebrauch* und *Sondergebrauch* in der Zeit des Nationalsozialismus. 2001.

Band 241 Momme Rohlack: Kriegsgesellschaften (1914-1918). Arten, Rechtsformen und Funktionen in der Kriegswirtschaft des Ersten Weltkrieges. 2001.

Band 242 Rolf Geyer: Der Gedanke des Verbraucherschutzes im Reichsrecht des Kaiserreichs und der Weimarer Republik (1871-1933). Eine Studie zur Geschichte des Verbraucherrechts in Deutschland. 2001.

Band 243 Felix Lorenz Benjamin Lehmann: Der Rote Adlerorden. Entstehung und rechtliche Grundlagen (1705-1918). 2002.

Band 244 Marc Ludwig: Der Pfändungsschutz für Lohneinkommen. Die Entstehungs- und Entwicklungsgeschichte der Vorschriften zum Schutz vor Lohnpfändung in Deutschland. 2001.

Band 245 Alexander Wachter: Dorfschule zwischen Pastor und Schulmeister. Zur Säkularisierung des niederhessischen Schulwesens im 19. Jahrhundert. 2001.

Band 246 Richard Scholz: Analyse der Entstehungsbedingungen der reichsgerichtlichen Aufwertungsrechtsprechung. Untersuchung unter besonderer Berücksichtigung der konservativen Geldpolitik der Reichsbank und der Inflationspolitik der Reichsregierung. 2001.

Band 247 Judith Laeverenz: Märchen und Recht. Eine Darstellung verschiedener Ansätze zur Erfassung des rechtlichen Gehalts der Märchen. 2001.

Band 248 Christina Schenk: Bestrebungen zur einheitlichen Regelung des Strafvollzugs in Deutschland von 1870 bis 1923. 2001.

Band 249 Nils Werner: Die Prozesse gegen die Landvolkbewegung in Schleswig-Holstein 1929/32. Ein Beitrag zur Justizkritik in der späten Weimarer Republik. 2001.

Band 250 Wolfgang Walter: Das Duell in Bayern. Ein Beitrag zur bayerischen Strafrechtsgeschichte. 2002.

Band 251 Jörn Eckert / Kjell Å. Modéer (Hrsg.): Geschichte und Perspektiven des Rechts im Ostseeraum. Erster Rechtshistorikertag im Ostseeraum 8.–12. März 2000. 2001.

Band 252 Jan Könighaus: Die Inauguration der Christian-Albrechts-Universität zu Kiel 1665. Symbolgehalt und rechtliche Bedeutung des Universitätszeremoniells. 2002.

Band 253 Andreas Görgen: Rechtssprache in der Frühen Neuzeit. Eine vergleichende Untersuchung der Fremdwortverwendung in Gesetzen des 16. und 17. Jahrhunderts. 2002.

Band 254 Ralf Schäfer: Die Rechtsstellung der Haigerlocher Juden im Fürstentum Hohenzollern-Sigmaringen von 1634-1850. Eine rechtsgeschichtliche Untersuchung. 2002.

Band 255 Regine Schmalhorst: Die Tierhalterhaftung im BGB von 1896. Die Entstehung und Änderung des § 833 BGB sowie eine Analyse der Rechtsprechung des Reichsgerichts bis 1908. 2002.

Band 256 Thomas Hense: Konrad Beyerle. Sein Wirken für Wissenschaft und Politik in Kaiserreich und Weimarer Republik. 2002.

Band 257 Christian Mahlmann: Die Strafrechtswissenschaft der DDR. Klassenkampftheorie und Verbrechenslehre. 2002.

Band 258 Henning Kahmann: Die Bankiers von Jacquier & Securius 1933–1945. Eine rechtshistorische Fallstudie zur "Arisierung" eines Berliner Bankhauses. Mit einem Geleitwort von John Kornblum. 2002.

Band 259 Volker Friedrich Drecktrah: Die Gerichtsbarkeit in den Herzogtümern Bremen und Verden und in der preußischen Landdrostei Stade von 1715 bis 1879. 2002.

Band 260 Andreas Klass: Standes- oder Leistungselite? Eine Untersuchung der Karrieren der Wetzlarer Anwälte des Reichskammergerichts (1693-1806). 2002.

Band 261 Wolfgang Eder: Das italienische Tribunale Speciale per la Difesa dello Stato und der deutsche Volksgerichtshof. Ein Vergleich zwischen zwei politischen Gerichtshöfen. 2002.

Band 262 Albrecht Cordes / Bernd Kannowski (Hrsg.): Rechtsbegriffe im Mittelalter. 2002.

Band 263 Thomas Hildebrandt: Die Brandenburgischen Provinziallandtage von 1841, 1843, und 1845 anhand ausgewählter Verhandlungsgegenstände. 2002.

Band 264 Jan Finzel: Georg Adam Struve (1619–1692) als Zivilrechtler. 2003.

Band 265 Björn Carsten Frenzel: Das Selbstverständis der Justiz nach 1945. Analyse der Rolle der Justiz unter Berücksichtigung der Reden zur *Wiedereröffnung* der Bundes- und Oberlandesgerichte. 2003.

Band 266 Nils Reichhelm: Die marxistisch-leninistische Staats- und Rechtstheorie Karl Polaks. 2003.

Band 267 Raik Schneider: Altrechtliche Personenzusammenschlüsse. Ihre Entwicklung unter besonderer Berücksichtigung des Rechts des Großherzogtums Sachsen-Weimar-Eisenach sowie der Herzogtümer Sachsen-Meiningen und Sachsen-Gotha. 2003.

Band 268 Anke Meier: Die Geschichte des deutschen Konkursrechts, insbesondere die Entstehung der Reichskonkursordnung von 1877. 2003.

Band 269 Stefan Jens Jordan: Leben und Werk des Tübinger Rechtsprofessors Wilhelm Gottlieb Tafinger 1760–1813. 2003.

Band 270 Stefanie Hubig: Die historische Entwicklung des § 23 ZPO. Zum Ursprung und Fortleben des Vermögensgerichtsstandes im deutschen Prozeßrecht des 19. Jahrhunderts. 2003.

Band 271 Michael G. Perband: Der Grundsatz der freien Beweiswürdigung im Zivilprozeß (§ 286 ZPO) in der Rechtsprechung des Reichsgerichts. 2003.

Band 272 Mathias Bouveret: Die Stellung des Staatsoberhauptes in der parlamentarischen Diskussion und Staatsrechtslehre von 1848 bis 1918. 2003.

Band 273 Barbara Széchényi: Rechtliche Grundlagen bayerischer Zensur im 19. Jahrhundert. 2003.

Band 274 Sylvia Scharfenberg: Die Entstehungsgeschichte des Beurkundungsgesetzes vom 28. August 1969. 2003.

Band 275 Urte Nesemann: Die schwedische Familiengesetzgebung von 1734 bis zu den Reformgesetzen von 1915 bis 1920 und deren Einfluss auf die Gesetzgebungsprojekte der Weimarer Republik. Unter besonderer Berücksichtigung der Rechtsstellung der Frau und des unehelichen Kindes. 2003.

Band 276 Alexandra Brück: Die Polizeiordnung Herzog Christians von Braunschweig-Lüneburg vom 6. Oktober 1618. 2003.

Band 277 Torsten Landwehr: Das Kommissionsgeschäft in Rechtswissenschaft, Gesetzgebung und Rechtspraxis vom 16. bis zum Ende des 18. Jahrhunderts. 2003.

Band 278 Tassilo Wilhelm Maria Englert: Deutsche und italienische Zivilrechtsgesetzgebung von 1933–1945. Parallelen in der Rechtsetzung und gegenseitige Beeinflussung unter besonderer Berücksichtigung des Familien- und Erbrechts. 2003.

Band 279 Tobias Prang: Der Schutz der Versicherungsnehmer bei der Auslegung von Versicherungsbedingungen durch das Reichsgericht. 2003.

Band 280 Thorsten Lieb: Privileg und Verwaltungsakt. Handlungsformen der öffentlichen Gewalt im 18. und 19. Jahrhundert. 2004.

Band 281 Michael Rühling: Das Ladenschlussgesetz vom 28. November 1956. Vorgeschichte, Entstehung des Gesetzes und weitere Entwicklung. 2004.

Band 282 Kathrin Nawotki: Die schleswigsche Deichstavengerechtigkeit. Vom 17. Jahrundert bis in die Gegenwart. Eine gewohnheitsrechtliche Superfizies an nordfriesischen Deichgrundstücken und ihre Entwicklung. 2004.

Band 283 Erik Nils Voigt: Die Gesetzgebungsgeschichte der militärischen Ehrenstrafen und der Offizierehrengerichtsbarkeit im preußischen und deutschen Heer von 1806 bis 1918. 2004.

Band 284 Dorothea Riedi Hunold: Die Einführung der allgemeinen Wechselfähigkeit in der Schweiz in der zweiten Hälfte des 19. Jahrhunderts. Unter besonderer Berücksichtigung der politischen, wirtschaftlichen und sozialen Verhältnisse. 2004.

Band 285 Thomas Gergen: Pratique juridique de la paix et trêve de Dieu à partir du concile de Charroux (989–1250). Juristische Praxis der Pax und Treuga Dei ausgehend vom Konzil von Charroux (989–1250). 2004.

Band 286 Kathrin Bethkenhagen: Die Entwicklung des Luftrechts bis zum Luftverkehrsgesetz von 1922. 2004.

Band 287 Heiko Lüpkes: Die Verbrechen der Diener des Staats im Allgemeinen Landrecht für die Preußischen Staaten von 1794 und ihre Entwicklung zu den Vergehen und Verbrechen im Amte im Strafgesetzbuch für die Preußischen Staaten von 1851. 2004.

Band 288 Mirco Peter Hirsch: Von der Erbbescheinigung des Preußischen Rechts zum Erbschein des Bürgerlichen Gesetzbuchs. 2004.

Band 289 Bettina Günther: Die Behandlung der Sittlichkeitsdelikte in den Policeyordnungen und der Spruchpraxis der Reichsstädte Frankfurt am Main und Nürnberg im 15. bis 17. Jahrhundert. 2004.

Band 290 Seunghyeon Seong: Der Begriff der *nicht gehörigen Erfüllung* aus dogmengeschichtlicher und rechtsvergleichender Sicht. 2004.

Band 291 Steffen-Werner Meyer: Bemühungen um ein Reichsgesetz gegen den Büchernachdruck. Anläßlich der Wahlkapitulation Leopolds II. aus dem Jahre 1790. 2004.

www.peterlang.de

Ralf-M. Vogt

Die urheberrechtlichen Reformdiskussionen in Deutschland während der Zeit der Weimarer Republik und des Nationalsozialismus

Frankfurt am Main, Berlin, Bern, Bruxelles, New York, Oxford, Wien, 2004.
XVI, 337 S.
Europäische Hochschulschriften: Reihe 2, Rechtswissenschaft. Bd. 3856
ISBN 3-631-52067-0 · br. € 56.50*

Die Arbeit untersucht die urheberrechtlichen Reformdiskussionen in Deutschland während der Zeit der Weimarer Republik und des Nationalsozialismus. Sie schließt eine bisher unerschlossene Lücke in der Geschichte der Urheberrechtsentwicklung und offenbart die historischen Entwicklungen auf dem Gebiet des Urheberrechts und die Anknüpfungspunkte des heutigen modernen Urheberrechts.

Aus dem Inhalt: Der Urheberrechtsschutz bis zum Beginn des 20. Jahrhunderts · Der Urheberrechtsschutz bis zum Beginn der Weimarer Republik · Die Gründe für die Notwendigkeit einer Urheberrechtsform · Die urheberrechtlichen Gesetzesentwürfe von 1919 bis 1932 · Die urheberrechtlichen Gesetzesentwürfe und Standesgesetze von 1933 bis 1939 · Das Urheberpersönlichkeitsrecht · Die Schutzfrist · Die Rundfunksendung und die Verwendung der Schallplatte und des Lautsprechers · Der Tonfilm · Der Rechtsschutz des ausübenden Künstlers

Kolibri 360 GmbH
Ferdinand-Jühlke-Straße 7
99095 Erfurt, Deutschland
produktsicherheit@kolibri360.de

Druck:
CPI Druckdienstleistungen GmbH
im Auftrag der
Kolibri 360 GmbH
Ferdinand-Jühlke-Str. 7
99095 Erfurt